JN133090

定本　古泉千樫全歌集

現代短歌社

千樫の生家の庭に残る椿の井戸

素足にて井戸の底ひの水踏めり清水つめたく湧きてくるかも

定本　古泉千樫全歌集　目次

初期作品（明治三十五年～明治四十一年）……二
Album 古泉千樫……七五
草の若葉（明治三十七年～明治四十年）
山焼（五首）……八五
折にふれて（八首）……八五
朝露（二首）……八六
行く春（八首）……八六
左千夫先生に見ゆ（五首）……八七
椎の若葉（二首）……八八
虫声（五首）……八八
屋上の土（明治四十一年～大正六年）

明治四十一年

郷を出づる歌（十九首）……九三
鉄橋（八首）……九五
煙塵（十四首）……九六
屋根の草（十一首）……九七
無一塵庵（五首）……九八
秋暁（五首）……九九
信濃行（十九首）……一〇〇
秋海棠（二首）……一〇二
雑歌（五首）……一〇二
雑詠（五首）……一〇三

明治四十二年

寒夜（五首）……一〇三
畑打（五首）……一〇四
海辺の夕暮（八首）……一〇五

帰省 （八首）……一〇六
夕棚雲 （五首）……一〇七
明治四十三年
合歓の花 （八首）……一〇七
土 （五首）……一〇八
夕影 （五首）……一〇九
祭のあと （五首）……一〇九
雨の道 （八首）……一一〇
雑歌 （八首）……一一一
明治四十四年
曇り日 （五首）……一一三
森 （五首）……一一三
春来る頃 （五首）……一一三
水郷の春 （三十二首）……一一四
五月靄 （五首）……一一七

睡蓮（五首）……一一八
白帆（八首）……一一八
雑歌（十一首）……一一九

明治四十五年（大正元年）

けむり（十一首）……一二〇
春寒（八首）……一二二
南の山（五首）……一二三
梅雨晴（五首）……一二三
夕立の前（八首）……一二四
晩夏（五首）……一二五
富士行（三十五首）……一二五
奈良（十首）……一二九

大正二年

一夜（十一首）……一三〇
雪（五首）……一三一

深夜（八首）……一三二
蜩（五首）……一三三
あらしの後（二首）……一三四
瘋癲院（八首）……一三四
灰燼（十首）……一三五
燭影（八首）……一三六

大正三年

柩を抱きて（五十七首）……一三七
桃の花（七首）……一四三
折にふれて（二首）……一四四
蜂（二首）……一四四
海（十七首）……一四四
まひる（十二首）……一四六
独り寝（八首）……一四八

大正四年

飛燕（八首）……一四九
赤電車（八首）……一五〇
百日咳（十四首）……一五一
鷺（十九首）……一五二
梟（十六首）……一五四
こほろぎ（四首）……一五五
風（二首）……一五六
材木堀（八首）……一五六
郊外（八首）……一五七
波の音（十一首）……一五八
茂吉に寄す（九首）……一五九
大正五年
朝行く道（十一首）……一六〇
夜に入る前（十一首）……一六二
節一周忌（五首）……一六三

雨降る（十九首）……一六三
淡雪（二首）……一六五
山びこ（八首）……一六六
島の桃（十首）……一六七
五月の朝（八首）……一六八
紫陽花（八首）……一六九
死に行く魚（八首）……一七〇
鼠（十一首）……一七一
あらしの朝（八首）……一七二
曼珠沙華（八首）……一七三
深夜の川口（十六首）……一七四
霜凪（八首）……一七五
大正六年
児を伴ひて郷に帰る……一七六
一、夕かげ（十八首）……一七六

二、鶫の声　（八首）……一七八
三、明るき空　（八首）……一七九
四、午鐘　（五首）……一八〇
五、雨の一日　（八首）……一八一
六、冬虹　（八首）……一八二
七、風吹く日　（七首）……一八三
犬の声　（八首）……一八三
転居　（八首）……一八四
鬼怒川　（十七首）……一八五
筑波山　（十七首）……一八七
一日　（八首）……一八九
朴の花　（十四首）……一九〇
微恙の後　（二首）……一九一
夕墓原　（十四首）……一九二
左千夫忌　（一首）……一九三

百日紅（八首）……一九三
梟（八首）……一九四
朝（七首）……一九五
蟹（八首）……一九六
暴風雨の跡（十七首）……一九七
牛……一九九
一、冬晴（十四首）……一九九
二、夕渚（五首）……二〇〇
三、草野原（十二首）……二〇一
四、朝涼（七首）……二〇二
五、白日（七首）……二〇三
六、露降る（七首）……二〇四
七、時雨（十四首）……二〇五
八、坂の上（二首）……二〇六

青牛集　（大正七年〜昭和二年）

大正七年

病児を持ちて　（三十三首）……二〇九
雑歌　（五首）……二一三
朴の芽　（十六首）……二一三
春雪集　（十首）……二一五
暮春　（七首）……二一六
諱窮雑歌　（十七首）……二一七
茱萸の葉　（十四首）……二一九
金海鼠　（十七首）……二二〇
蛾　（七首）……二二三
濠端　（八首）……二二三
左千夫六周忌歌会歌　（二首）……二二四
向日葵　（十八首）……二二四

枇杷山（三十首）……二二六
蟹（八首）……二二九
暴風雨（八首）……二三〇
夾竹桃（二十首）……二三一
十一月一日夜（八首）……二三三

大正八年

武蔵野（十九首）……二三四
回郷迎年（十首）……二三六
株虹（八首）……二三七
雑歌（五首）……二三八
鹿野山（三十五首）……二三九
寒夜（十四首）……二四二
この日ごろ（十四首）……二四四
伊豆（十七首）……二四六
峠（十一首）……二四七

山上雷雨（十一首）……二四九
郷心（十一首）……二五〇

大正九年

北海道（四十八首）……二五一
貧しきどち（十一首）……二五六
雑詠（八首）……二五七
川口（八首）……二五八
湯の煙（十一首）……二五九
ある夕（八首）……二六〇
父を悼む（四十六首）……二六一

大正十年

沼（十九首）……二六六
故郷（十六首）……二六八
印旛沼（十一首）……二七〇
帰郷（八首）……二七一

雑詠　（四首）……二七二
大正十一年
久留里城趾に登りて　（八首）……二七二
歌会の歌　（一首）……二七三
大正十二年
帰省　（六首）……二七三
出羽　（十一首）……二七四
雉子　（十二首）……二七六
沼畔雑歌㈠　（五十四首）……二七七
市川の一日　（五首）……二八四
印旛沼吟行集　（六首）……二八四
大正十三年
苦寒行　（十首）……二八五
井戸替　（二十首）……二八六
吾家のまはり　（十九首）……二八八

新緑（二十四首）……二九〇
田植（十首）……二九三
沼畔雑歌(二)（二十四首）……二九四
左千夫忌（八首）……二九七
稗の穂（十一首）……二九八
時雨（五首）……二九九
焚火（五首）……二九九
大正十四年
寸歩曲（十二首）……三〇〇
清澄山（十三首）……三〇一
紅葉（二首）……三〇三
秋風吟（十三首）……三〇三
冬来る（二首）……三〇五
大正十五年（昭和元年）
黒滝山（三十首）……三〇五

八つ手の花（十四首）……三〇九
郷土（十首）……三一一
寒潮（十一首）……三一二
早春の一日（十首）……三一三
冬籠（十首）……三一四
種畜場（十三首）……三一六
柿若葉（十首）……三一七
足長蜂（十首）……三一八
嶺岡山（十九首）……三一九
山白菊（七首）……三二一
羇旅雑歌（十一首）……三二二
五月（七首）……三二四
秋海棠（十首）……三二五
夾竹桃（十二首）……三二六
箱根山（三十首）……三二七

昭和二年

村の道（十首）……三三一
病床雑詠（七首）……三三二
病床懐郷賦（六首）……三三三
病床春光録（十五首）……三三三

○

絶詠　雷雨（二首）……三三六
遺稿　七月二十日（四首）……三三六

○

書簡に添えられた短歌（昭和三十七年以降）……三三七
年譜……三六三
解説……加茂信昭……三八九
索引……四〇三

凡例

一、本書は橋本徳壽・安田稔郎編『定本　古泉千樫全歌集』（昭和三十七年、白玉書房刊）に収められた作品に加え、新たに初期作品として明治三十五年から四十一年までの主なる作品を収めた。

二、◇印は初期作品内もしくは初期作品と『草の若葉』以後で重複または類似の作品であり、その頁を数字で示した。

三、○印は自選歌集『川のほとり』（大正十四年）に収めた作品である。

四、絶詠「雷雨」二首は昭和二年五月の作であるが、『青牛集』の編集に漏れた作品である。遺稿「七月二十日」四首は後年発見されたもので、大正十三、四年頃の作とみられる。

五、巻末の詳細な年譜は前著で橋本徳壽が作成したものである。原文を尊重し、歴史的仮名遣いとしたが、旧字を新字に改める等一部改変した。

定本　古泉千樫全歌集

初期作品（明治三十五年～明治四十一年）

明治三十五年（十七歳）

一月「こころの華」

行けど行けどかやぶきの家鶏のこゑけしきかはらぬ鄙のみちかな

おとうとのまはらぬ筆に背戸の柿赤らみたりと書きて於古せぬ

谷風の香あやしみ来て見れば渓迫まる所梅さかりなり　題詠　梅

ほのぼのと富士の山より明そめて三保の松原鶴鳴渡る　題詠　鶴

二月「こころの華」

水あをき山かげのいけをとめ子が身を投げしとふ山かげのいけ　題詠　池

根をたえて風に漂ふ浮草のよるべなき身の哀れなる哉　題詠　草

三月「こころの華」

歌屑

病みこやすわが弟をなぐさむと薬紙もてつるをりやりぬ
北の海の五百重波よる岩かどに夕日をあびて鷲のかがなく
初日かげ富士のたかねにさしそめて大八洲の上に年たちわたる

*

矢の根石二つ拾ひぬ城あとときにし岡に若葉摘つつ　題詠　城

四月「こころの華」

水の声まつかぜの声鳥の声この山かげにいほりむすばむ
人とはぬ深山の奥の桜花自から咲き自づからちる　題詠　桜

六月「こころの華」

題詠　螢

夕まぐれ螢追ひつつ妹が門にいつか来にけり螢おひつつ

十一月「こころの華」

題詠　霰

大砲のわだちみだれし枯野原夕すさまじく霰たばしる

明治三十六年（十八歳）

一月「こころの華」

故郷の妹をこひつつはたごやのつめたき床にわれひとりぬる

題詠　松

孫の為曽孫の為と背戸山に小松をううる老人あはれ

二月「こころの華」

妹に別れ川沿道を朝くればこぼれ菜の葉に霜白くおく

三月「こころの華」

題詠　梅

紅梅の花さく窓に菅の根の長き春日を碁打ちくらしぬ

四月「こころの華」

人は皆馬捕り見にと出でゆきて青葉のをむら昼しづかなり

六月「こころの華」

春の夜をものくるほしき姫君のふりの袂に花ちり懸る　題詠　女

七月「こころの華」

長浜の垂木松原東風吹きて土筆つむ子のそでかへる見ゆ

石多きいで湯の山の朝風にゆれゆれ立てる白百合の花

新しき医師が家の堀のもとぼうたんさいて午の雨細し　題詠　牡丹

八月「こころの華」

男手にそだてしちごの一人子の病む夜くだちをなくほととぎす

二筋の谷の流れの落ち合ひてうづまく水にねむの花散る

堤ゆく人かげひとり又ひとり朝霧はるる川ぞひのみち　題詠　川

九月「こころの華」

朝露にわらぢしめれる野をすぎて松原ゆけば松の花ちる

松の葉の葉毎にむすぶ露おちて硝子小窓の朝しづかなり

五人の女の子のすゑに生れ出でし一人男の子の病むがかなしも

十月「こころの華」

駒にのりて越ゆる裾野の小石道日はてりながら霰ふり来ぬ

夕されば庭の木立ちに鳴きし蟬むかひのをかにうつりてぞなく

嶺岡をわが越えくればうちなびく尾花がすゑに秋の海見ゆ

ここにして涼みしをれば腋壺に羽も生ふべくおもほゆるかも

十一月「こころの華」

すめろぎのみゆきましけむ浮島の社のまはり萩が花さく

然りとて人によるべき恋ならずなりもならずも君がまにまに

おもはずも駒の手綱をひきしめぬ木の葉吹きまく山颪の風

十二月「こころの華」

薪おひて町を売りゆく少女子のあたら黒髪藁もて結へる

置て来し細野少女に似たる子の菜畑の中を徘徊る見ゆ　題詠　畑

明治三十七年（十九歳）

一月「こころの華」

くだかけの高なく声に導かれ新しき年は今たちわたる

小夜川をひそかに渡す渡舟の右に左に千どりなくなり　◇35

なつかしき君はうせにしふる里に昔ながらの二本の松　題詠　松

一月「比牟呂」

さにづらふ妹がいり行く垣添ひの霜どけ径（こみち）山茶花の散る

朝日さす南の窓の山茶花の匂ひよろしみ小鳥鳴きよる

秋のよを歌思ひながら我焼くや柚味噌のかをり家の中にみつ

二月「こころの華」

あら壁の新蔵見えて山もとの菜の花畑夕日さすなり
妹と我二並山の筑波嶺に霞たなびく春立つらしも

耕余漫吟

雨もやうの春のゆふべを妹とふとかさしわたる月人男
あや絹の霞のとばり引きたれて佐保の姫神朝いすらしも
二つ三つ紅梅ちれる庭石の常滑苔にかぎろひの立つ　◇34
同じ世に同じこの村にいかなれば生れあひけむ神しうらめし
薄曇り南の風の雨をふくみ蛙なくなり畑のあぜ道　◇36
雨はれし池のほとりの玉椿たまたま落ちて水に紋なす

雪深き山路を来れば猟夫等の焚火する見ゆ山裾にして　◇35

妹に別れ川べりくれば明星の影のさやらに木枯吹くも

久方の月の兎のま白毛のみだるるなして雪ふりいでぬ

利鎌月に黒雲流れ折れ臥せるほなしかや原木枯の吹く

萱原の広野荒野は冬枯れて夕日に光る一すぢの川

西の国に歌人いますうべしこそ梅が香持ちて東風西に吹く
（在南清佐々木先生を思ふ）

あやしかもあなうれしかも四千兒大人がよき妻えつと我夢に見し
（義郎兄に三首）

我夢のまことかさらば水仙の清きけ高き少女なりしぞ

吾夢のまことか否は知らねどもまことにせよと思へる吾は

戦ひのはじまれりちふしらせえて病ひも忘れこ躍る吾は
（旅順快報あり）

戦ひはいよよ開けりますら雄の歌人吾兄つとめますます　（更に義郎兄に）

＊

遠つあふみ灘の夜船に乗合て語らひ交す知る人知らぬ人　題詠　船

水清き谷の一村ひと村の家みなふりて梅のはな咲く　題詠　梅

五月「こころの華」

耕余漫吟

玉椿一つこぼれて池の面のおぼろ月の輪千々に砕けぬ

薄ぐもり南夕吹き山裾の藁家の庭のこぶし花散る

春雨に水かさまされる垣内田に田螺なく夜の静かに更けぬ

吾四十路妻も三十路をすぎにけり雛まつる子の一人はほしき

大島の三原のけむり東すれば雨とよ吾背船出すな今日

浮島の杜のまつり今日ならしかざりていづる千船百船

たづさはり二人野辺ゆく君ゆゑに春の花さき春のとり鳴く

＊

草薙の剣とりもち北の野に醜ぐさ苅ると神いでましぬ　題詠　剣

五月「鵜川」

紅梅の花かつちらふ裏庭のか青き苔にかぎろひの立つ　◇31

鳥狩すと朝山行けば山裾の杉苗かくり雉子鳴き立つ

石楠花の花さくま谷滝津瀬のしぶきにぬれて岩つばめ飛ぶ　◇38

菜種咲く畑つづきの松むらに雲雀長鳴き日は暮れんとす

妹が家を朝立ちかへる川沿ひの竹むらかくり鶯のなく

六月「比牟呂」

耕余漫吟

雪深き山路を来れば山裾に兎狩る男ら焚火して居り　◇32

小夜川をひそかに渡す渡舟の右に左に千どりなき立つ　◇30

旅にして我行く山のあけぼのを杉村がくれうぐひすの声

霜ぐもりさゆる月夜を背戸山の檜原松原木枯わたる

六月「こころの華」

赤城湖畔にありて

湖(うみ)の上に落つる梢のしただりのひびき静けく夜はあけにけり

大洋ゆ吹来る風を袖にうけていは角の上にひとり嘯く

六月「鵜川」

夕曇る南の風の雨をふくみ蛙なくなり春の草田に　◇31

片庭の竹のねもとにふた株の薔薇の花さきぬ夏近みかも

乙女等がそめ物洗ふ春川の水くれなゐにかつ流れゆく

七月「こころの華」

谷をゆく玉なす水のささやきに誘はれて散る山吹の花

放ちたる弟はいつか夢に入りて螢光れり蝈(かや)の中にして

題詠　夢

耕余漫吟

八月「こころの華」

菅笠をうしろに負ひて朝涼(あさすず)のあらら松原人ふたりゆく

あけぼのの涼しき風に面あげてまなこ開きぬつゆくさの花

若葉くもり朝風ゆるき岸にたちてひとり鮒釣る山のみづうみ　◇44

耕余漫吟

八月「馬酔木」

わかぐさのツマグロヨコバヒいざなふと山田の神は灯火てらす

短冊(たんざく)の苗代小田に網もちて立てる少女は虫捕るらしも

山畑に藍うゑ居ればいなさ吹き雨雲いでぬふりいでんとや

郭公いやしきなけど山里はきく人もなみ声くさるらし

梅雨晴の若葉の森の片明り月の上りを啼く郭公

朝あけを目さめて居れば谷川の水音さやかになくほととぎす

早少女は今日植ゑそめと足引の山田の神にみき奉る

七まがる出湯の山みち彼方此方に百合の花さくでゆの山道

蓮の花ひらく音すも宿りけむ天つ少女や朝たたすらし

石楠花の花さくま谷滝津瀬のしぶきにぬれて岩つばめ飛ぶ　◇34

大滝の上に我居てうそぶけば七山かけて虹たちわたる

風吹けば藤の花ぶさゆらゆらにゆらぐ心を吾持たなくに

※注　古泉沽哉の号で投稿

ほまれある我日の御旗いく千々の尊き血もてそめし日のみ旗

十月「こころの華」

草がくれ落ちゆく水の音さびし秋の憂をささやくがごと

秋日和下京ゆけば扇折る家のさ庭のしら菊のはな

つれづれに蠅たたき居る午さがりうれし都のたよりつきたり

我妹子の手とり助けてのぼりゆく島山みちのなでしこの花　題詠　夏花

十一月「馬酔木」

耕余漫吟

吾妹子を夕松崎の橋の上に風もよろしく月の出代

浪の音近くきこゆる松原にあな夥し曼珠沙華の花

馬捕は見とも見ずともまかなしく吾思ふ君が行くにゆかでや

友なる人の失へる愛児を悼みて

神の子と天の花野に遊ぶらん稚児がおもかげおぼろげに見ゆ

※注　古泉沽哉の号で投稿

明治三十八年（二十歳）

一月「こころの華」

父母のみ膝のもとに二十年の夢やすかりきあたたかかりき

裏山に鎌初めすると神の木の榊きりきて神にそなへぬ

夕風に木の葉みだれて廃寺のつかずの鐘のおのづからなる

望、望、望といひて我望、望のままに終へんとすらん

川そひの桑の木はたに新しきわらぶき見えて鶏のなく

安らかに今年もくれぬ皹（あかがり）のくすりのほかに薬も買はず

※注　この頃までは古泉幾太郎の本名を多く用い、以後、主に古泉千樫の号で発表

一月「馬酔木」

耕余漫吟

据風呂の外の湯にあれば月読は山の端出でて吾を照らせり　◇5185

めがねの青きをかけて物音が青しと云はば人は笑ふぞ　（人に与ふ）

※注　古泉幽哉の号で投稿

二月「こころの華」

はつゆめ

天ざかる鄙のうなゐら凧もあげず旗もちあそぶけふ新年に

吾大人のやさし御歌によみがへり歌の子今年又あらたなり

一二寸緑のびたる麦畑の梅の花さけり山裾にして

生瓦ならべほしたる瓦屋の庭あたたかに寒菊の咲く

ひと時に燃えあがりたる藁の火にさも似たらずや人の子の望

新玉の年は巳の年やまた大蛇きりし昔のしぬばるるかも

若水を硯にくみて筆太に旅順落つ矣と日記書きぬ吾は

＊

十抱の神の大杉大すぎの片がは白しあさの吹雪に　◇45

新年の空はれ渡り学びやに吾ゆく道よ不二さやに見ゆ　題詠　不二

三月「こころの華」

のどかなる春の山みち駕の上ゆかへりみすれば富士うす霞む

かきいだき泣伏す母をなぐさめむ言葉もしらず諸ともに泣く

（秋九月兄菊池氏令嬢逝く、年四歳）

千草さくよみの花野に只一人迷ひ入れ（ママ）かも帰り来らず　（同）

誰にかも此衣きせむこのきぬを好みてきたるちではあらなくに　（母君の心を）

＊

若葉曇あさ風ゆるき岸に立ちてひとりふな釣る山の水うみ　◇37

なまめきし女主人が娘らに琴をおしふる紅ばいのやど　題詠　紅梅

四月「こころの華」

銀屏に灯火白く更くる夜をひひなの君の恋もありぬべし

夕庭に一つ落ちたる玉椿見まもり居ればまた一つおちぬ

嶺岡の茅生の焼原か黒原やや青みけり三日四日のあめに

新墾の山の桑畑桑の芽の浅きみどりに春さめのふる

二月「馬酔木」

雪

十抱の神の大杉大すぎの片側白し朝の吹雪に　◇43

うなゐらの作れる兎眼の玉は南天入れし其雪兎

となりやに風呂に呼れて帰る道薄月ながら雪ちらつきぬ　◇85

けさの雪に鋸山は白銀の諸歯逆立ちゆゆしきろかも

橋の上につめる白雪うなゐらが下駄もておとすあたら白雪

ふしながらガラス戸越に雪を見て歌詠ましけむ竹の里人

くさぐさの歌

朝なさな霜のつよきに吾庭の黄菊白菊残らず枯れぬ

檐の端に日のさすなへに白雪の雫こぼれて寒菊の落つ

向つをに花火あがりぬ裏畑に芋掘り居れば花火あがりぬ

色づける柿の梢に高々に筑波の山は晴れ渡り見ゆ

河ぞひの竹の林を抽んずる銀杏の大木色づきにけり

五月「こころの華」

ぬば玉の夢のみ国の花かげにかたるもうれしただ二人して

雲雀なく夕川づつみ菜の花に風なまぬるし雨ちかみかも　◇47

折るるとも風にまかせぬ松の木のますらをぶりを吾はよろこぶ

五月「馬酔木」

雑詠

片庭に二うね蒔けるそら豆の花咲きいでて春の雨ふる

雲雀鳴く夕川堤菜の花に風なまぬるし雨近みかも　◇46

雨晴れしまかきのもとの蕗の葉にちりてつきたる山吹の花

石多き山の麓べ松が根に赤き躑躅のともしらに咲く

雨あがり夕日あかるき新湯殿湯気立つ外に梨の花さく　◇86

山裾のわら家のかどの梨の木に鶯なくもひるすぎにして

六月「こころの華」

青葉若葉

青葉若葉みどり小雨の窓のうちに碁を崩す音のかそけく聞ゆ

水の如夕空はれて大いなる月は上れり若葉山の上に

あさあけの若葉の山を吹く風に湖の水のみな動くかな

夏山の青葉が中にぬきん出て二本立てり松の枯木の

水うちて風ここちよき門涼み犬は犬どち月も出でたり

清らけき菖蒲湯浴ませますら雄の初の男の子の生するゐ祝ふ

海原の涼しき月に舟うけて釣りする夏となりにけらずや　（岡野釣月兄に）

七月「こころの華」

家にまつかなし子のためうまし苺つつみてぞ行く蕗の広葉に

宿りたる若葉山寺目の下に湖見えて朝かぜかをる

森かげの神の鳥居に馬つなぎ翁やすらふ野茨のはな

松かげにねむる旅人の顔おほふ菅の小笠にこぼるる松葉

題詠　川

暇あれば投網携へ川狩によく行きまししし父をしぞ思ふ

題詠　梅雨

山中の商人宿に商人の降りこめらるるさみだれのあめ

七月「馬酔木」

郭公

湯の山の岩根白藤しらしらに夜の明け方をなく郭公

もののふの矢筈が岳に入日さし声遠くなく山郭公

郭公こゑなつかしみ窓押せば雨気の月夜雲に風あり

煙立つ温泉の谷の杉村に昼もどよもす山ほととぎす

ほととぎすなくや朝風すがすがし若竹山に皮拾ひ居り

八月「こころの華」

学びやゆやがて帰らむ子らがため裏の清水に瓜冷しおく

病院の窓のがらすに迫り咲くうばらの花を臥しながら見る

此家に嫁ぎし年にさし木せし薔薇は今年咲きにけるかも

遠くゆく君と別れの物語酒ひえはてて夜はふけにけり

九月「こころの華」

皐月雨うすら寒けきあかつきをわらんぢはきて医師よびにゆく　（母の病二首）

やうやくに寝入たまひしばらくを灯火もちて蚊をやく吾は

虫おくる松明の火のあきらかに吾が背が姿なほ見ゆるかも

夕闇の千町青田をふく風に八十のたいまつかたなびきすも

嶺岡の萱山中の真清水をくみてのみけり虎杖の葉に

旅好む吾、旅好みます師の君の旅物語くりかへしよむも　題詠　旅

夕立の過し真砂路踏ゆけば小蟹の群のここにかしこに　題詠　夕立

十月「こころの華」

据風呂の外の湯にあれば月読は山のはいでて吾を照らせり　◇4285

豆畑芋畑つづき松並木なみ木のひまに秋の海見る

山の端におつる夕日のてりかへり田中の森に蜩なきしきる

山畑の蕎麦生しらじら夜はあけて柿のこぬれに鵙高くなく

十一月「こころの華」

薄刈る杉村谷のあさあけにさ霧ふきながす山おろしの風

島人が大根種まく島日和海あざやかに雁なきわたる

橋を被ふ大木の楓紅葉して日のさす岸に小魚群れ寄る　題詠　紅葉

十一月「馬酔木」

稲刈と朝戸出早く鎌とげば今日も晴かも鵙のさへづり

川沿の小藪の中の蕎麦畑にそば刈り居れば鵙鳴くきこゆ

あからひく日のたけぬれば朝霧の銀杏の黄葉霽れにけるかも

川尻の芦の穂原の夕づく夜斜め雁がね一つらを見る

月寒くさ夜ふけぬればをみならが風呂おとすらしわたる雁がね

明治三十九年（二十一歳）

一月「こころの華」

紅の産衣干したる生垣に小鳥きてなく山茶花日和

賤が家の冬をかまへし藁垣に夕照りうすく木葉ちるなり

そのかみの大きはたごや戸をひきてあきかぜさむし山の上の町

ここにして大き聖をしぬぶわがたもとなびかす天つ風かも　（朝日堂）

二月「馬酔木」

清澄に遊びて作れる歌

立のぼる日もほがらかに山もとの刈田の面をさ霧這ひ居り

土ごもりなくやこほろぎ音を寒み著莪の広葉はなかば枯れけり

清澄小学校は友人高梨氏の居る処なり庭に農科大学寄附と札かけたる樹木多し

清澄のともし学びや珍らしき木々紅葉せりともしまなび屋

山あひの日あたり道にさきのこる薊の花に虻うごめけり

八十神の旅にい立たすあかときを神鳴りわたる雨も降らなくに

五月「馬酔木」

湯の宿の白玉つばき湯を出でし眼に新なりしら玉椿

桃さける草の庵に父母も揃ひいまして蓬餅すも

鶯も日ねもす鳴くや吾妹子と麦のさくきりたぬしきろかも

新墾の畑の蚕豆花咲きて楢山がくりうぐひす鳴くも　◇86

吾背子がお伊勢まゐりにいで立たすけさの朝けの鶯のこゑ

十一月「こころの華」

神無月

嶺岡のいただきの道芝生道松虫草のさきつづくみち
紫の烏帽子きるなすとりかぶと美しきもの毒ある世かな
桜紅葉かつこぼれちる朝晴の一里の堤秋草のはな
朗かに日かげさし透る磯山の松の木の間の櫨紅葉かも
嶺岡の赤土道の松が根に乏しく立てる女郎花のはな
ああ秀才妻をめとりて子をあげていとどめでたく老いにけるかも

明治四十年（二十二歳）

一月「こころの華」

うつらうつら眠りもよほす月夜風呂夢見ごこちにきく虫の声

三月「こころの華」

山賤が酒汲みさわぐ土窖（あなぐら）のそとも静かに雪ふり積る

五六人褞袍男がまろうより鰒くふ夜半を雪ふり出でぬ

大浅間麓の宿に榾焚きて雪となるかの山鳴りをきく

試に石投げうたば憂々とひびき立つべし秋の大空

方百里大森林に火の入りて燃ゆるが如き吾が思ひかな

八千矛の千矛神杉そそりたつ清澄山はますらをの山　（清澄にて）

雲井なる神のみくらに神の子と遊ぶ折にも母や恋ふらむ
（友の男の子五つにて逝けるを悼みて）

四月「こころの華」

鶯日和

永き日や烏、地蔵をそしるらく汝が顔見ればわれも眠たき

ふだらくや那古のみ寺にみくじ引き宝物も見つ春の日ながき

駕に駕に駕に馬来ぬあたたかき湯の山越えの鶯日和

春の雨煙草よくのみ大江戸の昔語りし翁をおもふ

にぎはしき浦の夜祭千艘の船ともしゝぬ狭霧の中に

脱けいでて森の木かげゆかへり見る霧の中なる黒き獄かな

竹の国安房はよき国海の風竹むら吹きて夏によき国

始めての君にしあるを礼もなくなつかし親に相逢ひしごと

新聞「日本」五・二一

さよ更の釜のたぎちのいやしげくたぎつ思ひを今し別れむ

新聞「日本」七・三

草深き一里の夏野朝すぎて石高道を峠にかかる

石出づる金谷の村は家毎に石垣かこふ住まゐくはせず

うつせみの世の戦ひにつかれはてし吾を迎ふる青葉若国

なつかしの青葉の岡や彼岡に共に遊びし人は今ありや

母がます家は見えねどいちしろく裏の椎森若葉せる見ゆ　◇88

若葉せる彼山此岡そのかみを思へばすべて夢の如しも

新聞「日本」七・四

ふるさとに帰れる其夜吾庭の椎の若葉に月押し照れり　◇88

新聞「日本」八・三一

夏山の緑の神の宿りかも朝明けの渓におりゐる白雲

みなし子の白雲一ついし飛ぶや秋づく海の波荒れんとす

露晴れの高き青空あらたまり馬の背嶽に白雲が湧く

清きものなべて妬まる月よみの清き此夜を雲ぞ妬まる

尾の上ゆく白雲見つつ現し世の事ら忘れて心ゆたかなり

旋頭歌

白雲の雫の凝りてなれる瑞花高山の杉の木ぬれのせきらんの花

新聞「日本」九・二

ふもとべの蒼海原ゆ雲せめ来る清澄の鉾杉さしてせめくる白雲

西晴れて夕焼雲のかがよふ見れば群雲のむらむら起る吾が旅ごころ

新聞「日本」一〇・一四

瑠璃色に高くすみたる秋の空打たば響かむ呼ばば答へむ

朝川にうがひに立てば霧うすき草山の上に月傾けり

新聞「日本」一〇・一八

魚もゐず澄みとほりたる秋の水橋の柱のもと深き見ゆ

長狭川流るる水尾の瀬を清み魚すくふ子の足も透きつつ
森かげの神のみ池の色深み青ぎる水は飲む人もなし
春の川の雪解出水ひた押しに堰ぐすべ知らず吾が恋ふらくは

新聞「日本」一〇・二二

水（新体長歌）

真夏の日、登る富山、道こごし、汗はしとどに、たちまち、喉のかわき、わりなく、水恋ふれども、御手洗にも、水涸れにけり。飛ぶとりの、かけ走りつつ、子無き人の、子を恋ふ思ひ、谷深く、水求め入る、谷の底、蔓草花咲く、神の恵み、茲に水湧く。よみがへる、吾身吾心、いただきに、再び立つや、四方のけしき、茲に新たに、はじめて眼に入る、十洲の山。

新聞「日本」 一二・二

虫

山寺の一間を借りて住まひける頃、僧なる人の世にも恐ろしきえやみにかかられければ、吾また離隔せられて訪ふ人もなく外に出ることもかなはず独居るみ寺の夜のさびしさにこほろぎの声をききてよめる歌

えやみありて人も訪ひ来ぬ山寺に独りし居ればこほろぎのなく
軒下にまきたる石灰（はい）のしらしらに宵闇さびしくこほろぎの声
只一人山のみ寺に床ぬちに目のさえ居ればこほろぎのなく
宵のうちの鼠のさわぎ静まりて虫の音かそけく夜はくだちたり
さ夜ふけてなき細りたる虫の音の暁近く又なき出すも
こほろぎのなく音さぶしく独居るみ寺の此夜後も偲ばむ

新聞「日本」一二・四

藁束ねの歌

夕月に藁たばぬると独居る秋の野面のこほろぎのこゑ　◇88

天地に虫の音すみて五百代の山田もさやに月押し照れり　◇88

虫の音はいやすみゆけど藁束ね手元小暗く月傾きぬ　◇89

馬の背の山の裾べを霜けぶりさ夜はくだちぬこほろぎの声　◇89

某女にかはりて（留守居）

よき事の、よきを妬み、悪しきことを、見てを喜ぶ、まがつみの、神の業かも、恋ひなげく、妻を捨て、いとし子の、まなごをおき、いつくとも、言も告げなく、荒玉の、三とせを過ぎぬ、かにかくに、人は云へども、異心(ことごころ)、吾思はめや、ひとり子を、家にもりつつ、百年も、君待つ妻ぞ、天地の、神も見まさば、吾待つと、吾背に告げて、帰し給はめ。

新聞「日本」 一二・六

留守居

休(やす)み日(び)の、天気(てんき)よろしく、野(の)に山(やま)に、心(こころ)うごけど、新妻(にひづま)を、生(さ)家(と)に遣(つかは)し、只一人(ただひとり)、留守居(るすゐ)すあはれ。書読(しよよ)めど、面白(おもしろ)くなし、障子(しやうじ)あけ、又椽(またえん)に出(い)づ、桜紅葉(さくらもみぢ)、かつこほれつつ、鵙(もず)の遠音(とほね)、昼静(ひるしづ)かなり。さびしさや、秋(あき)の日(ひ)も長(なが)し、日帰(ひがへ)りに、早(はや)くかへると、出(い)でゆきし、妻(つま)はまだ来(こ)ず、雁来紅(はげいとう)に、日(ひ)はやや斜(なな)め。

明治四十一年（二十三歳）

一月「馬酔木」

歌日記

八月四日我漢人幸政ぬしは、げに花好の翁にこそあれ、春夏秋冬いとまだにあれば、野山に珍らしき花をたづねて、そを写し楽むに余念なし、心より好みて花を写すなれば、色も形も自然にかなへるこそ尊けれ。贈られしくさぐさの花を見つつよめる

天地おほおや神の使ひ女の花造り女ら君恋ふらしも
ひたすらに花写し居れば今の世のきたなきことら君を冒さず
花をめで花を写して余念なき君したふとし今の世にして
おのづから色し美し名も知らぬ小草の花も神のみこころ

六日百合の絵をかく

萱原に風にゆれたつ百合の花朝露踏みてわが手折りこし

夏休み旅にもゆかず家ごもり絵のまねごとに今日も暮しつ

七日

田の草の二の草過ぎて里人は御岳まうでに今日出で立つも

八日立秋

四つになる小妹三千代を伴ひて御園あたりまで散歩す、友の家にて三千代と風呂に入る、夕風いと心地よし

くれなゐの帯を着物を悦びて幼ながらもをみな心や

はしけやし幼き人にせがまれて菓子なき時しすべもすべなき

九日

雲の歌蒼空の歌家ごもり詠みつつもとなわが旅ごころ

うたの友はしき友らが家居るやその蓼科をいつかわが見む

十日

九十九里片貝の磯より左千夫うしの消息あり、波の音高くしぶき烈しき荒寥の一漁村に一人旅情を貪居り、今朝立秋と聞て又一種の詩情などありて、

朝きらふ磯ゆきくれば白妙の麻の衣に朝みちにけり（左千夫）

吾安房に迎へえざりし口惜しさに

日扇の花さはに咲く嶺岡を君に見せずしてあまたくやしも

嶺岡に匂ひうらてる日扇の瑞花少女君を恋ひまつ

十一日

夕風の川べの宿に鮎の鮓めでつつ居れば月山を出づ

暁のやり戸をくれば庭先の沼ひやひやに霧飛び渡る

冷かに夕露おける芋畑のをぐらきさきに灯一つ見ゆ

某歌人に与ふ

梅干は尊きものぞ梅干の一つのたねを八百日ねぶらせ

青蔦集

都の友に

大海を吹き来る風の涼し風あたらし魚も君がまにまに

夏日待人

つゆ晴の青繁山に立つ垣の根なし心を吾持たなくに

つゆ晴の日の新しく空のみどり植田のみどり栄えくるかも

くさぐさの歌

山寺の庭の芝生にさぎごけの花白くして春の雨ふる

洲の崎は遠くかすみて安房の浦の潮平らかに春雨のふる

人皆は松露とよぶを白雲の雫の玉と吾は思へり

北山の杉の下草高草を上総男の子ら歌ひつつ刈る

鮎居らぬ上総の国や鱒汁とよみにし人は今は世にまさず

生垣の花さんご樹におびただしく蜂なくなべにつゆはれにけり

地久節

きさいの宮あれましし日は大八洲若葉ほがらかに晴れ渡るかも

声

秋晴の尾の上に立ちて声高にさけびてを見つ何ともなしに
河上に三日月淡く渡しよぶ吾声さびし水にひびきて

ある人に代りて

只一日見ねば恋しき吾背子に遠くさかりて月をへにけり
まきかへしくりかへし見る吾が君の文の長きが吾はうれしも
いとせめて恋しき時はよべ見つる夢のことごとかきて送らむ

五月十二日上京無一塵庵を訪ふ此夜蕨眞子来られければ

うつそみの人のくすしはあやぶみし君、言霊のみたまのふゆに癒えましし君
ぬばたまのよみのぞきこし重き病ひに、うつそみの醜けき思ひ脱ぎし君かも

十六日朝まだき帰国の途にて、愉快なりし無一塵庵の宿り哉、うれしかりし主人のお物語かな

久方の青葉の晴のほがらかに心は行くも君と語れば

八月「比牟呂」

子規先生のみ墓に詣でて

木の間洩る朝の影のさやさやにありし世の事眼に浮び来も

奥津城を伏し拝むとうつし世のかなしき事ら思ひたぎつも

み墓べの竹に馴れゐる村雀とはにゐて鳴けこのみ墓べに

無一塵庵即事

日の長き午後のすさびに草とると土踏むうれし都べにして　◇98

田人我都に在りて白雲の高嶺もはず土の香を恋ふ

夕庭を草とり終て風呂に入りすがし心は都ともなし　◇99

むし暑き市路さまよひなりはひのたづき求むと日に焼けにけり　◇99

十月「心の花」

やまぬ流れ

安寝せる眠をさまし男の子われ今日ぞ立ち出づる青嵐の風　（出郷三首）

朝風にはたはたあがる鯉幟今日をよき日と出で立つわれは

峠路ゆかへり見すればふるさとのみどり国原鯉幟立つ

となり屋の機械の音にふるさとや蛙なくなる家の恋しき　（假寓雑詠一首）

滑かに黙(もだ)に押しゆく大川のやまぬ流れに遠き世を思ふ

あかときの水澄みわたり目の前を白帆は行けど心淋しも

いまよりや家に帰りて柿の秋田畑の秋に吾れ親まむ

Album 古泉千樫

1886–1927

明治41年5月　出郷記念
安房郡田原村の小学校に
准訓導として勤めていたが、
文学への思い断ちがたく、
左千夫を頼って上京

千樫の生家（現　鴨川市細野）　昭和8年頃撮影

明治41年９月　正岡子規七周忌
左千夫の家に出入りし、雑用を手伝った

伊藤左千夫
斎藤茂吉
石原純
古泉千樫

明治43年9月　満24歳誕生日

「アララギ」の編集発行人が赤彦に移った大正4年以降か
前列中央に赤彦、右隣に千樫、その後ろが茂吉

大正10年頃　家族と
左より　のぶ（妹）　葉子（長女）　喜代子（妻）　千樫　玲子（四女）　きく（母）　いせ（母の妹）

大正14年９月　満40歳誕生日に家族と
同年５月に自選歌集『川のほとり』を出版し、病状も軽快していた
左より　喜代子（妻）　佐代子（三女）　千樫
玲子（四女）　葉子（長女）

大正13年４月頃　「日光」創刊当時
前列右より　土岐善麿　石原純　村野次郎　千樫　釈迢空　純の後ろが前田夕暮

「日光」の裏表紙には津田青楓による千樫の似顔絵があしらわれた

大正15年１月
熱海の梅林にて「青垣」発足時の
主要同人だった 相坂一郎と

大正15年５月
青垣会第１回記念
前列左より　古泉葉子　水町京子
北見志保子　古泉千樫　安田稔郎
後列左より　安川三郎　石渡成樹
橋本徳壽　相坂一郎　大熊長次郎
鈴木杏村　石塚栄之助

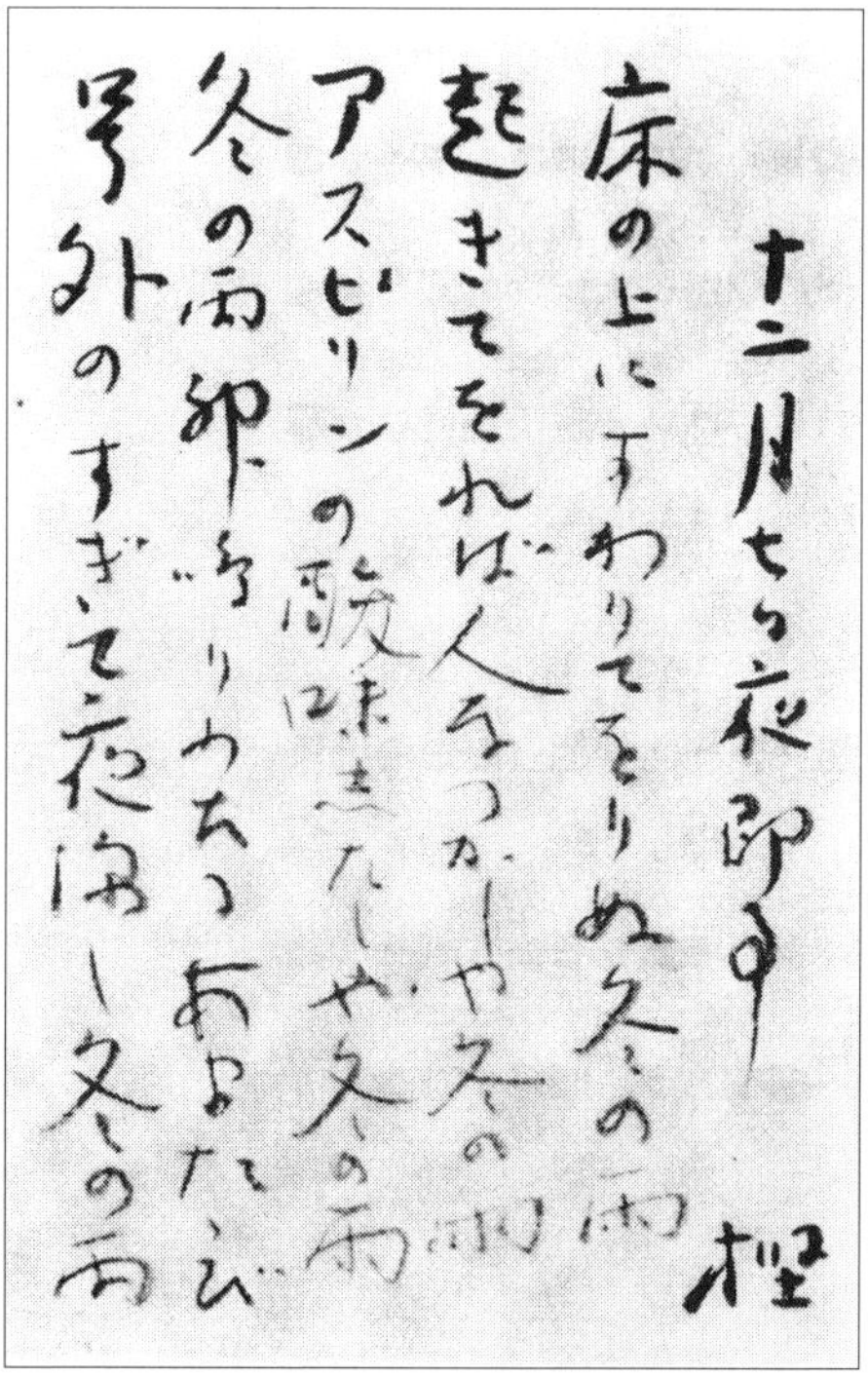

ワレハコモリキ　ヒトコヒニケリ

カゼニカモキミガカカレル　マガナシキ
ツマカモヤメル　ヒサニミエヌハ
東京ニ　キミガヲル日ノスクナケレバ
シバラクミネバワレコヒニケリ
麻雀ニアソビフケルカ　カゼヒキテ
ワレハコモリキ　ヒトコヒニケリ
一月十六日ノ夜　千樫老人

昭和２年１月16日
青山より中渋谷の橋本徳壽宛

十二月七日夜即事　樫
床の上にすわりてをりぬ冬の雨
起きてをれば人なつかしや冬の雨
アスピリンの酸味口にきたなしや冬の雨
冬の雨卿か降りわたるあなたかな
号外のすぎて夜深し冬の雨

大正15年12月８日
東京より台湾・高雄の橋本徳壽宛

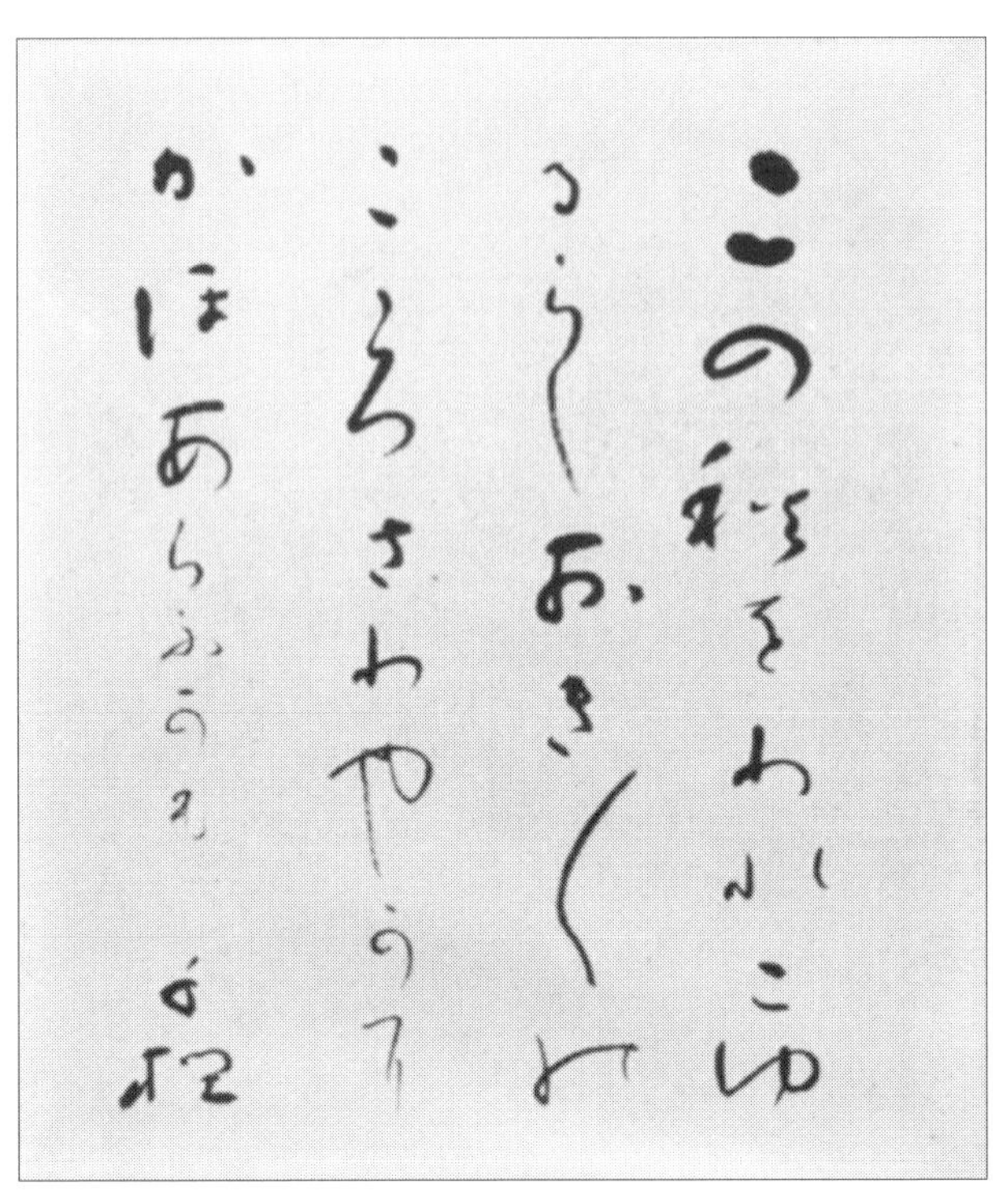

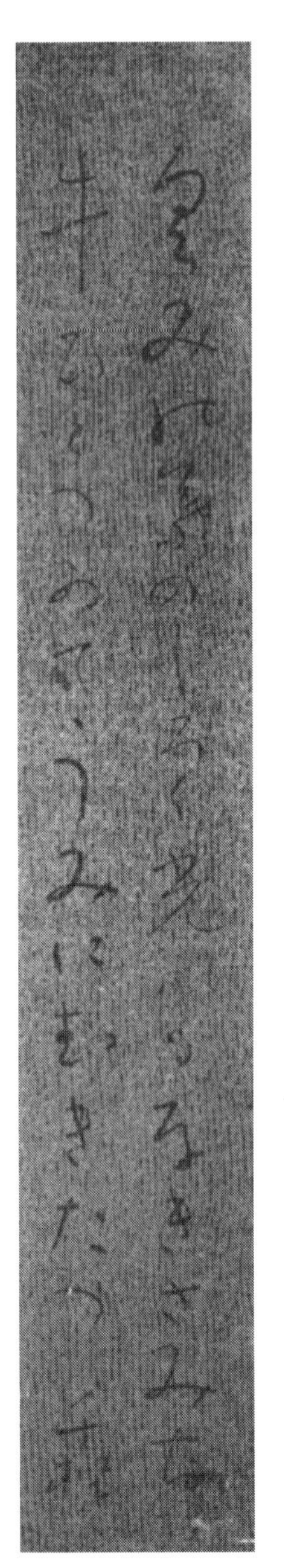

この秋をわれこゆるらしおきくの
こころさわやかにかほあらふかも

千樫

ぐみの葉のしろく光れるなぎさみち
牛ひとつゐてうみにむきたつ

千樫

草の若葉（明治三十七年～明治四十年）

山焼

みんなみの嶺岡山（みねをかやま）の焼くる火のこよひも赤く見えにけるかも　○

夕食（ゆふげ）終（を）へて外（そと）に出て見ればあかあかと山焼（やまやけ）の火のひろがりにけり　○

夕山（ゆふやま）の焼くるあかりに笹の葉の影はうつれり白き障子（しやうじ）に　○

山火事の火影（ほかげ）おぼろに宵（よひ）ふけて家居（いへゐ）かなしも妹（いも）に恋ひつつ　○

山焼（やまやけ）の火（ほ）かげ明（あか）りてあたたかに曇るこの夜をわがひとり寝（ね）む　○

折にふれて

外（そと）風呂（ふろ）に湯あみし居れば月読（つきよみ）は山の端（は）いでてわれを照らせり　○◇42 51

このゆふべ野分（のわき）のかぜの吹き立ちて向（むか）つ草山草ひかる見ゆ　○

隣家（となりや）に風呂によばれてかへるみち薄月（うすづき）ながら雪ちらつきぬ　○◇45

寝(い)につきて聞(き)きつつともし降る雪のあまたもつもるけしきなりけり　○

春浅み接骨木(にはとこ)の芽(め)のふくらみてさ青き見ればものの恋ひしも　○

雨あがり夕日あかるき新湯殿(にひゆどの)ゆげ立つそとに梨(なし)のはな咲く　○◇47

にひばりの畑のそら豆はな咲きて楢山(ならやま)がくりうぐひす鳴(な)くも　○◇55

砂畑(すなはた)のしき藁のうへにうすみどり西瓜(すゐくわ)の蔓(つる)の延(の)びのすがしさ　○

朝露

朝な朝な牛を牽(ひ)き飼(か)ふみちのべの小草(をぐさ)の露(つゆ)の寒きこのごろ　○

しら露のしとど置くなべ秋の野の草の葉厚く肥えにけるかも　○

行く春

山行くとくぬぎの若葉萩若葉扱(こ)きつつもとな人わすらえず　○

まがなしみ人に恋ひつつこの春も暮れてすべなし村を出でがてに　○

草山の奥の沢べにひとり来てなはしろ茱萸（ぐみ）をわが食（は）みにけり　○

山原のほほけ茅花（つばな）のうちなびき乱るるが中にころぶしにけり　○

春ふかみ水を張りたる小山田（をやまだ）のうすら光りて日はかたむきぬ　○

みづひかる春の小山田（をやまだ）うち見つつ心はとみにつつましきかも　○

都べにいつかも出でむ春ふかみ今日（けふ）の夕日（ゆふひ）の大きく赤しも　○

ゆふ日さす小川（をがは）の土手の青芝を素足（すあし）に踏（ふ）みてひとり帰るも　○

左千夫先生に見ゆ

むらぎもの心うれしもこの庵（いほ）にわれは宿（とま）りて朝あけにけり　○

この庭の槐（ゑんじゆ）わか葉（ば）のにひみどりにほへる蔭（かげ）にわれ立ちにけり　○

よき人にともなはれつつ亀井戸の藤なみの花わが見つるかも　○

大きなる人のうしろにしたがひて心うれしくも歩み行くわれは　○

この庵（いほ）に幾夜（いくよ）したしくわが宿（とま）り今宵（こよひ）もふけて茶をいただけり　○

椎の若葉

わが家はいまだは見えねいちじろく裏の椎森（しひもり）若葉せる見ゆ　○◇59

ふるさとに帰れるその夜わが庭の椎（しひ）の若葉に月おし照れり　○◇60

虫　声

月夜（つきよ）よみ藁をたばねてひとり居（を）る秋の野面（のづら）のこほろぎのこゑ　○◇64

露しろく夕月（ゆふづき）てりて新藁（しんわら）のにほひややかにこほろぎ鳴くも　○

天地（あめつち）に虫の音（ね）すみて五百代（いほしろ）の山田もさやに月押し照れり　○◇64

虫の音はいやすみにつつ藁束(わらたば)ね手もと小暗(をぐら)く月かたぶきぬ　○◇64

馬(うま)の背山(せやま)山の裾べを霜けぶりさ夜くだちつつこほろぎのこゑ　○◇64

屋上の土（明治四十一年〜大正六年）

郷を出づる歌

明治四十一年（二十三歳）

皐月空（さつきぞら）あかるき国にありかねて吾（あれ）はも去（い）なめ君のかなしも　○

日の光りいのちもしぬに流らふる我家（わぎへ）の森に小鳥は啼くも

吹く風に椎の若葉の日のひかりうち乱りつつありがてなくに

背戸の森椎の若葉にあさ日てりひとり悲しも来（こ）し方（かた）おもへば　○

あかあかと空はあかるし足もとの黒き地面（ぢめん）を見つめけるかも

椎わか葉にほひ光れりかにかくに吾れ故郷（ふるさと）を去るべかりけり　○

軒かげに大きくさがる蜂の巣のうつくしきだに今はさびしも

巣をいでてひとつ飛びたる熊蜂（くまばち）の翅（はね）きらきらと光りゆくかも

青葉照る昼（ひる）の厩（うまや）のあかるきに雀来て居り秣槽（まぐさをけ）のなかに

桑畑のしげみにこもり桑の実のやや熟めるをば手につぶしつつ

君が目を見まくすべなみ五月野の光のなかに立ちなげくかも　○

はだしにてひとり歩めりこの国の露けき地(つち)をいつかまた踏まむ　○

ただ一人わが立ち聞けば草苅のをとこをみなの帰りくるこゑ　○

菖蒲葺く今日のあさけに家は出づわかき命をいとほしみつつ

草鞋はきてまなこをあげぬ古家の軒の菖蒲に露は光れり　○

家々にさつき幟のひるがへりしかしてひとり吾が去りゆくも　○

ふるさとをかくて吾が去る知るほどの少女がともとかくて別るる

みちの上に青葉洩る日のあざやかにわが思ひ出は悲しきものを

高き木を吹きゆすぶりし風のあと下草そよぎ胸のとよめき

鉄橋

うちとよむ大きみやこの入口に汽船（ふね）はしづかに入りて行くかも　○

汽船（ふね）ちかく大き工場（こうぢやう）見えきたり鉄のにほひのながれたるかも　○

たかだかと鉄橋見えてみやこべの大川の口に船つきにけり　○

とよみくる都の音のおもおもしはしけの舟にうつりたり吾れは　○

船おりてみやこの土を踏みそむるわが足うらに力のなしも　○

船にしてわれゐひけらしまひるまの都の土をふみつつもとな　○

ふむ足にこたへあらねば立ちとまり身をととのへて息づきにけり　○

大川の水のおもてを飛ぶつばめ軽きすがたのまがなしきかも　○

煙塵

塵けむるちまたに吾れは奔(はし)りきぬ君もかなしく出でてきたらむ　○

古里(ふるさと)を君もたしかに出でたりと思へるものをいまだ逢はぬに　○

相見ねば安からなくに何しつつ君はあるらむいまだ逢はぬに　○

別れゐて喘ぐこころの切なさは汝(なれ)にはわかじたよりだにせぬ

今はもよ君をおきてはありえぬをいかにしなるとも吾れ相あはむ

甕ふかく汲みたる水の垢にごりさびしき恋もわれはするかも　○

うち日さす都に君も出でこしと思ひさだめて今日も待つかも

した心君を待ちつつここにしてとどまる電車八十(やそ)をかぞへぬ　○

わが待つやとどまる電車一つごとに人吐きゆけど似る人もなし　○

あまりにもおぼろなるかなと思へどもなほし待たれてせむすべもなし

思ひかね街（まち）の辻（つむじ）に立ちゐるとか行きかく行き立ちにけるかも　○

夕街の小路（こうぢ）をひとりいゆきつつまなぶた熱く涙いで来（く）も

行き違ひにもしもや家に君来しと心さやぎていそぎ帰（かへ）りつ　○

うつしよにおほに従ひへだたりて今し悔（くや）しもとはのへだたり

屋根の草

あからひく日にむき立てる向日葵（ひまはり）の悲しかりとも立ちてを行かな　○

かりそめの病ひをやみて吾れ思ふつひに都に住みえざるかに　○

医師（くすし）がり行くべきものか夕日さす障子を見つつ一人臥（ひとりこや）るも　○

しきたへの枕べ訪ひくる人らみななつかしきかも一人病めれば

青潮に追風うけて走る帆のこころは張りつつ涙ながれぬ　○

夜のまに雨ふりけらし屋根ぬれて朝明(あさけ)涼しく秋づきにけり　○

窓さきの屋根の小草の白き実のひそひそ飛びて昼の静けさ

おぼろかに三月(みつき)は過ぎぬ八十国(やそぐに)のきほひどよめく都べにして　○

思ひ涌く大き都にせむすべのたどきを知らに昼寝するかも　○

為事(しごと)もとめ街を行きつつわが室(へや)のただに恋(こほ)しく帰り来にけり

都大路人満(み)ち行けどみち行く人らいささかもわれにかかはりはなし　○

無一塵庵

暑き日の夕かたまけて草とると土踏むうれしこの庭にして　○◇72

よき友にたより吾がせむこの庭の野菊の花ははや咲きにけり　○

夕庭に草とり終へて風呂に入りすがしこころは都ともなし　◇72

ここにして風呂は浴みつつ牛小屋の牛の匂ひもわれに親しき

むし熱き市路さまよひなりはひのたづき求むと日にやけにけり　◇72

秋暁

秋澄める大江の暁あかつきの遠つ国原に鶏(かけ)のかそけく

ゆく水に夜はながれて江の尻ゆあかつきの光さやにおこれり

暁はやく大江のふちの露ふみてこの国人ら通るこゑすも

滑かに黙(もだ)に押しゆく大川のやまぬ流れに遠き世をおもふ

うつそみの水と流るる吾がこころ大川のべに行方知らずも

信濃行

富士見高原

わが来つる富士見高原秋ふかみ千草奇（く）しくも寂びにけるかも

ここにして飛驒のむら山たかだかにしろがねの雪かがやけり見ゆ

西方（さいはう）に飛驒の高山あかあかと夕べの空に浮びたるかも

おごそかに裳裾遠ひく八つが根のむらさき深く夜に入りにけり

富士見根の有明月夜さうさうと瀬の音は遠くひびきくるかも

蓼科山巌温泉

山の湯のともし火見ゆれあらかじめ待たるるごとく心はをどる　○

湯の宿のともし見え来し安まりにふりかへり見つ夜山八重山　○

ぬばたまの夜の色ふかくたたなはる群山が上を風とよもすも　○

湯の香匂ふ縁（えん）にいづれば夜の山を提灯（ともし）のぼり来（く）友にしあるらし

夜の山をひとりのぼりて今し来しこのわが友は雪袴はけり

のぼり来る灯（ほ）かげうれしくわが友の雪袴見ゆその雪ばかま

年久に思ひ恋ひにし蓼科の山のいでゆに今あみにけり

大地の遠代（とほよ）の底ゆ湧きいづる霊湯（くすゆ）あみをり星空に満つ

わがからだあふれながるる滝の湯のひびき現（うつ）しく夜はふけぬらし

蓼科の山の夜の湯にあみ居れば遠くひびかふ湯の川の音　○

ふかぶかと明けの光をたたへゐるこれのいで湯にひとり入りなむ

湯はしづかに満ちこぼれ居りひたりゐるわれのからだのすきとほり見ゆ

おのづから満ちあふれをるいで湯のなか岩に枕きわが身親しも　○

あさぼらけいでゆをいでて秋ふかき蓼科山の草ふみゆくも

秋海棠

清澄山の谿谷をおもふ

杉村のあはひ洩る日のほがらかに秋海棠の花露にぬれたり

河鹿鳴く声はいづらやおもむろに秋海棠の花川にうつり見ゆ

雑　歌

あかときのさ霧の庭におぼろかに桔梗のはな眼に入りきたる

向つ尾の杉の木ぬれを吹きし風庭草の花に落ちてそよげり

ふるさとの秋ふかみかも柿赤き山べ川のべわが眼には見ゆ

秋日和留守居たのしく柿の木にいくたび吾れはのぼりけらしも

さ夜ふかみ澄み渡る空の月に向ひ今更に思ふひとりあることを

雑　詠

いささかの明地(あきち)によりて凧(たこ)あぐる子らなつかしむ今を忘れて　○

打日さす都の土を踏みそめてとよみしこころいつか消(け)につつ　○

霜けぶる谿間(たにま)の月の下とほみ灯(ともし)見え来しわが入らむ里　○

もやもやし大野のみどり色に立ち黄なるが中に日の沈む見ゆ　○

ひとり身の心そぞろに思ひ立ちこの夜梅煮るさ夜ふけにつつ　○

明治四十二年（二十四歳）

寒　夜

ぬば玉の夜の厩に母がゆけば提灯を提(さ)げて吾もゆきにけり

提灯に手をかざしつつませの上ゆ首出す牛のまなこを見をり

夜おそく酔ひて帰らす父うへのなほしかすがに牛のこと問ふ

父うへの帰りおそきに父上の酒の上いひて母はなげかす

ゐろりの火赤く燃ゆれど母も吾も黙に入りがちにさ夜ふけにけり

畑打

山かげに畑打つ人に心うごき都かなしく吾なりにけり

夕山に来ゐる白雲安らけく汝が居るみればふる里おもほゆ

森のかげおほに暮れしを畑打ちや手もと小ぐらくなほ畑を打つ

畑打ちをともしみ居つつ暮れのこる山の日影に心いざよふ

畑打のおほに入りにし森のうちに灯現(うつ)しく夜になりにけり

海辺の夕暮

宵くらき砂丘のかげに一人居り海のひびきのはるけくよしも
ただひとりこの夕浜の砂にゐて砂のぬくもりを手にもてあそぶ
おのづからあはれになりて夕浜の石に静かに身をふせにけり
軟かにわがほに吹けり月白（つきしろ）のにほひただよふ海の上の風
海は暮れて西少し明かく遠長き砂浜おほに浪寄する見ゆ
宵闇み踵返せば来し方の浜びに赤く火が燃ゆる見ゆ
焚火する海人（あま）らがむれにこの日頃面知りそめし海人も交れり
あかあかと燃ゆる焚火に手をかざし安き心に吾がなりにけり

帰省

ま昼のあかるき村を帰るにもためらはれぬる胸のさびしみ　○

帰りきて坂に我が見るわが家はまだ灯もささず日は暮れたるに　○

いましがた田ゆ帰りしと軒闇に母が立たすに我が胸せまる　○

たそがるる向ひの田道牛ひきて父にしあらし今帰ります

村人ら植付前のいそがしくはたらくらしもわが父母も　○

かぎろひの日も暮れたらば町のあたり出でて見まくとひとり思ひつつ　○

椎欅樫の大樹に月おしてり陰おほき庭かなしかりけり

大庭の月夜木の暮影ふかみひとり下りたち物思ふ吾れを

夕棚雲

吾からと別れを強ひし心もてなにに寝らえぬ夜半のこほろぎ　○

ひそひそになくや蟋蟀ひそかにはわが鋭心はにぶりはてしも　○

さ夜ふかくなくやこほろぎ心ぐし人もひそかにひとり居るらし　○

玉くしげふたたびあはばをの子わが正名はあらじあらずともよし　○

かぎろひの夕棚雲の心ながくながく待つべみ君のいひしを　○

明治四十三年（二十五歳）

合歓の花

川隈の椎の木かげの合歓の花にほひさゆらぐ上げ潮の風に　○

たもとほる夕川のべの合歓の花その葉は今はねむれるらしも　○

夕風にねむのきの花さゆれつつ待つ間まがなしこころそぞろに　○

夕川の上げ潮の香のかなしきに心はもとな君がおそきに ○

ねむの花匂ふ川びの夕あかり足音（あおと）つつましくあゆみ来らしも ○

うつぶしに歩み来につつたまゆらに吾（あ）れに向けつるかがやく目見（まみ）を

夕あかり合歓の匂ひのあなにやしわれに立ち添ふ妹がすがたを

かくしつつすべなきものかねむの花のしなひ匂へる手をとりにつつ

土

雨ひと日春あたたかみいち早も水は止（と）むると堅田畔（かただくろ）塗る

雨あがり春日てるなべなま畔（くろ）のつやつや光り陽炎の立つ

小山田の畔塗りしかば畔のべの水のにごりに春くぐもれり

夕かけて麦蒔（ま）きをはり畑裾に立ちてながむるその夕畑を ○

わが父もながめ居るらし麦蒔きて土あらたなる畑の上の月　○

夕　影

夕早く帰るべかりしを厩には馬は人待ち飼葉もあらず

刈草のはつか残れるうまや戸に夕日片さし蠅二つ三つ

宵草を刈りおくべみとおり立ちて鎌とぐからに心はすがしも

暮るる野の草はらの上にひとところ日影映り居り野は沈みゆく

かぎろひの夕露しづむ野にひとりあくがれ心われ草を刈る

祭のあと

祭あとの物のちらばり目に立てる畳のうへに秋の日のさす

祭すぎて窓の障子のあかるきに蠅も目につく今日のさびしさ

おのづから野を思ふこころ祭すぎて野に出づる道の曼珠沙華の花

祭あとの物のをさめにをみならは猶のこり居り一人野に出づ

秋はれの野にいそしむと吾が心いまだ落ち居ず祭の疲れに

雨の道

五月初め諸友と鹿野山に遊び山上より帰途一人別れて故郷に入る

山の上の青草原に雲脚の暗みあかるみふりいでにけり

相さかる友を見かへり立ち居るに耳に入りくも草野雨の音

ふり来ぬと仰ぎ見すればこの山の木ぬれ明るく雨の脚見ゆ

ふるさとの青葉若葉にふる雨にぬれつつ行かく涙甘(うま)しも

山々は萌黄(もえぎ)あかるく雨けぶり下り坂路のここは小暗き

ふる雨に木々の青葉のうちゆるるこの山坂をひとり下りゆく
木苺のいまだ青きをまがなしみ嚙みてぞ見つる雨の山路に
雨けぶる山路下りきてこの里に小田すく牛を見れば悲しも

雑　歌

餅搗くと大きかまどに焚きつくる榾火は匂ふこのあかときを
八臼つき甑(こしき)かはりめを外に立てば霜いちじろく夜は明けにけり
みよりべに妻と二人し行くみちに心あやしく我家こひしき
秋の日のひかり黄色に沁み照れる浅茅が原にこほろぎのこゑ
昼の野になくやこほろぎほろほろに父母の手にすがらまくすも　○
世に背(そむ)くかなし恋ゆゑこもりのみなげきすぎなむ吾(あ)れが一生(ひとよ)は　○

風にさわぐ庭の落葉のわがこころものに散りつつ吾れに添はずも

植込の木の霜しづれ日のよきに心をなごみ今日し家居り

曇り日

明治四十四年（二十六歳）

冬沈みもののかなしき曇り街をたづたづ来れば川びに出でぬ

さびさびと曇いや沈む川の面をかすかに動く白きあかるみ

うち沈み曇りほうけし吾が前ををりをり行きすぐる人の面かも

おぼほしく曇ゆらぎて水の上にうすら日させり向岸のへに

午（ひる）ちかみ日ざしただよふ冬川のみなぞこおほに明（あか）りぬる見ゆ

森

この悲しくいきどほろしきわが心この森の深く今日も来れり

この静けき森の奥がをさわさわに吹き過ぐる風の行方知らずも

吾が一人ここにありつつ物思ひのかなしき胸に木の実落つる音

うつそみの悲しき罪に死ぬといへど死ぬといふことのただにしあらめや

湛へゐる森の泉にひとひらの木の葉のながれ見すぐしかねつ

春来る頃

いとどしき夜の雨はれてこのあした海辺（うみべ）のどかに春立つらしも

みんなみの岬をめぐる潮筋のいちじろくして春はきたれり

いち早く春を揺りくる黒潮よこのみんなみをとはにながるる

みんなみへつらなる八島朝日てり遥（はろ）けきかもよここに吾が立つ

けさの海みちかがよへりしかすがにかの巌かげは暗く寒けし

水郷の春

汽車おりて土ふむ吾れにうち浴ぶす春の光はながるるごとし

雨あがり春の野みちを踏みて行く草鞋のそこのしめりくるかも　○

春日てる野をたどりきつ蒼杉（あをすぎ）のかげしなつかし心もしぬに

春の日のひろら照る野をかぎり立つこれの森かげ李（すもも）はな咲けり

湖（うみ）の面の浮きてみだるるかがやきにものごころよくうれへおぼゆる

春まひる日のかげろひに湖（うみ）の面はくろく沈みぬそのひとときを　○

かぎろひの西日きららぐ湖の面の沖べは暗くおほにこもれり

夕高き鳥居をいでてうつしきにふりかへり見る森の暗きを　○

かへり見る鳥居の奥の夕がすみ木ぬれの空はいまだあかるし　○

ゆふがすみうすくつつめるこの丘の社の町に灯はともりたり　○

よろづみな闇にただよふ春の夜のま底に深く湖はしづめり　○

宵ふくる春の静夜をやはらかく長く揺りつつ湖はうごくも

室内(へやぬち)のともし明るし酒くまむよき子もほしも旅のこころに

相ともに唄のひとつをうたひえぬ心さびしく酒のみにけり

春の夜の湖べ俄かにさわめきてあらしとなりぬ揺らぐともし火

湖のべのこよひのやどりともしきに春神鳴(はるがみなり)のなりわたるなり　○

われひとり障子のそとに春の雷(かみ)はためく夜空立ち見つるかも

春の雷(かみ)いみじく鳴りてすぎしあと暗き湖べにわれひとり立つ　○

あらし過ぎて闇おぼほしき春の夜の渚の水にわが手をひたす　○

春の夜のあらしは止みぬ水の上の鳥居の雫落ちてひびくも　○

流らふる明けのひかりに春の湖水あたらしく満ちあふれ見ゆ

朝早み舟こぎいづれ湖かくむ春の国べはいまだしづけし　○

朝あけの光ただよふ湖のうへわが漕ぐ舟の櫓(ろ)の音(と)ひびくも

ひむがしの野を出づる日のあかねさしかそけくそよぐ湖の上の風

舟あがりてくるわの裏の畑路のそら豆のはな手につみにけり

豆の葉に春日ながらふしかすがに昼のくるわにわれら入りにき

春の日のひかりまどろむ小川には家鴨ならびて泳ぎてありけり

古りにたる水のあがたのくるわ町くるわ寂しも春日は高く

おくり来し遊女のすがた春の日のながらふなかにかなしかりけり

小さき橋いくつくぐりて見かへればそら豆の畑を遊女ゆく見ゆ

水郷の沖べはるかにかぎろひて大き夕日の沈み行く見ゆ

くるわの灯ほのにともれり堤つくる工夫のむれはなほ働けり

五月靄

皐月靄かをれる朝の恋ごころおのづから思ふ君があたりを

軒にさす菖蒲の葉さき露ひかり朝戸くる君がすがたしおもほゆ

皐月靄ながらふ縁に吾にそひて立ちしおもかげ忘れかねつも

朝靄の匂ひただよふ池のべを水鶏の雛の二つ居り見ゆ

うつしわが過ぎ来し方の暗ければ少女がともを見らく悲しも

睡蓮

ぬばたまの夜ふかき水にあはあはし白く浮き咲く睡蓮の花
ぬば玉の夜を深ければやすらかに花はひらくも手に触りかねつ
すゐれんの瑞若花をともしめど吾が心さびしくへだたれるかも
池のべの青葉の雫かそかなるひびきともしも明けちかからし
ふく風にさざ波ゆるれば浮き匂ふ花もさゆらぐともしさ夜風

白帆

ここに来てふるさとちかし秋晴の稲田の上に青海せまれる
東の海ひかる白帆にただに会(あ)ひて幼(をさ)な吾が影おもほゆるかも
青海の海境(うなざか)遠くひかるもの船のしら帆と知りにき吾れは

青海を光る白帆をあやしみて日まねくも吾(あ)は岡にのぼりし

あのころの吾れをしぬべばおのづから涙ぐましも光る白帆を

妹が家のうしろに高き柿の木にあがれば遠く青海見えし

かぎろひの夕日うしろに暮るる海のかげ暗しもよ辺波沖波

目の前をいま行きすぐる船の帆の暗く寂しく日は暮れにけり

雑歌

冬日和(ふゆびより)野の墓原の赤土のしめりともしみわがたもとほる　○

石ひくくならべる墓に冬日てりひとつひとつ親しくおもほゆ　○

朝日てるひんがしの野をわが来れば春の満ち潮道にあふるる

春の雪日にしづれつつ竹河岸の竹のみどりの濡れ光り見ゆ

雨あがり春あたたかき朝の大路ぬかれる泥の日に光るかな

道を行く影もかなしくひと日ひと日うなゐ離れの目に立ちにけり

さみだれの雨ふる街のぬかるみをずぶ濡れにつついづこへ行かむ

日にひかり木々の青葉のゆるる野のはたての空よむらわく白雲

日の光あみて帰りつ室ぬちにこもるしめりをともしみにけり

わが弟(おと)もわれが如くにふる里をつひに出できつ父ははをおきて

われらあらぬ広きふる家を守りいます父ははあはれわれらあらぬをけむり

明治四十五年／大正元年（二十七歳）

霜晴のあさあけのひかり窓ふかくへやの障子に白く顫へり

朝冴えのあかるき室に目さめつつ青き畳をともしみにけり

郊外にひと夜ねむりて帰りつつひえびえと露の草ふみにけり

靄晴れて朝日かがよふ高き木にちり残る葉のしづかに揺れ居り

小春日の林を入れば落葉焚くにほひ沁みくもけむりは見えず　○

落葉して深くあかるきこの山び雉子は来つつ砂浴ぶらしも

ものなべて忘れしごとき小春日の光のなかに息づきにけり　○

ほろびゆく草木さながらあたたかき秋の光にかがやけるかな

夕暮の街にただよふ物の音をききわけにつつかなしみわくも

ともし火のかがよふ夜（よる）のまぼろしに吾（あ）をあざむきてありがてなくに

明日は明日は別れなむとぞ思ひつつ夜々を疲れてねむり入るかも

春寒

その夫（つま）をまこと別れたるか彼の森の家に帰りてひとりにて居るか

ゆくりなく吾が胸いたし今にして別れたるらし子どももなくて

子をいだく白き胸乳（むなぢ）の母ぶりを思ひうかべつわれはありしか

山茶花の葉かげの花よわれゆゑにあるひは人の別れけらずや

わがもとにただに馳せきて嘆くかにかなしき面わ見えつつもとな

うつし世に命まさきくありこせとひそかにわれは思ひてありしか

逢ふべくはありもあらずもまがなしき人は独となりにけらしも

まがなしき人のたよりをきけるかもこの夕空の白梅の花

南の山

あたたかに焼野の土をもたげゐるさわらびの芽のなつかしきかも　○

さわらびはいまだのびねば篦（へら）もちて土ふかく掘る山のやけ野に　○

うすじめりかわきゆく野にわらび芽ぐむ土のふくれのわれつつ小（ち）さく　○

草萌えてあかるき山の石の上にわれも休めり妹もやすめり　○

足袋につく焼野の土の灰白（はひじろ）にかわきゆくころのうらがなしかり　○

梅雨晴

梅雨雲（つゆぐも）は空にみちうごき濁り水あふれながるる岸べにわが立つ

にごり河の岸の小笹に押しならびつばくらの子は鳴きて居にけり

葛の蔓ふとぶとと延びて若笹にまとはりつくをほどきても見る

朝晴の濡れたる土にわがかげの映り行くをばかへり見にけり

わが足音（あおと）うれしみ行けば若葉かげをとめの歩む音のきこゆも

夕立の前

古倉（ふるくら）の壁のくづれに日のひかり白く燃えつつ動くものもなし

汗ばみて畳にのべしわが足に蜻蛉がひとつ来てをとまれる

とんぼうのうすき羽おさへもづもづと動かす足をつつきて居たり

門さきの椎の大木のかげ暗く日かげうすれて雲たちわたる

空くらく雲たちぬればあはれなる池の緋鯉はあらはれにけり

ごうとして風落ちきたりゆすぶれば椎の大樹のゐらぎどよめる

緋鯉浮く池のおもてにしろがねの雨いち早く落ちて来にけり

吹く風に葉裏ゆするる椎のかげのますます暗くなりてくるかも

晩夏

街の上にうすき埃（ほこり）のにほひ立ちて明けはなれゆく今日のかなしさ

汗あえて起きいでぬれば朝ながら赤くあざれし日のすさまじき

湯気（ゆげ）い吹く飯（いひ）の匂ひもいとはしくいのちに倦みぬ夏かたまけて

街の上のゆゆしきひかり刺（とげ）のごと身ぬちにいたしへやに居れども

あまづたふま日に倦みたる向日葵のけおもきいのちいづべに向かむ

富士行

夏の夜の夜ふかき街を立ち出づるわが旅姿なつかしきかな

宵ふけし銀座どほりの灯（ひ）のかげを蓑笠つけてあゆみゆくかな

ひえびえとさ霧しみふる停車場（ていしやば）にわが下り立ちぬ暁（あけ）は遠かり

○

町離れいまだ夜ぶかき裾野べの濃霧（のうむ）のなかに入りて行くかも

提灯（ちやうちん）の小さきあかりにしみみ降る霧の匂ひも身をそそりつつ

裾野べのこのしののめの水ぐるまことりことりとめぐりてゐるも

焦砂（やけすな）にそぼそぼとしてさ霧ふり裾野の夜らはいまだ明けずも

ともし火を消してあゆめば明け近み白く大きく霧うごく見ゆ

○

裾野べのやけ砂みちの蕗の葉の青きひろ葉に暁（あけ）の霧ふる

霧はるる木立のうへにうす藍の富士は大きく夜はあけにけり

○

山頂（さんちやう）にたなびく雲のひとひらは垂氷（たるひ）のごとくかかりてあるかも

○

富士の嶺（ね）を離（はな）りしさ霧片よりに大戸（おほど）をなしてそばだてりけり

○

太陽はすでにたかけれ灰ぐろく片よれる霧のうごかざるかも　○

焦砂にしとどまぶれしわが足に照りつくる日の痛くしもよし

山肌にふもとの森にきはやかに夕日の色のながれたるかな

夕の色にはかにせまるすそ原や荷ぐるまのおと遠くきこゆる

明日のぼる富士の高嶺を仰ぎつつ裾野の湖に舟こぎあそぶ　○

仰ぎ見る富士のいただきを一ひらの雲めぐりつつ離れざりけり

明日の日の山晴るるらしおのづから心つつましく仰ぎ見るかも

裾原ゆ涌ける夕雲しづしづと大き富士の嶺おほひ行くかも

宵ふかみ外（と）をうかがへばしらしらと静かに雨の降りゐたりけり

窓ちかき富士のたか嶺は直肌（ひたはだ）にこの夜の雨に濡れ立てるらし

富士が嶺を深くつつめる雨雲（あまぐも）ゆ雨はふるらしこの夜しづかに　○

山上（さんじやう）は静かならむと雨ながらのぼりゆくかもこのあさあけを　○

から松の若葉のみどり露ひかり行手あかるく雨はれむとす

赤松のすくすく立てるなつかしさ靄を透してあさ日にほへり

なめらけき赤松の幹の吐く息のしづかに胸につたひくるかな

匂はしく赤松立てりこの朝の登山（とざん）のこころなごみ来らしも

馬の上にわが見はるかす裾野原靄は晴れつつ朝日ながらふ

雨晴れし青草原にあさ日てり友が蓑笠の白く目に沁む

まつはれる雲切れゆきて山頂（さんちやう）の輪郭（りんくわく）くろく見えにけるかも　○

ないそぎそお山は静かなりといふ下山の人の言（こと）のしたしも　○

むらさきの夕かげふかき富士が嶺の直山膚（ひたやまはだ）をわがのぼり居り　○

七合目の室（むろ）のあかりを見すぐしてなほのぼり行く暮れたる富士を　○

あかときの星かがやきてくろぐろと富士のいただき目の上に見ゆ　○

奈　良

法隆寺を出でて

わが国の遠（とほ）つみ祖（おや）の生きの光りいまおごそかにうつつなきかも

斑鳩（いかるが）のみ寺をろがみ吾がいのちまことしづかに匂ふなりけり

み寺いでてあな尊（たふ）と吾が眼にあかあかと静かに燃ゆる焔（ほのほ）こそ見けれ

あかあかと焔燃え居り遠つ祖の生きの焔のじつと燃え居り

いかるがの真昼あかるく焔（ほのほ）澄みいのちひとすぢに燃えたてりけり

杉山の杉の穂ぬれのやはらかに青空の光りそそぐなりけり

青空の奥へつづける杉林木ぬれかすかにけぶり澱(よど)める

八千矛の若杉の穂のいちやうにみ空の青になごみ匂へる

ひとつびとつの命こそ溶(と)くれ杉林遠くまどかに日の光り満つ

あざやかに光り湛へる林の上いのち弾(はじ)かれて鳥舞へりけり

一夜

大正二年（二十八歳）

ひさびさにわが帰りきてふる里の秋のあらしに遇ひにけるかも

あらしに揺るる大き古家に宵早く酔ひて眠れる父のかなしさ

夜の空のうすらに赤きあらしのなかこの古家の揺れやまずけり

あらしの夜をこの大き家に親と子とはなればなれに早く寝にけり

かくのごとあらし吹く夜はひたぶるに父によりそひいねにけるかも

あらしどよもすこのふる里の夜の床に白きただむきわが思はめや

うちどよむあらしの底にこほろぎは鳴きてありけりとぎれとぎれに

この夜らをなくやこほろぎはつ恋の年うへの子のかなしかるかな

やや間遠くなれる嵐に外(と)に立てば今入りがたの月の色赤し

ひとりの心堪へがたし月赤く悩みながらに落ちて行くなり

入りがたの月のひかりに壁の色ほのかに赤くこほろぎ鳴くも

雪

街の灯の照りそめぬればいちじろく屋根には雪のつもりたり見ゆ

このゆふべ雪ふる街のともし火のみづみづとしてありがてなくに

逢はなくて今はひさしきかなし子をこの夜の雪におもほゆるかも

今宵はやしづかに雪のつもるらむ逢ひぬれば心やすけかるかな

雪の夜のこのひそか家（や）の怖ぢごころあやになつかし雪はつもらな

深　夜

夏の夜はいたく更けぬれ惨としてものの匂ひの涌きくるかなや

さ夜ふかく匂ひ涌きたつ池の魚の生きのいのちのかなしかりけり

池の魚の生きのにほひの焔（ほのほ）だちこの夜の空の更けがたきかも

生きむとする匂ひまがなしわが眼には蒼海遠く展（ひら）けくる見ゆ

まなぞこに深夜（しんや）の海の蒼波（あをなみ）の遠ひかりつつ寄せきたる見ゆ

街の夜は更け爛れたりしかすがに庭の青葉の露にしめれる
わが庭の真上わづかに空青み露はおきたり夜の草木に
深き夜の庭の青葉のひややかさわれと悲しく顔触りにけり

蜩

雨あがりの街の夕日の赤ければかなかなは鳴くわが庭の樹に
わが庭にかなかな鳴けり今われはなれなれしく人を思ひ居りにし
相見ねば汝が来し方のかなしきをねたましくさへ思へるものを
一つ来て鳴きし蜩うらがなしいづべに去りし街の夕日に
ほろほろと鳳仙花赤く散りにけりなほおほよそに遠く恋ひ居り

あらしの後

あらしのあと木の葉の青の揉まれたるにほひかなしも空は晴れつつ　○

あらしあめ晴れてすがしきこの朝や青栗の香のあまき匂ひす　○

瘋癲院

狂女ひとり風呂に入り居り黄色（わうしよく）の浴衣（よくい）まとひて静けきものを　○

ものぐるひの若きをみなご湯につかり静かに飯（いひ）を強ひられにけり　○

狂女は湯につかりつつ飯たべてひと口たべて否といひにけり

窓赤く夕日さしたりぬるま湯に狂女ひたりて幾ときならむ　○

瘋癲院の夕ぐれ早みきちがひらおのおの暗き臥所（ふしど）に入るも

夕あかりうすら匂（にほ）へる病室にならびねて居（ゐ）る狂人の顔　○

床(とこ)の上に三味線(さみせん)ひける狂人(きやうじん)の容顔(ようがん)くらく夕さりにけり　○

二三人女(をんな)きちがひ起きてきてしきりに吾れに話(はな)しかくるも

灰　燼

急ぎきて人だちしげきわが門(かど)にかがやく目見(まみ)をふと見つるかも

うちかぶさる灰燼のなかにわが家は小(ち)さく残りてあかりつきたり　○

夕闇に焼けのこりたるわが屋根にりうりうと水は流れけらずや

わが門をひと入りくらし今し見し悲しき目見(まみ)の思ほゆらくに

灰燼のくらくなびかふ夕庭にたどきも知らに相見つるかも　○

はるばると吾れにきたれる悲し子を今ここにしてすべもすべなく

夕べ暗く灰燼にほふわが庭にはじめて逢ひし二人なるかも　○

うらさわぐ灰燼のなか相寄ればくろ髪の香の何ぞかなしき

ひたぶるに家人(かじん)は物をしまひ居りかなしき人は帰りけるかも　○

放(はふ)り出しし一切(いつさい)のもの又をさめ焼けざりし家に眠るなりけり　○

燭影

湯を出でて夜(よる)の廊下のつめたきにふと胸(むな)さわぐ君をひとり置きて　○

夜の海の暗きを見つつ君居たり一人し居りて何をか思ひし

闇の海に赤き火一つおぼつかなひとりし君をおきにけるかも

さ夜ふかみ小床になびく黒髪をわがおよびにし捲きてかなしも

燭(しよく)の火をきよき指(および)におほひつつ人はゐみけりその束(つか)のまを　○

夜は深し燭を続(つ)ぐとて起きし子のほのかに冷えし肌のかなしさ　○

うつつなくねむるおもわも見むものを相嘆きつつ一夜明けにけり　○

朝なればさやらさやらに君が帯むすぶひびきのかなしかりけり　○

柩を抱きて

大正三年（二十九歳）

日のひかり曇りて白し走れどもひた走れどもわが路白し

この街のにぶき光りの動かざれば心は負けてひた走りたり

またたくまかなしきをんな思ひけり心慄（をのの）きてひた走りけり

いちめんに白き光りの喘（あへ）ぎ立ち眼（まなこ）あぐれば倒れむとすも

ひた走り街をかへればわが家は息をひそめて静かなるかも

ふるさとに久（ひさ）にて帰（かへ）るかなし児（こ）の柩いだきて今はも帰る　○

ぬばたまの夜の海走る船の上に白きひつぎをいだきわが居り　○

しみじみとはじめて吾子(あこ)をいだきたり亡きがらを今しみじみ抱(いだ)きたり　○

わが膝に今はいだけどたまきはる分(わ)けし命はほろびけるかも　○

うつせみの吾れをかなしみ汝(な)が有るを汝が啼く声を憎みしは誰ぞ

をんなに我が逢ひし時かなし子のたらちねの母の乳は涸れにけり

きはまれる生きの力をうつたへていとけき齗噛(はじし)みにけるかも

たまゆらに眠りに入りし病める児の火照(ほて)る頬にこそ口触りにけり

うす黄なる夜船の明(あか)り見居りしか吾れは今考へざるべからず

夜の船に柩いだきてうつらうつら我がせしかもよ赤児啼き啼く

夜の海を船は走れりこのままに亡き吾子いだきて遠く行かむを

光りつつたちまち消えし流れ星あかつきの海はいまだ暗しも　○

ふるさとの小舟（こぶね）に下（お）りつひえびえと朝明（あさあ）けの海の香（か）湧きみなぎれり　○

風出づとかねて思ほえ暁（あけ）の海をつとうねる波のかなしき光　○

山の上に朝あけの光ひらめけりよみがへり来る命をおもふ　○

抱（いだ）きゆく小（ち）さき柩にふるさとの朝日ほのぼのと流らふるなり　○

車の上に柩をひしと抱きけりわが家の森黒く光り見ゆ

しんかんとまひる明るき古家（ふるいへ）ぬち小さき柩は今おかれたり　○

ふるさとにわが一族にいま逢へる汝（な）が死顔のいまだうつくしも　○

常磐木に冬日あたたかに小鳥なくわが故郷（ふるさと）ぞ安く眠らな　○

山桃の暗緑の木ぬれ流らふる光りかなしき墓に立ちけり

祖先の墓にひとり樒をささげつつ涙ながして我が居たりけり

黄いろなる水仙の花あまた咲きそよりと風は吹きすぎにけり　○

ふるさとの日光のなかひやりひやり水仙の葉を踏みて居りけり　○

水仙の薫りのなかに眼をあくればめんめんと冬の日のふりそそぐ

たけたかき棕櫚の木かげは水仙の青きが上にうつりてゐたり　○

紅椿か黒さびたれ手にとれば蕊の根白くかなしきものを

大きなる土手の斜面に日を浴びてひとりつくづくとゐたりけるかも

杉林暗きがなかにひた坐りこらへかねたる涙なるかも

つつましくひとり野を来つ蕗の薹袂に入れて帰るなりけり

ふりそそぐ冬の日光やはらかに小川の水は流るるものを

すかんぽのうす赤き茎のかなしけれ手には摘みつつ我が嚙みがてに

すかんぽの茎をしきりに折りゐしが胸さわぎしていそぎ帰れり

椿葉のかぐろ厚葉（あつは）の日の光り真赤の花がこぼれんとすも

つつましく寂しきこころ厩（うまや）より牛ひき出でて庭につなげり　○

牛の子のまだいとけなき短（みじ）か角（づの）ひそかに撫（な）でて寂しきものを　○

黄に明るき昼の厩に乾草（ほしくさ）のにほひかなしみ乾草を切る

太陽は凝りかがやきて廻りたり二頭の牛はぢつと動かず

かなし児は祖先の墓のかたはらにかなしかれども眠らせにけり

中空に澄みきはまれる日の赤き我が子を土に葬（はふ）りはてけり

今はもよ小さき柩のなくなりし家ぬちに来てひとりすわれる

つばくらの古巣は白く寂しきを風はほのかに光りてゆけり

椿葉に暁の光りはながれたり吾が去る国はいまだ静けし
傷を負ひて暗深くうめくけだものの心を感じひた土に臥す
この土のくぐもる力わが肉に脈うつかもよ徒(あだ)にせじ汝が死を

思ひ出

すやすやに眠れるおもをのぞき見つつ乳汁(ちしる)のにほひ悲しかりけり
たらちねの母の乳汁のにほひ染(し)みやうやく堅くふとりけるかも
くりくりと澄める瞳を囲(かく)むもの吾れをしたしく映しけらずや
亡き児あはれいつも素直(すなほ)に寝ざめては眼(まなこ)つぶらにひとり語りし
亡き吾児(あこ)の姉の手をとりたまたまに冬晴の街をわが歩みけり
冬の光りおだやかにして吾児(あこ)が歩む下駄の音軽くこまかにひびく

吾児が踏む下駄の音かるし手を離し先きに立たせて歩ませて見つ

桃の花

桃のはな遠（とほ）に照る野に一人立ちいまは悲しも安く逢はなくに　○

桃の花下照る水のさざれ波ややねたましきこころのみだれ

うつとりと桃のくれなゐ水底（みなそこ）に映りて吾れは涙ながせり

との曇る春のくもりに桃のはな遠くれなゐの沈みたる見ゆ　○

桃の花くれなゐ曇りにほやかに寂しめる子の肌のかなしき　○

桃の花曇りの底にさにづらひわれのこころのあせりてもとな　○

桃の花くれなゐ沈むしかすがにをとめのごとき女（をみな）なりけり　○

折にふれて

嵐のなかにひとり覚めをり病める児の入院のことを思ひわが居り　○

いつせいに心いらちて鳴く蛙（かはづ）われの懶惰（らんだ）の血のなやましさ　○

蜂

たたなづく稚柔乳（わかやはちち）のほのぬくみかなしきかもよみごもりぬらし　○

飛ぶ蜂のつばさきらめく朝の庭たまゆら妻のはればれしけれ　○

海

とどろ波かがやき寄する渚べに大きなる牛黙して立てり

川口にせまりかがやくあぶら波音をひそむる昼のさびしさ　○

川中に大き牛立てり外海の油青波かがやき止まず

ま夏日のかがやく青波やしほ波きもむかふ吾が心のいたさ

おぎろなき海の光りにひた向ひいままはだかに吾が立てるなり

たかだかにかがやく青波ここに居るわれの命を乱せあらたに

ふるさとの海に浸れり青海のかがやく海にじつと浸れり

たまきはるいのちうれしくもろ手あげうねり来る波抜きて泳げり　○

たかだかに寄せくる波を待ちゐつつうねりに乗りてゆくこころかな　○

素肌なるわが広胸（ひろむね）をたか波のうねりに乗せてゆくこころかな　○

海底に眼をばひらきつ鶸（ひわ）いろのうしほの光り吾れをつつめり

海底のうしほに浸る吾がからだ息のかぎりをうごかざるかな

ひたひたに波に唇触（くちふ）りあふむきて遠き雲の根ゆるぐを見るも　○

海にゐて額(ぬか)に指するやさしさをせちに感ずるうましき疲れを

しみじみとまひるの海にひたりつつ身はやはらかにうち揺られ居り

玉藻なすか寄りかくよりうつとりと肌は揉まれつ青きうしほに

澄みとほる海にひたりて潮ながらとこぶし食(は)めり岩をかきかき　○

まひる

ごくねつの真昼の街をうな垂れてしかもひもじく帰るなりけり

夏まひるちまたを行くもくろぐろと喘ぐいのちをいたはり行くも

夏の日のま白きまひるちまた行き行き歩みつつ眼をつぶるなる

ひと吹きの風ふきしかばわれ知らにかうべをあげぬ空のまばゆき

をののきて仰ぎこそ見れ街中の真夏真昼の日の光りかも

まかがやく天日（てんぴ）は凝りてじりじりと肩の首根（くびね）の焼くるなりけり

風去（い）にてしんと沈める昼の街かたき地上にわがかげ小さし

ほこりまみれし足袋の寂しさ水撒（ま）きて上（うは）ぬかりせる道を踏み行く

しほはゆき汗ながしつつちまた行くこの残虐のこころよし今は

日ざかりをあゆみ帰ればわが門べ道掘りかへし工夫らの居り

大川

大川口（ぐち）夕（ゆふ）みち潮のかげふかくひかりふくれてうねりやまずも　○

おのづから熱さに倦（う）める波のうねり明（あか）く小暗く暮れがてにけり　○

さす潮のかよふはたての水上（みなかみ）に合歓（ねむ）はやさしくにほひてあらむ　○

独り寝

蠟の火をほのかにともしねもごろにわがひとり寝(ぬ)るこの夜ふけつつ　○

屋根すべる露の音こそかすかなれ今宵独り寝のゆかしきものを　○

街の屋根今しことごと白露にしとどに光る夜空したしく

蠟の火の焰(ほのほ)ゆらげば陰のありしみじみとしてひとり寝をする　○

ほのぼのと若き心の笑(ゑ)まほしく寂しければなほゆかしひとり寝　○

ほの黄なる蠟のあかりはわが若き肉(しし)に沁み入りにほふなりけり

こほろぎはいとどあまねく鳴きふけりわがひとり寝の夜半のしたしさ　○

澄み透る高き夜空に立ち極まり杉の木ぬれはそよげりひとり

飛燕

大正四年（三十歳）

喉ぶとの汽笛諸方（しよはう）に鳴れりけり懈（たゆ）さこらへて朝の飯（いひ）はむ　○

みしみしと吾児（あこ）に蹠（あしうら）を踏ませけり朝起きしなの懈（たゆ）さ堪へなくに　○

わりびきの朝の電車にのるところしかすがに光る夏帽子かな　○

わりびきの朝の電車にのるところ飛燕（ひえん）鳴くとも人知るべしや　○

ひとり来て親しみがたき光りなり野つぱらは今真昼なりけり

まひる野の光明道（くわうみやうだう）を過ぎ来つつまことは何も見ざりけるかも

濁り水にものかげうつるなやましさまことなまけぬ心はあせり

光のなか円（まる）く大きなる瓦斯たんくしづもり立てりこの街の上に　○

赤電車

赤電車ひた走りたりわが前に門(かど)づけふたり黙(もだ)し乗りゐる

赤電車に居眠るをんな三味(さみ)持てりすずしき風の吹きもこそ入れ

赤電車永代ばしを走りけり上げ潮の香のながれくるかも

さ夜ふかみ街のもなかの大き川しんしんとして潮満つらしも

街の川深夜(しんや)の潮の満ちにけり月ひんがしにのぼりたるらし

街の川さ夜潮満つれ橋の上の乞食(こつじき)の子の帰りゆく見ゆ

夏の夜を更けてかへれば裏通り堀の水こそ満ちあふれたれ

縁日(えんにち)のはてたるあとのしらじらと物の香かなし風肌に吹く

百日咳

手をひける娘のあゆみもどかしく倦みの疲れに吾れ堪へなくに

たまたまにむすめを連れて家いづれ早くも吾れの疲れけるかも

ぬば玉のこの夜も妻を叱りつつ身さへ疲れて更けにけるかも

秋風の肌にともしきこの夜頃つまを離りてなほいく夜寝む

あかつきのかなかなのこゑかなしもよ妻が袂をまかぬこのごろ

むらむらと南瓜はな咲く畑来つつ青きかまきり踏みにじりたり

移り住み夕食（ゆふげ）し居れば隣家（りんか）の子はげしく咳をせきにけるかも

隣家の子百日咳の咳すなりすなはち吾等顔見合はせぬ

百日咳はやりけらしもあまつさへ生（あ）れてまもなき吾が子なりけり

おぼつかなあの家この家に百日咳病む子ありとを知りにけるかも

わがやどの欅の木ぬれ夕影にさやぎしづまりひとり悲しも

物思(も)へばあはれなるかもこの夜ごろ地(つち)にあまねきこほろぎのこゑ

けならべて秋づく雨のふるなべに住みふりし家思ほゆるかも

あかときのかなかなのこゑすみとほりひとりさめゐて思ひ堪へなくに

鷺

青空を斜め下りくる白鷺の光かなしもこの森の上に

街かげの水べにのこる青葉森すさまじきかも鷺群れ巣くふ

鷺の群かずかぎりなき鷺のむれ騒然(さうぜん)として寂しきものを　○

雑然(ざつぜん)と鷺は群れつつおのがじしあなやるせなき姿なりけり　○

物おぞく鷺は群れ居り細長き木のことごとに鷺の巣の見ゆ　○

おのがじしあはれなる巣に立つ鷺ら立ち惚（ほ）くるなり森は明るく

この森に鷺こそ群るれ向う街昼の電灯ひつそりともり

鷺のゐる鷺の巣あまた見えにつつふと酸つぱゆく汗のにほひす

さびしくも群れゐる鷺かしかすがに吾が足黒く埃まみれたり

群れさわぐこの寂しさに堪へかねて空ゆく鷺の専（もは）らかなしも

森の外（と）のさるすべりの花夕日に照りあやに明るく鷺さわぐなり

飛びゆく鷺帰りくる鷺森の上の空おぼほしく暮れかぬるかも

街かげに群れて巣くへる鷺のこゑおどろに夜（よる）は更けにけるかも

夜もすがらおどろおどろに群れさわぎ眠りなき鳥の寂しくもあるか

闇ぬちに鷺の匂ひのおどろしく隙(すき)ばかりなるわがからだかも
闇ふかく鷺とびわたりたまゆらに影は見えけり星の下びに　○
かすかなる星の下びをつぎつぎに飛び行く鷺の見えつつもとな　○
夜目にしるく落ちて来しもの手にとればあな暖かし鷺のこぼれ羽
鷺さわぐ夜の森出でてあわただしあたたかき寝所(ねど)わが思ふなる

梟

兵隊は練兵終へて帰るなりさ霧黄いろく日は入らむとす　○
ひとりの兵列をはなれて陸橋の袂の店に煙草を買ふも
兵隊の帰りはてたる代々木原霧ただよひて夕さりにけり
霧こめて夕さりにけり代々木原物のにほひの肌に沁みくも　○

夕霧の代々木の原の帰りみち電灯あかき湯に入りにけり

郊外の町の夜霧に湯屋の灯（ひ）の火（ほ）かげあかるし遠くは照らず　○

湯に入りて今は帰ればあやしかもほろすけほうほう鳴くこゑきこゆ

郊外の霧深みかも今鳴くはほろすけほうほう梟のこゑ

ここにして梟のこゑ聞きにけりふくろふの声は寂しきものを

霧のなかにふくろふ鳴けりひしひしと吾が来し方の思ほゆるかも

郊外に吾れ移りきて幾日へしこの夕ぐれのふくろふの声

ほろすけほう五こゑ六声郊外の夜霧に鳴きて又鳴かずけり

こほろぎ

雨の夜（よる）家を出でつつゆくりなく場末の寄席に這入りけるかも

人すくなく畳あかるし雨の夜の寄席に這入りて坐(すわ)らむとすも

寄席にゐて古き小唄をきける時こほろぎ鳴けり耳の近くに

雨の夜の寄席の畳のあかるきにほそほそと鳴くこほろぎきこゆ

風

風吹きやみかうべあぐれば夜は深し硝子工場の赤々と見ゆ

午近み畳にうつる日のかげの木影さやぎて風いでにけり

材木堀

まつすぐに日はい照りけり町並(まちなみ)に立てかくる材(き)のま白き光

日ざかりの街いつぱいに澄みひびく木工場(もくこうぢやう)の鋸の音

午さがり街は静けし犬ひとつただくるくるとまはりやまずも

日はたけなは材木堀の錆び水の動きにごりて潮みちきたる

まひる日に潮は満ち来もおもむろに材木筏堀を入り来も

満ち潮に筏は入り来あたらしき木の香は匂ふ満ち潮の上を

まつさきに入り来し筏は堀まがり椎の木かげにつなぎけるかも

夕日さす材木堀の土手の松青き松かさ眼に光り見ゆ

郊　外

秋の稲田はじめて吾が児に見せにつつ吾れの眼に涙たまるも　○

代々木の草はら中の小さき池水青くして秋ふかみけり

秋晴るるこの原なかの小さき池子らはひそかに来り泳げり　○

日の色の匂ふ草はら風そよぎ子らは泳ぎをはややめにけり

草藉(し)きてうつつなに吾がありし時娘は咳をせきにけるかも

秋晴の代々木が原の松かげにひとり息する吾れならなくに

木洩れ日の黄ばみ匂へる草むらに小鳥こもりて歩みゐにけり

日の色に面わあぐれば原なかをいま葬列の歩み行く見ゆ

波の音

両国橋を渡りしが停車場の食堂に来て珈琲を飲む

汽車に乗り行かむと思ふ海のべのかなしき宿に今宵はいねむ

しかすがに汽車に乗りたれ群肝(むらぎも)の心さやぎて眼をつぶるなり

汽車にのり心しきりにさやげどもやがて寂しくならむとすらむ

腰をおろしてぢつと眼をとぢ息づけばすなはち汽車は動き出でたり

外の面見れば畑原白く月照れり一思ひにてここに来にけり

宵寒き稲毛の駅にひとり下り今はほとほと寂しきものを

道ながらひそかに思ふ酒のみてひとり眠らむそのかの宿に

この一夜早く明けなと思ひつつさかづきおきていねむとするを

別れては悲しき人をしのびつつひとりひそかに甘（あま）え嘆くも

ここにきてさ夜の波の音きくとだに告げやるべくは何か嘆かむ

茂吉に寄す

蔵王（ざうわう）の雪かがやけばわが茂吉おのづからなる涙をながす

みちのくの秋ふかき夜を善根（ぜんこん）の祖母（おほば）しづかに目を眠りませり

おのづからこのうつし世の縁（えにし）つきてみ仏の国へまゐられにけり

あかあかとま昼の山の湯に浸りおのれ頭（かうべ）を撫でて悲しも

山上のまひるの光あかあかと十方浄土あかるかりけり

ふるさとのうま寝よくして長き夜のあかつきしづかに目ざめけらしも

憶左千夫先生

お広間（ひろま）の風吹きとほり中庭の草花あかくゆらぎたり見ゆ

あなまこと吾れらなまけぬ三年へて先生の遺著いまだも出でず

三年へしこのおくつきにともなへばただ悔いなげく女なりけり

朝行く道

大正五年（三十一歳）

ひさびさに一夜の眠り足らひたりつつましくして街にいで行く

朝早み電車のりかふる三宅坂鴨ゐる濠を立ちてこそ見れ

朝早きさくら田の濠靄にほひ鴨うち群れていつぱいにゐる

鴨むれて濠にみちたりつくづくと眼鏡二つかけ立ち見るわれは

朝日てる向ひの土手に鴨むれてつらなり並ぶその枯芝に

水の面に鴨はしづけしただ一羽飛び返りつつ下りがてなくに

水の上に下りむとしつつ舞ひあがる鴨のみづかきくれなゐに見ゆ

濠のへにたたずむものは吾れ一人朝日あかるく鴨なくきこゆ

わりびきの電車はいまだ通りけり日は濠に照り鴨なくきこゆ

日あかるき濠にむれゐる水鳥のしづかなるこそあはれなりけれ

満員の電車に乗りて濠見ればうつらあかるく鴨はむれゐる

夜に入る前

さむざむと街は暮れつつ葬具屋のともし火白く明るくなりけり
夕明りうすらににじみ街の上の靄蒼寒(あをさむ)く頽(くづ)れむとすも
たそがるる窪地の街のにごり空波うつなして鴉群れきぬ
幾群の鴉うづまき舞へる下街のともしはにぶくともれり
暮れがてに余光かがやき群鴉くろき翼の映えにけらずや
たそがるる巷に高き古銀杏鴉むらがりとまりたり見ゆ
くろぐろと鴉むらがり飛びかへりこの夕空のなほ暮れきらず
夕鴉群れて飛べども声啼かず街ゆく人は首(かうべ)をあげず
靄ながら街は暮れ入り火事跡の灰の匂ひの暗く沁みくも

街中の枯木にとまる群鴉さながらにして夜に入りにけり

闇深みまつたく夜になりにけり高き窓一つひつそり赤し

節一周忌

さ夜深み酒さめ来つつ頭いたし腐りつきたる蜜柑好み食む

不知火筑紫にいゆき一人死にけりこころ妻持ちて悲しくひとり死にけり

下総の節（たかし）は悲し三十まり七つを生きて妻まかず逝きし

たなつものはたつもののことねもごろに母に言ひやりし遠く病みつつ

長塚の節を久に思はずけり月に光れる白梅の花

雨降る

雪の上に夜の雨ひたにふりそそぎいのち乱るる春きたるらし

雪の上にぬばたまの夜の雨そそぐ代々木が原をもとほる吾れは　○

調練のあとすさまじき雪の野に雨ふりそそぐ宵ふけにつつ　○

ぬばたまの夜の雨ふり土の上の雪しみじみと溶けつつあるなり　○

ぬばたまのよるの雪原青白み雨ふりやまずわれひとり立つ　○

ひとり立つわが傘にふる雨の音野にみちひびく夜の雨のおと　○

しんとして夜の雨野に立ちゐつつ縦横無礙の力を感ず　○

雨そそぐ夜の雪原にくろぐろと松は一本立てりけるかも

宵ふかみ雨うちそそぐ雪の野を提灯ひとつにじみ見え来し

雨くらき夜の原なかを人は来れしはぶきのこゑつづけてきこゆ

この夜みちともし火持ちて来る人はつれはあるらし語るこゑきこゆ

ぬば玉の雨夜の野路の行きあひに傘にひびかふ雨の音はも

移り香の木肌の匂ひしんとして人は行きすぎぬ暗き夜みちを

雨の夜のこの原なかに行きあひし人のあしおとききて居にけり

ぬば玉の夜の原なかにひとり立ちみだり高ぶる吾れならなくに

早春（さうしゆん）の雨の夜ふけて橋わたり水のながるる音ききにけり　○

帰りきて雨夜の部屋に沈丁花匂へば悲しほてる身体（からだ）に

雨滴（あましだり）しみみにぎはしはしけやし寝（い）ぬるを惜しみさ夜ふけにけり　○

辻待車夫ひとりごちつつ蹴込（けこみ）より炭とりいでて火をおこしをり

淡雪

淡雪のわかやぎ匂ふてのひらを吾が頰（ほ）にあててかなしみにけり

身にちかく君の居るかにおもひけりまがなしき血の体(たい)を走るも

山びこ

終電車いま過ぎけらしおのづから街の灯ひそみ土しらけ見ゆ
さ夜ふかみこの街かげの坂みちをひとり下り行く吾れの足音
坂なかば歩み止むれば夜ふかみ凍(こほ)れる大気ひたに静けし
街かげの夜の坂路に立ちゐつつおのづからなる寂しみ湧くも
犬啼きて山びこどよむさ夜ふかみこの街かげに山びこどよむ
山びこは遠く消えけり山びこのこのこゑきかでいく年は経し
もろ啼きに犬啼きたてて騒ぐなべこだま乱りぬ寂しきものを
なき立つる犬のもろ声いつせいに夜空にひびく更けし夜空に

島の桃

春の雨ふりてゐるらしゆふべはもよく眠りたりこの船の上に

春の海路のどけし船ながらつめたき水に顔あらふかも

この船の若き事務長と朝の卓（たく）ともに囲（かこ）みて珈琲（コーヒー）を飲む

春の雨ふりてしづけし瀬戸の海の水おぼろかにささ濁り見ゆ

ゆく船のめてに生（あ）れたる島一つくれなゐにじみ桃咲けり見ゆ

島山の桃のくれなゐ近く見えわが船すすむ春雨のなかを

見るかぎり波さへ立たず桃の花匂ふ小島もいまは遠しも

春の雨いま晴れむとすぬれわたる甲板（かんぱん）の上のあたたかに見ゆ

船室に入りてはがきを書かむとすただにのどめる海の寂しさ

旅ゆくと桃の花さく島山をともしみすれど告(つ)ぐべくもあらず

五月の朝

しつとりと五月朝風街を吹き乳(ちち)の匂ひの甘き花あはれ

くちびるにほそほそ吸ひしすひかづら吾が忘れめやそのすひかづら

五月空光こぼるる街の上(へ)にくちびるふるふ過ぎし日おもへば

せいせいと青草のびし濠の土手に朝日かがやく長き斜面に　○

日かがやく土手の斜面に松の影さやに映れり青草の上に

さ緑ににほへる濠にこのあした小舟三つ見ゆ藻を採る小舟　○

舟に採る五月の濠の藻の匂ひさやに匂へり朝日照りつつ

みどり匂ふ藻を採りしかば濠の水濁りどよみて日に倦めり見ゆ

紫陽花

体中（たいぢゅう）にしとど汗ばみこころよく空気のかわく街をわが行く　○

白き蝶まなこに光りひとつ飛べり七月まひる街は静けく

しんとして夏の日てれる街なかに三味の音ひびく屋根の奥がゆ

日のさかり白みわたれる街なかに二挺の三味線おとをひびかす

まひる日（ひ）にさいなまれつつ匂ひけりやや赤ばめる紫陽花のはな　○

炎天のひかり明るき街路樹を馬かじりをり人はあらなく　○

日盛りの街樹のかはをかじり居（を）る馬の歯白くあらはに光る　○

街頭に馬がかじれるすずかけの木肌（こはだ）か青く昼のさぶしさ　○

死に行く魚

真なつ日のひでりの空の蒸し曇（ぐも）り養魚池（やうぎよち）の波ひかり寂しも ○

汐にがく沸き立つ池の魚のむれ堪へがてぬかも浮びいでつつ ○

養魚池のひでりの水のにごり波むれ浮ぶ魚のうろこの光 ○

養魚池のひでりさざ波魚死にておびただしくも浮びたるかな

無花果の青き葉かげのさざ波に動くとも見ゆれ死にたる魚を

ひろびろと夕さざ波の立つなべに死魚（しぎよ）かたよりて白く光れり ○

養魚池の夕日さざ波てり光り子らは掬ふも死にたる魚を

さびしくも夕照る池の水かげに生きゐる魚のむれ喘（あへ）ぐ見ゆ ○

鼠

川口の午後の汽笛のあはれなり事務室にゐて汗ふくわれは

大川尻潮涸(そこり)の泥のくろぐろと熱(ほめ)きにほひて昼たけにけり　○

かうべあげ汗ふき居れば真赤なる鉄管つみて行く船のあり

女一人沙蚕(えむし)掘りゐる真夏日の膿(うな)沸く泥を掘りかへしゐる

日の光あざれて匂ふ泥の上をこは幾匹の鼠なるらむ

真夏日のひき潮どきの泥の上にあなけうとくも群れゐる鼠　○

泥の上を鼠ちろちろあさり居り女は切(せち)に沙蚕(えむし)掘りをり

かつとして午後の日照れり橋の上を電車ゆく音人あゆむ音

穢(けが)れ水やや揺れそめぬものうくも潮は陸(くぬが)によせつつあるらし

ややややに夕潮よせく泥の上の鼠けうとくなほあさりつつ

光よどむ真夏夕波かきみだしもうたぼうとの行くが悲しさ

あらしの朝

あかときの暴風雨(あらし)のなかに目をさめて吾が児の寝顔目守りけるかも

この朝のあらしのなかの練兵の銃の音こそきこえくるなれ

あさあけの街の坂道たぎち落つる雨水踏みて行くがともしさ

朝早み練兵終へて雨のなか濡れかへりくる兵隊の顔

いちめんの練兵場の濁り水雨やや小降り朝空あかし

雨くらき野の洞穴の青草に雀寄りつつしき鳴く一羽

朝あけの豪雨の原にひとり立ち吾が素足こそ濡れ光りけれ

あらしのなか野道に立てる吾が足の青白くしてうとましきかも

曼珠沙華

雨はれの朝の光のひえびえと肌によろしく秋ふかみけり

朝寒の日かげは深く畳にさし朝食(あさげ)ののちの心すがしも

このあした電車にのらず徒歩ゆけばさやかに吹ける秋の風かも

おのづから頭(かうべ)をあげて歩みくればみ濠の土手に曼珠沙華赤し

み濠の土手のひとすみあかあかと咲きつづきたる曼珠沙華の花

きんいろの日光すみて濠向う静けき土手の曼珠沙華の花

秋の風土手をわたればあかあかとひそかに揺るる曼珠沙華の花

天高く秋の風ふき濠の土手吾れに離れてまんじゆしやげ赤し

深夜の川口

夜ふかみ宿直（とのゐ）の室の窓かけの白きひかりに蠅ひとつ飛ぶ

宿直（とのゐ）して夜はふけにけり橋をゆく電車の音の今はきこえず

ひつそりと窓をあくれば大河の夜の潮今しそこりてあるらし

この深夜潮涸（そこり）の上にあかあかとかんてらともり人のゐる見ゆ

ひそひそと潮涸（そこり）の上に女二人沙蚕（ごかい）を掘れりこのま夜なかに

かんてらの炎はなびく沙蚕掘る人の泥手の動きやまなく

夜の潮涸に沙蚕掘りつつひつそりと唄をうたへりかなしきものを

潮干ればかなしきものかぬばたまのこのま夜中に沙蚕ほりつつ

河尻の橋脚の灯のひつそりと水にあかるく夜は更けにけり

寝ぬべくは心はさびし窓出でて岸の小舟に下り立ちにけり

大河の引潮どきの夜の風吹くとしもなく面（おも）にさびしも

ひそひそと沙蚕を掘れりさ夜ふけの潮涸の匂ひ暗くさびしき

さ夜ふかみ潮涸の上の泡の音ふつふつとしてひとりしさびし

夜の河尻暗く立ちたる庫（くら）かげにほろほろに鳴くこほろぎのこゑ

今し今ごかいを掘れりぬばたまの夜の潮涸の久しからめや

たまたまに永代橋を赤き灯の一つ走れりさ夜ふかみかも

霜凪

朝さむみ路まがりゆく崖のかげ銀杏の落葉黄におびただし

霜晴の日の照る坂に吾が立てば鴉樹に下りて歩みけるかも

吾がむすめほうほうと云ひて鴉追へど鴉は飛ばずあゆみゆきつつ

霜晴の野をまがなしみ歩きつつ銀杏黄落（いてふくわうらく）す（ママ）寺にきたれり

大寺の屋根の斜面のともしもよ霜の雫の日に光りつつ

児をつれて初冬（しよとう）の寺にまゐりたり旅を恋ひつつこころ寂しも

わがむすめ銀杏落葉を拾ひつつよろこびてをり吾れもひろはむ

吾れと吾が児と野なかの寺に銀杏の葉ふみつつひろふその銀杏の葉

大正六年（三十二歳）

児を伴ひて郷に帰る

一、夕かげ

ここにして俥（くるま）あらねば夜道（よみち）かけわれと吾が児と徒歩（かち）行かむとす　○

俥なくて町のはづれになりにけりかの山かげにこの道入るか

この国の冬日あたたかし然れどもかの山かげはすでにかげれり　○

山峡（やまがひ）に道入らむとすかへり見れば海きららかに午後の日照れり　○

冬の日の海かがやけりひと掬（すく）ひきよきま水を喉にほりすも

わが児よ父がうまれしこの国の海のひかりをしまし立ち見よ　○

ゆく道は夕づきにけり日のてれる山のいただき見つつ悲しも　○

五百重山（いほへやま）夕かげりきて道寒（さむ）しくしくと子は泣きいでにけり　○

さらさらと水の音（おと）する山あひに道は入りつつ夕寒きかも　○

山あひにてれる日かげのほろほろに肌（はだへ）つめたく夕づきにけり

をさなごの手をとり歩む道のへにみそさざい飛び日は暮れむとす　○

夕寒き山がひの道行き行くと車のおとのあとよ聞こゆる

歳の暮の醤油もとめて帰りゆく車をたのみわが児は乗せし

この道に連(つれ)になりたる山人が手にさげてゐる雉子の尾ながし　○

連れだちし人はわかれぬ夕さむく風明(かざあか)りする山あひの道に　○

荷車に吾児(あこ)のせくれし山人もここの小みちに別れむとすも　○

山の上に月はいでたりわが児よ父と手をとりまた徒歩(かち)ゆかむ　○

山の上に月は出でたり汝(な)が知れるかのよき歌をうたひつつ行かむ　○

二、鵯の声

ちちははと朝食(あさげ)し居ればわが耳に透りてひびくひよどりの声

わが丘のせんだんの木に群れきつつ鳴きのさやけき鵯(ひよどり)の声

わが門の木の実ついばむ鵯(ひよどり)のすばやきうごき見れどもあかず

群れゐつつ鵯（ひよどり）なけりほろほろとせんだんの実のこぼれけるかも　○

あたたかく朝日ながらふる枯草の丘びのみちをわがあゆみ居り　○

この丘の緩（ゆる）くのびたる裾のべを父とわが児とあゆみくる見ゆ　○

祖父（おほちち）にはじめて逢ひて甘（あま）えゐるわが児の声のここにきこゆる　○

あからひく朝霜とけてわが丘の樹々にかがやく日の光かも

三、明るき空

おのづから眠り足らひしわが目見（まみ）に村は明るく匿（かく）すところなし

冬の日のま昼あかるき古家（ふるいへ）ぬちおそろしきかもこの安けさを

麦畑を来（き）つつともしもわが家の白き障子に日の照る見れば　○

蜜柑山にわが児ともなひ木の杪（うれ）に残る蜜柑をもぎてやるかも

古里のここに眠れる吾子（あこ）が墓にその子の姉といまうでたり　○

子をつれて小川のふちを歩みつつ竹村に入りぬ明るき竹村

水涸れし小川がなかにおり立てば竹の根あまた岸にさがり見ゆ

日のぬくき小川のふちの草の上にわが児と二人蜜柑たべ居り

四、午鐘

ふる里の真昼の光しづかなりをんなこどもの声きこえつつ　○

日の光あまねく満てり山の上に細く立ちたる煙は消えず　○

わが村の午鐘（ひるがね）のおときこゆなり一人庭にゐて聴きにけるかも　○

冬晴れて村はあかるし午鐘（ひるがね）のおとゆるやかにきこえ来るかも

山がひの二つの村のひる鐘の時の遅速もなつかしきかも

五、雨の一日

ふる里に二夜眠れるこのあした雨しとしととふりいでにけり ○

大きなる藁ぶき屋根にふる雨のしづくの音（おと）のよろしかりけり ○

のびのびと朝の縁（えん）に立ち門畑の麦の芽にふる雨を見にけり ○

搾乳（ちちしぼり）手きたれるからに幼な吾児（あこ）からかささして厩に行くも ○

ふる里の雨しづかなり母も吾（あ）も悲しきことは今日はかたらず ○

ちちのみの父は厩に行きませり雨はあかるく午（ひる）にしなるらし

父うへの秣（まぐさ）きる音きこゆなり吾児をせおひて厩に行くも

斯くしつつ幾日とどまるわれならむ麦の芽ぬらす雨の静けさ ○

六、冬虹

この夕べ空しぐれつつうす日照り川の向ひに虹たてり見ゆ

おぼほしく冬の虹たてり川むかひ竹の林のひかりは揺(ゆ)れず

冬空に虹たちわたりうら悲しそこはかとなき心のみだれ

この夕べしぐるる空に立つ虹のことさらびたる光さびしも

虹たちて明(あか)れる冬のたそがれを仔牛(こうし)ひきつつ人かへる見ゆ

おぼほしく冬虹たちて空明(あか)りいのちさびしもふるさとの道に

冬虹の光まがなしからからと竹をたばぬる音(おと)ぞきこゆる

ふゆ空の虹きえむとす竹山ゆ竹をかつぎて人出で来たり

七、風吹く日

風吹きて海かがやけりふるさとに七夜（ななよ）は寝（い）ねて今日去らむとす　○

馬車おりて吾児（あこ）の手をとり歩みけり沖つ風吹く崖の上の道　○

崖たかみ外洋（ぐわいよう）青く晴れわたりさうさうとして風吹きやまず　○

吾児（あこ）が手をとりつつあゆむ崖の上の街道（かいだう）遠く見えにけるかも

まながひに冬の潮騒あをあをと光りていたし音（おと）はきこえず

風吹きて海光いたしわがからだはげしき呼吸に充ちにけるかも

いくほどをわれら歩みしあをあをと潮騒光る崖の上の道　○

犬の声

月寒く夜はふけにつつおぼつかな土あらはなる広原行くも

はてしなく土のつづける夜の原を渦まきとほる木枯の風

月白く風さえわたりこの原の四方（しはう）ゆおこる犬の長鳴き

この原をめぐり吠えたつ犬の声さむざむと夜はふけにけるかも

月寒く吠えたつ犬のもろごゑのこの野をめぐり夜すがら止（や）まず

月の下を雲ゆくなべに夜の原のあたり小暗く沈みてを見ゆ

息（いき）づみて人眠る街にこの道のふかく入り行く寂しきこの道

ふたところ拍子木の音きこゆなり原のあなたの街の寂しさ

転　居

移るべき家をもとめてきさらぎの埃（ほこり）あみつつ妻とあゆめり　○

けならべて街のくまぐま歩けども小さきよき家ありといはなくに　○

きさらぎのあかるき街をならび行き老いづく妻を見るが寂しさ　○

午（ひる）すぎて疾風（はやて）吹き立ちきさらぎの春のほこりは街をおほへり

たまたまに大き明家（あきいへ）を入りて見つ寂しけれどもその大き家を

土（つち）ぼこり白く被（かづ）ける街ばかり眼には見えつつただに疲れぬ　○

入り来つる小路（こうぢ）のおくにしらけ咲く白梅の花寂しみにけり

いくたびか家は移れる崖（がけ）したの長屋がうちに今日は移れる　○

鬼怒川

四月初旬下総結城に故長塚節氏の宅を訪ふ

藪かげゆ小舟（こぶね）にのりて水たぎつ鬼怒川（きぬがは）わたりぬ春の寒きに　○

鬼怒川を西にわたりて土踏めば今さらさらに君ししぬばゆ

鬼怒川の川べゆきつつ見さくるや筑波のあたり雲ただに暗し

春寒きふりかけ雨に傘かしげ鬼怒の川べを吾れひとり行く

ゆきゆくと川の堤のいぼたの芽白くひかりて雨はれにけり　○

春の野の大野がなかをみつみつし鬼怒の流れは激(たぎ)ちやまずも

春さむき灰色空にただひとつ雲雀あがりて鳴きの久しも

道入れる雑木林(ざふぼくりん)にひともとの辛夷白花(こぶししらはな)にほひてありけり　○

きぬ川のつつみ離れてこころぐし竹村つづく街道を行く

しみじみと語らふひまも母刀自はしもべが伴に物のらすかも

君ゆきて母刀自ひとり家のことに心くばらす見つつ悲しも

しもべらはいまだ帰らず大き家の春の夕べの寂しくありけり

春さむみ風呂あみ居れば家裏(いへうら)の竹のはやしを風わたるなり

倉(くら)かげにあまたつちかふ椎茸の匂ひさびしも朝のしめりに

竹林(ちくりん)の日なたに囲(かこ)ふ苗床に芋の芽あかく萌えいでにけり

ここに来て君が命をなげくだに吾が身ともしく思はざらめや　○

うづたかき堆肥(たいひ)の匂ひうら悲し春日あかるくしぬび堪へずも

筑波山

宗道より五里の夜道なり

町はづれ暮れて灯さぬ小家にし夕餐たうべつ夜道行かむに

野は暮れて道しろじろし草鞋(わらんぢ)にかへし足もと踏みて見にけり

もの問へどことばすくなき村の娘(こ)と夕(ゆふ)の長橋わたりけるかも　○

暮れはてて灯影ともしき宿（しゅく）のなか寂しけれどものどに歩むも

このさきに家あらぬらし宿（しゅく）はづれたばこを買ひて道よくきくも

ゆくみちのくぬぎの林松林おぼろおぼろに月のぼる見ゆ

林間（りんかん）に沼あかりしてころろころろ蛙かつ啼く一人い行くに

目をかれぬ筑波繁山ほの白く霞たなびき春の月てれり

小筑波の町の灯明りたかだかと見えつつもとな森はつきぬに

あかるきは娼家の明り筑波ねの夜ふけの町にわれつきにけり

筑波山さ夜はふけつつ磴道（いしみち）に娼家のあかり照りて寂しも

つれ立てる筑波少女ら吾（あ）に別れ山にし入ればすぐに木をこる

いただきは近しと思ひをとめらが木をこる姿しまし立ち見つ

霜どけし尾の上の土を踏みゆけばぶなの木にゐて鶯なくも

わが妻の生(あ)れし国原いく筋の水ひかりつつ静こころなけれ

わが妻がをとめとなりしそのかみをしぬび寂しも吾れは知らぬに

巌角につみてかなしもひと茎にひとつ花咲くかたくりの花

一日

ほとほとにこころさびしみ勤(つと)めを半日(はんにち)にして帰りけるかも

ひとりして歩き帰らな寂しみと人を訪はむはすべなきものを

さびしく歩きて居れば街の上を春の埃(ほこり)の捲き立ち行くも

風に向ひひた馳せ過ぐる自動車のあとの埃(ほこり)のきらめき立つも

篠懸木(すずかけ)の新芽日に照るこの道を歩き行きなむおもてをあげて

木々の芽は天に諸向きかがやけりこの安らかにするどき光り

街ゆけば芽立(めだち)の光りうらがなし人のたよりのつひに来らず

別れては遥けきものか新芽立つちまたを一人今日も歩める

朴の花

ゆく水のすべて過ぎぬと思ひつつあはれふたたび相見つるかも　○

相見つる悲しき思ひ堪へがてに朝戸は出でつ妻は知らぬを

のぼりゆく坂をおほひてま弓なす瑞青空のこころよきかな

朴の木のわか葉がうれに大き花白くかがやき夏さりにけり

空しぬぐわか葉がうれに白黄(びやくわう)の匂ひかなしき朴の木の花

こころぐきけさの歩みか朴の木の花さく蔭にひとり立ちつつ

汝（な）を思ふこころ悲しく甘（うま）しきに白くかがやく朴の木の花

この嘆きとはに堪へつつ秘（ひそ）かなる乏（とも）しき思ひ乱さずあらむ

白黄（びやくわう）の朴の木の花いちじろくいまはなげかじ寂しかりとも

うち嘆くなげきも甘（うま）しあひぬれば過ぎにしことは忘れけらしも

はかなかる逢ひなりながらほのぼのとなごりこひしき朴の木の花　○

夜（よる）深み若葉の匂ひしめやかにたもとほりつつわかれかねしか

かき終へしながきてがみをふところにひそかにいれて外にいでにけり

まがなしむもののあまたにわかれけりひとりゆかむにわれは堪へぬに

微恙の後

曇り日の若葉やすらかに明るかり墓地（ぼち）を通りて湯に行くわれは　○

ひそかごと持つとはいはじ曇り日の若葉明るく親しきものを　○

夕墓原

あとを追ひ騒ぐ子おきて夕ぐれのこの墓原にひとり来にけり

さみだれは一日(いちにち)はれて墓地なかの大路は白く夕さりにけり

青葉かげかさなり暗き墓はらを夕かたまけてひとり廻(もとほ)る

墓原の扇骨木(かなめ)若葉のくれなゐの匂ひはうせて時たちにけり

いちじろく墓原の土に散りしきしいちしの花もすぎて久しも

兵営のらつぱまぢかくなりわたり夕墓はらにこころ落ちゐず

兵営の夕べのらつぱ街の上をこだまさびしくうつりゆくかも

そぞろ来て独歩が墓に出でにけり煙草吸はむと袂をさぐる

木の下によその子どもとわが子ども青梅食むをけふ見たりけり

夕暗の墓地の小みちにうづくまり物は思へどまとまりもなく

たたずみてあたりを見れば白き墓立ちつづくなり夕の墓原

宵暗き墓はら来つつたまたまに香のにほひのうつしかりけり

墓地下の街の小家のひとならび障子あかるく灯ともせり見ゆ

墓地下の街の小家の灯の明り子ども声だかに本よむきこゆ

左千夫忌

茅場のや水づく庵をおとなへば昼寝しありけり仮床の上に

百日紅

家いづればすなはち見ゆる墓原にたかだかと咲く百日紅の花

百日紅に日ははや照れり朝戸出て汗ばむ顔を拭きつつゆくも

いそぎつつ朝は出でゆく街角（まちかど）に咲きて久しき百日紅の花

日ざかりの墓地（ぼち）を通れり朴の木の葉ごもり枝に鴉ゐる見ゆ

さるすべり花咲くかげに男ゐてちひさき墓を掘りにけるかも

墓地かげの木の下闇（したやみ）にうち集（つど）ひをとこをみなら昼餉して居り

半どんの今日いちはやく吾れ帰り汗じむ服をぬがんとするも

夏休み貰ふ日近ししかれども旅にも吾れは行きがたからむ

梟

飽くばかりうち息はむと吾が待ちし夏の休みは来れるものを

夏休みすでにいく日をいたづらに心さわがしく過ぎにけるかも

あれこれとすべき為事にいらちつつ身ぬちの力萎(な)え果てけらし

外を見ればいたき光のみなぎれりむなさわぎつつ汗湧く吾れを

ま夏日の動物園にきたりけり鳥けだものも寂しく立ちゐる　○

白日(はくじつ)のひかりまがなし梟(ふくろふ)はまなこみひらき土に立ちゐる　○

梟はまろき眼をひらき居りをかしきものは吾れにあらぬに

ま昼まの路上に吾れの影くろしひとりまぶしく歩みつるかも

朝

枝重く土に向ひてなり垂るる赤き木の実を手になでにけり

朝歩み遠く来にけりたなそこに赤き木の実を一つ持ちゐる

朝はやく野にし出でゆく母うへを今さらにしも吾が見つるかも

うつそみに堪へていそしむたらちねの母の命は長くしまさむ
うやうやしつねやはらかきたらちねの母の言葉を妻に告げやらむ
つつましく吾が世生きなむ妻子らをひもじからせじ吾が妻子らを
充ちみてるけさの心かいまよりはかならず妻を叱らずあらむ

蟹

谷川のすくなき水を踏みのぼり石おこしつつ蟹をとらふる
女たち豆の葉とりてゐるならしをりをり笑ふ声のきこゆる
崖の上の芒に這へる葛の葉の蔓をたぐれば花こごり咲けり
鋏ふとき雄蟹を二つ捕らへたり青きすすきにしばりて帰る
岩かげの水のよどみに大きなる蟹のぬけがら白く見えつつ

谷川の水踏みゆくと藁草履ながくのびにし幼な日思ほゆ

蟹二つすすきにしばり持ち来れば匂ひまがなし泡をふきつつ

沢蟹のかたき甲らを今しいま手にはがすだになつかしきかも

暴風雨の跡

安房布良に赴きて

ゆく道に倒れ木いよよ多くして外海(ぐわいかい)白く見えにけるかも　○

大木(たいぼく)の根こぎたふれし道のべにすがれて赤き曼珠沙華の花　○

うち倒れし家並(いへなみ)見つつ吾が来れば海女(あま)らはだかに焚火して居り

潜(かづ)きして今し出で来(き)し蜑(あま)をとめ顔をふきつつ焚火にあたる　○

かくのごと荒れたる海にまた直(ただ)に命(いのち)したしみいさりするかも　○

すぐれたる身ぬちの飢ゑを感じつつあらしのあとの海辺を歩く

夕日さす波うちぎはに童子(どうじ)ひとり大き口あき柿たうべ居り

うち荒れし突堤のうち夕日てりさざ波あかしそのさざ波を

夕凪ぎて大島近し病ひ養ふ土田耕平につつがあらすな

あらし暴(あ)れし海べの村を視に来り日はくれぐれと暮れゆきにけり

宵ながら海くろぐろと村人のねむり深からし暴風雨(ばうふうう)のあと

ぬばたまの闇の汀(なぎさ)をひとりゆきうちよる波に素足(すあし)をぬらす

闇の夜の海ふかぶかし沖べには赤き火ひとつ見えにけるかも

暁深(あけふか)く潮さしくれば打ち出でて網よするらしあまのよび声　○

あらしのあと夜ふかき海に働くか力みちたる人間のこゑ

しらしらと海明け来り網寄する小舟ひとつら見えにけるかも

暁（あけ）はやく海にはたらき帰りきて白き飯食む顔のたふとさ

牛

一、冬晴

老いませる父に寄りそひあかねさす昼の厩に牛を見て居り　○

父の面わゆたに足らへり冬ながら二頭の牛の毛並よろしき　○

日おもてに牛ひきいでて繋（つな）ぎたりこの鼻縄（はななは）の堅き手ざはり　○

乳牛（ちちうし）の体（たい）のとがりのおのづからいつくしくしてあはれなりけり　○

さらさらとかな櫛もちて掻きやれば牛の冬毛の匂ひかなしも

おとなしき牛の額（ひたひ）をねもごろにわがおよびもて掻きにけるかも

けだものの大きせなかにひつたりと両(もろ)のてのひらあてて寂しも

さ庭べに繋(つな)げる牛の寝たる音おほどかにひびく昼ふけにけり　○

ひとりゐて飼葉(かひば)の藁を切りにけり冬の真昼の厩は明るく

冬日さす大きうまやにほし草のさ青のにほひなつかしきかな　○

牛久しく寝てゐたるあとの庭土の匂ひかなしも夕日てりつつ　○

夕寒み竈(かまど)にひとり火を焚きて牛の湯を湧(わ)かすその牛の湯を　○

夕寒み牛に飲まする桶の湯に味噌をまぜつつ手にかきまはす　○

音(おと)立てて桶の湯をのむ牛をまもり宵闇さむき厩にゐるも

二、夕渚

茱萸(ぐみ)の葉の白くひかれる渚(なぎさ)みち牛ひとつゐて海に向き立つ　○

ふるさとの春の夕べのなぎさみち牛ゐて牛の匂ひかなしも　○

夕日てる笹生（ささふ）がなかゆ子牛（こうし）いで乳（ちち）のまむとす親牛（おや）はうごかず　○

夕なぎさ子牛（こうし）に乳をのませ居（ゐ）る牛の額（ひたひ）のかがやけるかも　○

入りつ日の名残さびしく海に照りこの牛ひきに人いまだ来ず　○

三、草野原

草原につなげる牛を牽（ひ）きに行く日のくれ方のひとり寂しき　○

しらじらと茅花（つばな）ほけ立つ草野原夕日あかるく風わたるなり

ゆふ日照る青草原にじつとして牛は立ち居り鼻綱（はなづな）をながく

日もすがら牛を繋（つな）げるあとどころすさまじくして野は暮れむとす

繋（つな）がれし綱いつぱいに廻（まは）りつつ牛は食（は）みたりこの草原を

繋（つな）ぎたる端綱（はづな）解（と）かまくわが寄れば牛は大きく首向けにけり

鼻綱（はなづな）を吾がひくなべにもそろもそろ牛歩き出づ夕日草原

夕ぐれの浅川（あさがは）わたる牛の足音（あおと）さびしみにつつ鼻綱をひく　○

草原ゆひとり牛ひきかへりたりうまやの前のこの夕明り

厩内（まやぬち）に入るるただちに大き牛ふりかへりきて首のばしたり　○

牛入れて夕（ゆふ）のうまやに吾があれば牛の水持ち父の来ませる　○

青草のまぐさに交（ま）ずる切藁（きりわら）の白くともしく夏ちかづけり

四、朝涼

朝庭の梨の木かげに牛つなぎ父は立たせり牛をながめて

朝草（あさぐさ）に足らひたるらしおほきなる項（うなじ）をあげて牛の立ちゐる

朝庭ににれがみ立てる乳牛(ちちうし)の白き胸前(むなさき)透き照れり見ゆ

朝日のなか牛ひとつ立てり黒白の斑(ぶち)あざやかにいつくしきかも

いつくしく正面(まとも)に立てる牛の瞳(め)のか黒に澄めり深くうるみて

牛のうなじ手に撫でぬれば角(つぬ)の根(ね)の暖かしもよ堅(かた)き角(つぬ)の根(ね)

まつすぐに向うむき立つ牛のせなかゆたにいつくしその方尻(はうじり)も

五、白日

ふるさとのまひるの道を一人行き埃(ほこり)まみれしわが足寂し

ふるさとの海には来つれ一めんに真昼の光り白く悲しも

ま夏日の潮入川(しほいりがは)の橋のかげ大き牛立てり水につかりて　○

橋のかげすずしく映る水中(すゐちゆう)に白牛ひとつ立ちてうごかず

日に熱き欄干（てすり）に寄れり橋したの大き白牛わがのぞきつつ

橋下にわがおり行けば砂しめり赤き小蟹のいくつもゐるも

川中に立ちて久（ひさ）しきことひ牛水にぬれたる尻尾（しりを）ふりつつ　○

六、露降る

朝なさなおく露寒み秋の野の草の葉硬（かた）く肥えにけるかも

草刈りにあさあさ通（かよ）ふ山坂の秋はぎの花咲きにけるかも

秋ふかみ刈る朝草（あさぐさ）は短（みじ）かけれど硬く肥えつつ手にここちよし

秋づきてかたき草の葉ねもごろに牛に切りやるその朝草（あさぐさ）を

秋の野に朝草刈り来（き）ひもじさのこころよくして笑（ゑ）まはしきかも

朝はやく秣（まぐさ）刈りきて一ぱいのつめたき水を被（かぶ）りけるかも

この朝の秋のさやけさいちじろく牛の乳（ちち）の出（で）よろしかりけり

七、時雨

久方のしぐれの雨に沾（ぬ）れそぼち刈田かへすと牛の鼻とる

小田すくと牛の鼻とる鼻竿のしづくさびしく時雨ふるかも

山かげのだんだん小田をつぎつぎに牛ひき移りすきかへしつつ

時雨の雨さむざむふれば鞍下（くらした）に片手さし入れ牛の鼻とる

時雨晴れ日のさしくれば鼻竿（はなざを）の白くかわきてゆくがうれしも

時雨はれ日のてるなべに父も吾も笠をしとりて畦（あぜ）におくかも

笠ぬぎて心あたらし鼻どるや牛はますぐによく歩みつつ

刈小田に鼻どりしつつ山添ひの柿の実あかく眼（め）につくものを

苅田すく昼の休みに木にのぼり赤き熟柿をさがしつつ食む

昼休みやすみてあれば田の土手に牛は角する土くづしつつ

刈田すく鼻どりしつつ稲茎にあしうら触りてこそばゆきかな

久方の時雨の雨はふれれども夕早くして為事は終へむ

さむざむと夕の谷田を時雨ふり牛のあゆみのにぶくなりにけり

かへりきて夕の厩に鞍とれば見のかるがるし牛の姿の

八、坂の上

牛ひきて下らむとする坂の上ゆふ日に照らふ黒牛のすがた　○

かぎろひの夕日背にしてあゆみくる牛の眼の暗く寂しも　○

青牛集（大正七年〜昭和二年）

大正七年（三十三歳）

病児を持ちて

深夜

あわただしく吾児を入院せしめけりわが貧しさの安からなくに
病める児を入院せしめわが戻る濠端さむく夜はふけにけり
終電車いまし過ぎはて街遠におどろにひびく音の寒けさ
濠ばたは寒く更けつつ遠街の物音おどろにきえがてぬかも
夜のひかりかそけき濠に鴨小鴨列をつくりて泳ぎをり見ゆ
み濠べに浮ぶ小鴨の安らかに生きむ命をわが思はなくに
貧しさはかにもかくにも病める児を病院におき安しといはむ
遠遠に歩み戻ればしくしくと下腹いたみ夜はふけはてぬ

さ夜ふかく家に帰ればただひとり姉なる吾児の眠りてを居り

ねむりゐる吾が児の足のあたたかさ今は専らに眠らむわれも

病院

はしけやし玩具を持ちて歩み居りわが児の病今日よくあれよ

病院の明るき室にみとりゐる妻の身なりのあはれまづしも

病める児はよく眠りたり落ちつきて妻よ夕食(ゆふげ)をたうべて来れ

日の光

さえさえと空は晴れたり今日ひと日日の光あび静かにあらむ

日の光あかるきなかにうづくまり病む児おもへばはるかなるかも

注射して二日たちけり今日あたり吾児の息づき安らかならむ

あかあかと日の光あび土の上にわが児とあそぶこのしましくを

靄ながら朝日にほへりものみなは濡れて静かに息するらしも

ちりのこる桜もみぢ葉きらきらし吾が児をつれて昼の湯にゆく

ひろびろと昼の湯あかしひびきれし吾児の手足をよく洗ひやらむ

冬の日の晴れたる空に槻の木の木ぬれこまかに匂へるごとし

わくらばに我家に居りてあかあかと日のさす障子ながめけるかも

かこはれし庭木まぶしく冬日てり静かに生きむ命を思ふ

土ふみてわが児と二人あそぶまも日輪(ひかげ)うつろふそのうつろひを

日だまりに散りてたまれる桜葉の枯葉手に揉むぬくき枯葉を

日の光あらはにあびてわがあたまおほにし痛し身ぬち寒けく

冬の日のひかりあまねき赤土原荒く歩みていたき心を

赤き火

日もすがら火の気あらざる家ぬちに夕さり寒く帰り来にけり

この夕べ早く帰りてあかあかと赤き火おこすことのよろしさ

赤き火をおこすといへばわが娘うちよろこびて火を吹くものを

うづたかく赤き火おこり鉄瓶の湯はたぎちたり寂しといはめや

まじまじと夜はふけむとすをさな児よお伽噺を吾が語りなむ

寒夜

夜おそく帰りて来ればひとけなきわが家の戸の寒く光れり

雑　歌

校正室二首

印刷所のひびきはやみて日の光窓ゆさし来ぬ午にしあらし

さむざむと二人居りつつ昼たけてなほ幾ひらの校正も出でず

家居二首

をさなごを二人ともなひ湯にゐつつ今年はよき年ならむと思ふ

元日の夕かたまけて外に出でわがむすめらと羽子つきにけり

霜夜一首

霜夜ふけ帰り来れる馬車馬のもうもうとして湯気のぼる見ゆ

朴の芽

ひさびさにわれこの道を通るなり冬木明るくま日てりわたる

光のなか冬木の朴のあらはに立ちこころ俄に親しくありけり

ここに来て心ひそかに騒立（さわだ）つを親しがりつつ立ち居りわれは

山のべに君病みこもり久しともわれにひと言告げも来ぬかも

病みてゐて人も寂しくあらめどもわれに告げねば妬みけるかも

朴の冬木明るく立てりすべをなみ命さびしく守れるらしも

朴の木の冬木ながらに芽をもてりつくづく見ればむらさきに見ゆ

朴の芽のむらさき堅くふくらめりまどろみながき夢の寂しさ

ひとすぢの赤土道に人見えずただにしたしく語らはましを

われればかり親しがりつつ朴の木の冬木静かに寂しきものを

日にてれる冬木の朴の木手をのべてひとりなでつつすべもすべなさ

ゆらゆらとからだかすかに寂しかりひとり久しく立ちにけるかも

楠の木の高きむら葉はひえびえとさやぎ鳴りつつ空輝けり

あをあをと楠の葉高くさやげども冬木の朴に日は静かなり

朴の葉のかたきむらさき手に摘みて悔ゆる思ひも甘(うま)しきものを

手につめば匂ひするどし朴の芽のひそかなる命に触りにけるかも

春雪集

夜に入りて風の音ひたとやみにけり大川端に宿直する夜を

春浅き大川ばたに宿直して一人寝るさへなつかしきかも

大川の夜の水見むと窓押せば淡雪ふれり灯影おどろに

たまたまにここに寝る夜のともしきに酒のみ居れば雪ふりにけり

水照らす水難救済所の灯のまはり渦巻き光り雪ふれり見ゆ

救難所の標灯あかく水の上に大きぼた雪乱れ降る見ゆ

窓近く並びとまれる苫舟の雪ほの白し舟の灯は見えず

対岸（むかぎし）に灯影あかるき家一つ三絃（しやみ）の音（ね）きこゆ雪夜しづかに

雪ふりて夜しづかなりわれひとり火鉢の上に茶を焙じ居り

今宵の雪ふりつもるらし床ぬちに一人入りつつ心ともしも

暮春

このあした二階の縁（えん）に立ち見れば松のみどりは伸びにけるかも

春ふかみ二階の縁に立ち居れば素肌（すはだ）ともしき朝の寒さや

やはらかに若芽のびたるからたち垣白き小花のかつ咲けり見ゆ

ほとほとに身の貧しさにありわびてわがふる里を思ふこと多し

貧しさに堪へつつおもふふるさとは柑類（かうるい）の花いまか咲くらむ

銭入（ぜにいれ）にただひとつありし白銅貨（はくどうくわ）てのひらに載せ朝湯にゆくも

たまさかに原を通れり若葉せる榎木の梢仰ぎつつ行く

諱窮雑歌

貧しさの寂しかれども春おそきこの日曜の昼の湯に行く

若葉吹く風はればれしをさな児を二人ともなひ湯に行く吾れを

日曜の昼の湯に居りかよわかるわが娘（こ）のからだしみじみ見るも

行く春のまひる明るき二階の室机をきよめひとりすわれる

若葉吹く嵐あかるきこのまひる蛙のこゑのおほにきこゆる

若葉さやぐまひるの縁（えん）にわが立てば蛙のこゑはきこえざりけり

光りつつ一本立てる欅の木ま白き猫のかけのぼる見ゆ

二階を下（お）り妻と茶をのむ昼ふかし畳のうへに黒き蟻這へり

吹きとほす若葉の風のさやさやしつぶしし蟻の生きてゆくなり

風さやぎ若葉みだるる光のなかつるめる虻の飛びてゆくかも

くだり行く町の坂路の青葉かげ黒き毛虫のいくつも落ちゐる

暮れおそき二階の縁にひとり立ち明るき外の面をながめゐるかも

晩春の夕べあかるきここの空地（あきち）こどもあつまり遊びやまぬを

夕飯（ゆふげ）すみてまた外（と）に出づるわが子どもただにかけゆき遊び狂へる

春ふかきこのたそがれの光のなかをさなき吾児も共にさやぎ居る

ひろびろと明け放ちたる向つ家の二階のともし光すずしも

夕かげに立てるわが妻老いにけりあまりに苦労せしめけるかも

茱萸の葉

下総の国原ひろき麦ばたけ五月まひるの風わたるなり

いちめんに匂ひふくらむ穂麦の畑大き雲影（くもかげ）とほりゆくかも

ひろびろし麦畑なかに娘ひとり黒穂抜きをり午（ひる）ふけにけり

うねうねと風吹きなびく穂麦のなか娘たまたま顔をあげたり

浜ちかき苗代小田の畦のうへ大き鳥のひとつ歩み居る

ゆふ日てる向うのぼりの浜畑葱（はまばたけねぎ）の坊主の立ちの寂しさ

ひとり行く浜の畑の葱のはな夕日はいまだ沈みきらずも

酒のみすぎ頭おもたきこのあかつき岬のうへにひとり来れる

のぼりゆく岬の神の石段の楠の落葉に露かすかなり

三方（さんばう）に海たたへゐる岬のみちわがひとり行くこのあさあけを　○

寂しさにあたり見まはす岬のうへ青草のなかに光る茱萸（ぐみ）の葉

ふるさとの朝の海面（うみづら）ひかるなり茱萸の葉つみてひとり噛みゐる

朝露にしとどつめたき茱萸の葉をひたひにあててひとり悲しき

さわやかに朝かぜ吹きて港の家海に向きたる窓ひらく見ゆ　○

金海鼠

あさぼらけ港のひとら水汲むとこの寺の井にあつまり来るも　○

朝はやみかき金（がね）はづし蓋（ふた）とれば水にほやかに井にたたへゐる　○

たわたわに水桶になひ女たちつぎつぎ帰るこのあかつきを

水汲める女に乞ひてこの井戸の水を一ぱい飲まむとするも

このあかつき大き柄杓（ひしやく）に口つけてつめたき水は飲みにけるかも

照りみつる岬草山（みさきくさやま）ふく風に草を離れてしろき蝶飛べり

汗ばめるからだ拭（ふ）きつつたかだかと岬のはなにわが立てりけり

潮ひきて赤くあらはるる岬（みさき）の脚（あし）五月のひるの日にかがやけり　○

五月空ふかく晴れたる岬の下潮をむすびて嗽ひするかも

岩の上に衣は脱ぎて晴れわたる五月の潮にからだをひたす

大きなる金海鼠（きんこ）をとりて手につかみ五月青潮（さつきあをしほ）のなかに立ちゐる

海いでてまはだかのまま日の照らふ大岩の上に立つがともしさ

ひえびえと潮あみきつつまはだかの海女（あま）と並びて焚火にあたる

五月まひる岬の下の砂浜に藁火かくみて海女（あま）とあたるも

けふの日の潮は寒しと海女（あま）の子ら焚火いや焚くまひるの浜に
この海の潮かつぎつつ老いし海女（あま）のたるみしからだあらはに日に照る
焚火してあたる海女（あま）らの腹のあたり火（ひ）だこ斑（はだ）らにかなしきものを

蛾

病める児の熱もやうやく平らなれば今宵は安くわが眠りなむ
病よきわが児がために縁日の夜の街にゆきおもちやを買ひ来つ
くれなゐの匂ひよろしみ咲きみつる葵のはなをもとめて帰る
もとめ来し葵の花をかかへしまま妻にやさしき笑（ゑ）まひ見せけり
さ夜ふかみ妻がよぶ声に目さむれば病む児の熱のまたのぼりたる
あわただしく氷もとめにい行く街梅雨（つゆ）靄（もや）しろく夜はふけにけり

梅雨靄（つゆもや）の匂ひただよふさ夜の街ひそやかにして蛾は飛びをれり

濠　端

あるきたき心になりて電車を下（お）り濠ばたあるく春のゆふべを

さくら田のみ濠の土手にすかんぽの穂立（ほだち）ほうほうと春ふけにけり

ほうけたるすかんぽ折りてたたずめり濠の水には泡おほく見ゆ

春ふかきみ濠の水におちつきて残りゐる鴨のあはれなりけり

あかあかと夕日さしたり濠隈（ほりくま）にのこれる鴨の寂しくおよぐ

長崎の茂吉にも久にたよりせずこの濠ばたの春ふかみかも

みやこべの春くるるなり遠くゐる齋藤茂吉中村憲吉

たたずめばみ濠の土手の青草に羽音ひそかに雀おり来る

左千夫六周忌歌会歌

静なる家居を殊に恋ひにつつ水づく街陰に一生(ひとよ)終へませり

水づきし万葉古義を屋根の上に君と二人し干しにけるかも

向日葵

八月十四日の夜東京にも米騒動おこれり

日ざかりのちまたを帰るひもじけど勤めを終へてただちに帰る　○

昼ふかくま日照りつくる大通りただに静けし吾れはあゆむに　○

深川の八幡(はちまん)のまつり延びけらし街のかざりを取りゐる真昼　○

米たかき騒(さわ)ぎひろがれりこの街の祭にはかに延びにけるかも　○

祭のびし街のまひるのものゆゆし大き家家おもて戸ざせる　○

この街の祭のびけりそろひ衣(きぬ)きたる子どもの群れつつ寂し　○

日のさかりこの川口に満ちみつる潮のひかりに眼(め)をあき歩む　○

まひるの潮満(しほみ)ちこころぐし川口の橋のたもとの日まはりの花　○

大きなる蕊(しべ)くろぐろと立てりけりま日にそむける日まはりの花　○

大き花ならび立てども日まはりや疲れにぶりてみな日に向かず　○

満ちみつる潮のひかりのいらだたしまひるの長橋わがわたり行く　○

秋づきて暑きまひるの地上(ちじやう)のもの緑はなべて老いたるらしも　○

異国米(いこくまい)たべむとはすれ病みあとのからだかよわき児らを思へり　○

日輪はひたかがやけりまひるの空かすれかすれの雲はうごかず

炎天にあゆみ帰れりやすらかなる妻子(つまこ)の顔を見ればかなしも　○

疲れやすき心はもとな日まはりの大きくろ蕊眼(め)に仰ぎ見る　○

牛の肉のよき肉買ひて甘(うま)らに煮子らとたうべむ心だらひに　○

な病みそまづしかりともわが妻子米の飯(めし)たべただにすこやかに　○

枇杷山

六月二十九日、安房南無谷の枇杷山を視むとて出で立つ、鎌田虚焼田居守夫二君上総大貫より同行す

ひるすぎのこの道いそぐ郵便夫枇杷を手に持ち食みつつ行くも

馬車おりて歩みて行かなこの見ゆる山山すでに枇杷いつくしき

海にむきて高き斜面の枇杷の山枇杷をもぎゐるこゑきこゆなり

枇杷山のあひだに青き萱の山かぜ吹きあぐるその青萱を

南無谷(なむや)にはいまだは入らね道々の枇杷の甘(うま)さを早も告げやる

この海の夕日にむかひ休みけりあたまの上の松かぜのこゑ

ここにして松のひびきの澄むなべにちちははの家思ほゆらくに

うまし実のともしくなれる枇杷の枝を惜しみ持ち行く夕なぎさ道

夕暗き風呂にはひれり風呂の火のうつれる壁をつくづく見るも

父母の家には行かねかにかくにこの海の辺に一夜寝に来し

川口のよひ闇すずし橋の上に宿のこどもと語りて居るも

旅なれば物こほしきに頭（あたま）ならべ三人はいねつ明け易き夜を

あかつきの障子あくれば海風に蚊帳浮きゆらぐ友も覚め居り

あかつきのあらしのなかに立ちしかば宿りし家の屋根平（ひら）み見ゆ

枇杷船につみ込むらしも枇杷車このあかつきをつづき行く見ゆ

三十日、南無谷区長泉澤氏の好意によりて枇杷山を視る、山深くして枇杷いよいよ美し

夕かけてもぎにけらしもこのあたり昨日見し枇杷のけさなかりけり

あからひく朝の浜びにあつまりくる枇杷をつみ込むその枇杷船に

風ありて光りいみじき朝の海を枇杷つむ船のいま出でむとす

をみなたち枇杷をつめ居り青葉かぜ明るき納屋に枇杷をつめ居り

箱の底に枇杷の青葉をしきならべ枇杷の実つむるひとつひとつに

つつましく枇杷をつめ居るをみなの顔匂ひ足らへり風明り吹き

風さやぐ納屋のうしろの蜂の巣に巣守（すもり）の蜂のひとつ居る見ゆ

ふるさとにわれは旅びと朝露につみて悲しき螢草のはな

行き行くと見わたす山は枇杷の山すでにもぎたる山の多しも

男ゐてぐつとたわむる枇杷の枝光りかがやくそのひと技を

枇杷山の下びあかるくをちこちに籠おきてあり人は見えなく

枇杷山にふかく入りたり樹の上に枇杷を食みつつ種ふきおとす

枇杷山のいただき高み堺樹に風ふく音す空は晴れつつ

くだりきてなごり恋ほしみ草の上に手手の枇杷おき山あふぎ見る

別れ来しこの山の上の枇杷小屋の釜の湯沸きて昼餉すらむか

蟹

夏休みを籠りすぐせりけふ一日わが児らつれて遊びにゆかむ

電車よりおりて静けしまむかひの朱（あけ）の山門（さんもん）あふぎつつ行く

暴風（あれ）あとの日かげあかるし山内（さんない）に青松かさのあまた落ちゐる

秋日てる霊廟(れいべう)まへの砂の上わが児のあゆみ見てゐる吾れは
海見むと児らがいふゆゑ海に来つあらしのあとの海濁りたる
濁り波しぶきをあぐる道の上にむすめ二人つれうづくまり居り
夕まけて蟹うりつづき通るなり生きたる蟹をわがもとめ帰る
かへりきていまだ生きゐる大き蟹母に見せつつ子らはさわぐも

暴風雨

夕ちかみ大あめ風のなぎしひと時雨戸(あまど)をあけて外に出で立てり
家出でて角をまがれば墓原に人らたつ見ゆこのしけのなかに
あらしのなか大き墓標を立てにけり土ふみならす男らの足
こもごも人らきたりてあらしのなか新しき墓ををろがみゆくも

吹きちれる朴のひろ葉の地に青し歩みおちつかぬ葬送(はふり)の人ら

あらし吹く青山墓原濡れしたたるたきぎひろひて女出で来し

濡れおもき店のがらす戸わがあけて煙草買ひとりすぐに吸ふかも

外に出でて煙草すひつつ仰ぎたり暴風(あらし)なごりの雲行きはやし

夾竹桃

ふるさとに父をおくりて朝早み両国橋をあゆみてかへる

幾年を遠く住みつつ住みわびて今はた父に銭をもらひたる

わが家の米買ふ銭を寂しくも父にせまりてわが得つるかも

家のこといそがはしとて一夜寝て老いたる父のただに帰らせり

わが懶惰(らんだ)を悔いつつもとな父母の寂しきことはよく知るものを

をとこの子二人ながらに遠く遊び然もつたなく世に生くるなり

ならび行き遅れがちなるわが父の老いたるみ面ひそかに仰げり

まづしさに利心(とごころ)もなくありへつつ親にも友にも背くこと多し

老いませる父のこころの素直なりわれ働きて行かざらめやも

秋づきて朝霧さむき街角に夾竹桃のはな赤く散りたり

くれなゐの夾竹桃の木ぬれより大き蜘蛛一つさがりたり見ゆ

朝あけの小公園にわれ立てり羽音やさしく鳩のおり来し

朝早み小公園の入口に鳩をさしたりあはれ鳥さしは

道の上にあそべる鳩を鳥さしのひそかに刺して行きにけるかも

わがままにひとり生きつつ物思へばわがまづしさのおもほゆるかも

大川に朝日さしたりつつましく胸をおさへて歩めり吾れは

うつそみはかなしきものを妻子らをいつくしめよと父はのらせり

大川の水の面匂ふ朝づく日おのづからひらく素直の心を

風あれどたきつけたらし外風呂の烟流るる鶏頭の花に　歌会歌二首

かうかうと月夜あらしの吹くままにかたむきゆるる鶏頭の花

十一月一日夜

ついたちは君が休みと知るゆゑに下(した)に待ちつつ夜はふけにけり　松倉米吉に寄する歌

酒のみて夜を遊び居るかこの頃のはやりの風邪(かぜ)に恙あらぬか

夜業終へ職人たちと酒を飲みおのがからだをそこなふなかれ

なくなりし母のみ言葉しぬびつつ心すなほに世に生きてくれよ

君が手につくりてくれし真鍮の火箸を持ちて火をいぢり居り

真鍮の重き火箸を指にはさみひとりながめ居り夜ふけて寒し

火鉢の火親しき夜らとなりにけり火をあかくおこしひとり寄りゐる

灰の上に赤き火ひとつ置きたればややに消えゆく見て居るうちに

大正八年（三十四歳）

武蔵野

たかだかと宅地まはりの欅の木みな落葉して日に照れりけり

露じめる雑木林（ざふぼくりん）の落葉ふみさびしき足音（あしおと）ききつつあゆむ

たけたかき欅した道まはり来れば籾ずり臼の音のきこゆる

藪かげに籾する音の聞こゆなり足をゆるめて聴きつつ行くも

雨あとの秋日あたたかし野の水のひたす窪地を吾がたもとほる

ひとりゆく雑木林の昼ふかし落葉かきつめ火を焚かむとす

旅人吾れ落葉焚きたる火のあとのひそかに黒し林間を出づ

この家の娘なるらし戸を出でて籾の筵を遠まはり来る

枯れすすき遠く光れる用水道(ようすゐみち)大根をおひて女のきたる

両側におほひかぶさるすすきのなかすみたる水のみちて流るる

秋ふかくみちて流るる用水の水のおもては道より高し

この道をひとり来にけり秋の葉の梢はなるる音をききつつ

雑木原あまねく散りし武蔵野を一日あゆめり用水にそひて

雑木原くもりけぶれり音たてて時雨の雨のちかづくらしき

麦ばたけ大根の畑うちけぶり時雨の雨のたちまち過ぎぬ

杉多き野の公園にいこひけり草鞋にはかにつめたくおぼゆ

入り来つる野の公園のさむざむし杉多くして夕日はささず

野を遠く来て公園に入りにけりまなかひくらき夕杉木立

相坂一郎に（歌会席上歌）

宵寒き大川端を歩みゆくわが足音をめづらにきくも

回郷迎年

紅つばき花さくかげの古井戸に吾れや今年は若水を汲む

新桶に汲み足らはせる若水をさげてわが歩むその若水を

椿さくこの井の水の若水を幾代の祖たち汲みにけらずや

あかあかと初日さしくるわが丘の大樹の下にひとり立つ我は

父母と雑煮食しをればわが庭の木立に群れて鳴く小鳥かも

吾（あ）を前に年のほぎ酒汲む父のはやも酔ひませり面をゆるべて

わが母とわが児と伴ひこの道を恵方まゐりに今し出で行く

目をあげてわが子の姿見し人のわが子に語る声の親しさ

元日の昼たけにけり火鉢によるわが掌（たなそこ）を見て居り吾れは

ふるさとのこの元日の夕まけて郵便出しにひとり出で行く

株虹

まなかひに大き株虹立てりけり夕おぼほしき雨雲のうへに

いくたびかここには来つるこの夕べ空すさまじく株虹立てり

いみじくも大き株虹見つるとも告ぐべくもなしここに来しとも

虹たちてしづまりかへる畑原の青葱のほに露は光れり

全身（みぬち）に滲み透りくる海の気をひとりかなしみ年すぎにけり

うつし身の寂しくしあればこの海にひとり寝に来つ人には告げじ

まさきくて人も生きなむ沁みとほる海気（かいき）にひたり吾れはねむらむ

浪の音かすかにきこゆ床のうへに蠟の灯立（ほだち）を見つめて居れば

雑歌

歌会持寄歌並席上詠

小春日の夕さりきたり肌寒し壁にのこれる黄いろき日影

よる更けて脳病院の二階の窓明（あか）くあけたる窓ひとつあり

霜凪の日のあたたかき赤土原青樫一ぽん細くのびたつ

風呂の蓋（ふた）ずらせば湯気のにほやかさこのふるさとに年を迎へたり

あたたかに寒の日の照る街をきてうし紅買ひつ古妻のために

鹿野山

雪はれて午たけにけりこの浦に真向きに船の入り来たる見ゆ

この雪にわが行かむ道はるかなり停車場の前の大き雪達磨

みやこべを久に出できてこの雪にふるさと近き山みち行くも

雪ふかき山路をひとりうちきほひひたに歩みて汗ばみにけり

この雪にあゆみいたらばおどろきて迎へむ友を思ひつつ行く

雪ふかき野の一つ家を出でし男きものはたきて藁ぼこりおとす

連れ立てる人の足はやし山みちにをりをり雪のしづるる音す

つれだちし人に別れむ吾れならず雪の山路をただにいそげり

汁すくなき蜜柑食みつつ歩むなり雪の山路にからだはほてる

鹿野山の木立かぐろし雪しろきむら山がなかに静けくし見ゆ

夕日さす竹むら出でて雀三羽畦におりたり雪きえし土に

つれ立ちし人に別れて夕ふかし吾れゆまりをす雪の山路に

夕ふかみ暗くなりたれどふみてゆくこの山道の雪やはらかし

橋こえて広き田圃にいでにけり雪の山山くらく暮れわたり

物さびし醤油倉のすみの風呂に入れり灯をもちてゐる友と語るも

ここにしてふるさと近し雪のうへに雨ふる音すよるあたたかく

あたたかく夜の雨ふれり明日のぼる鹿野山の雪とけつつあらむ

灯をもちて縁に出でたりならべ干す餅のむしろをわれ踏まざらむ

なづみ行く雪の山みちあふぎ見れば日のてる梢見えにけるかも
息づくと坂のたをりゆかへり見る向つ雪山夕日かがやけり
頂上の雪いやふかし雪のなかのすすきの穂先抜きてあつめし
雪つめる九十九谷に夕日てり蒼鷹ひとつ出でにけるかも
雪山の八重山とよみ風たちて鷹はななめに下りけるかも
雪山のいただき低く翔る鷹の胸のひかりをいつくしく見し
いただきの神杉のかげに消えし鷹また現はれぬ谿ふかき空に
夕映ゆる雪の山たかくうち翔り鷹ひむがしに消えにけるかも
山びとが背に負ひ行く醤油樽しやうゆの揺るる音のしたしさ
冬ふかみ尾の上杉むらいちじるくかげとも赤しそともは青く

節ぶんの豆熬るにほひみなぎらふ尾の上の宿(しゆく)にいまつきにけり

雪さむきこの山上の大き寺せちぶんの夜のともし火照れり

宿とりて縁にいづれば風とよむ雪の山とほく日は落ちむとす

ふるさとに旅には来つれたなひらに節分の豆をかぞへならべぬ

ふるさとの山の地酒に吾れ酔ひて秘むべきことも語りけらしも

雪ふかき鹿野山(かのやま)みちの笹の葉のさやぐおもひのなしと言はなくに

長塚節忌歌会歌

淡雪はほどろほどろにふりながらただに消えつつ畔(あぜ)の土くろし

寒　夜

この夜ごろわが帰りおそし子どもらの迎ふる顔を久に見ずけり

わが帰り今宵は早し子どもらはいまだ起き居らむ火鉢によりて

起きて居む子らがおもわを思ひつつ道をまはりてよき菓子買へる

夜寒く帰りて来ればわが妻ら明日(あす)焚かむ米の石ひろひ居(を)り

秘すべきものにはあらね米の石のおびただしきを子らと拾へる

みづからが拾ひ分けたる米の石かずをかぞへてわが児は誇(ほこ)る

朝鮮米うましうましと妻に言ひ食(た)べはじめて幾月を経し

石多き米を食みつつ寂しけれ子らはこの冬すこやかにあり

専らなる日本(やまと)の米の白き米けふは食(た)べつわが児の忌日(いみび)を

ふるさとの父がおくれる白き米に朝鮮米をまぜてを焚くも

うやうやし父がおくれる白き米口にかみたりその生米(なまごめ)を

夜ふけて米の石をば拾ふゆゑ寝むといへども妻は寝なくに

左千夫先生の墓石もいよいよ立つことになつた

このあしたはやくきたりて子規居士の墓石摺りつつ心ともしき

けふもかも岡の麗と青山の墓原の墓を見てあるきけり

この日ごろ

うつむきて土を踏み来つ野の池のおたまじやくしを見て居り今は

たえまなく街の音きこゆこの池のおたまじやくしを眺めてあれば

ふる年（とし）の麦わら帽子わが妻にいださせ見つれ灯（あか）りのもとに

あさ戸出の朝の光に手にとれば去年（こぞ）の夏帽の匂ひ寂しも

街ゆきてうつくしき女（こ）に遇ひにけり消えゆく影のとどまらなくに

はたらきて田舎にくらす肉親(にくしん)の寂しきすがたわが眼には見ゆ

ころころころろ蛙が鳴けば父母(ちちはは)は為事(しごと)せはしく思ほすならむ

夕庭に若葉そよげりいとまあるこのいち日を家におくれる

安らけきけふの一日(ひとひ)やわが家に三たびの食(しよく)を児らと共にする

莢(さや)ながらよき人くれしそら豆の莢をむきつつよろこぶわが児ら

しかすがにみどり輝くわが小庭妻とならびて今日見つるかも

わが児らに教はりながら幼な唄くり返しつつうたひけるかも

窓の外の若葉は青くなりにけり風さわやかに音を立てつつ

ほしいままにしへたげ来つる現身(うつしみ)の老いづく命(いのち)おもほゆるかも

伊　豆

梅雨（つゆ）の雲白くおりゐて見の親し船の舳（へ）むかふ真鶴岬（まなづるみさき）　○

崎崎のわか葉がうれに雲うごき見れどもあかず舳さきに立ちて

乗りて来し船はしづかにぬれてをり夕の港に雨やまず降る

さみだれのあめふりけぶり朝はやし白き海鳥庭に来て居り　○

しつとりと梅雨にぬれたる椎の葉にだまり飛びつくひよ鳥一羽

さみだれはしづかに降れり焼魚の匂ひよろしく昼の飯はむ

昼ふかみさみだれやまずひとり来ていで湯の湯槽（ゆぶね）汲みかへにけり　○

くみかへし湯ぶねのいで湯ややややに湛ふを待てりはだかながらに　○

このいでゆ澄みてぬるけれさみだれのま昼を一人久にあみゐる

梅雨ながらおほにあかるし天井（てんじやう）の高きざしきに昼寝せりけり

日もすがら梅雨（つゆ）おぼおぼしいや熱きいで湯浴みむとよその湯に行く

熱き湯をいでてこころよし梅雨けぶる村の小道をしばし歩まむ

町うらをいで湯の川の流れたりからかさしてもとほるわれは

夕ちかみ梅雨明りして湯の村の人ごゑ物の音（と）しづかにきこゆ　○

梅雨ばれのあしたあかるし湯に居りて嗽ひの水の冷めたきをほりす

ゆく道に椎の木かげのさやかにあり朝梅雨（つゆ）あがる村の明るさ

つゆばれの夕ばえあかき浜び来て川口渉る水ふかく踏み

峠

のどのどといで湯に七日すぐしけりひとり帰りゆく峠のま昼

ひたあゆみながるる汗のこころよし峠の松に初蟬の鳴く

照りなびく峠のうへの青草原あゆみ入りつつ踏み堪へられず

まひるまの峠の家のうちくらく婆ひとりゐて子を寝かせ居り

いつくしく青くさそよぐ峠のみち白き牛ひき人きたる見ゆ

ふるさとに父は老いたりよき牛を今は瘠せさすそのよき牛を

いちめんに雲雀の声の満つるなかまつすぐにあがる一つの雲雀

うららかに雲雀なきゐる日のまひる遂に寂しも峠を下りる

つち赤きたうげの畑に翁(をじ)ひとり芋植ゑて居り子にすけさせて

のぼりきて峠のうへに汗をふけり手ぬぐひに残るいで湯の匂ひ

日はまひる青草なびく峠のうへ帽子をぬぎて立ちにけるかも

山上雷雨

眺めゐる九十九谷にいくすぢの夕けのけむり立ちにけるかも　○

国ちかみものかなしきに夕まけて谿あひふかく草を刈る音

山の町夕冷(ゆふひ)えはやしをみな子のになひ行く水みちに垂りつつ　○

この山の杉むらさして夕からすむれかへりつつ雨ならむとす

あらし雲おほへる底よりくろぐろとむらがりきたる夕鴉(ゆふがらす)かも　○

忙(せは)しなくあとよりあとより夕鴉むれ帰りつつおほへる黒雲(くろくも)　○

夕鴉かへりをはりしとおもほえば(ママ)またむらがりてのぼり来る鴉

あらし雲山をおほへり群れかへる黒きからすのおもたき羽音(はおと)　○

せはしなくむらがりかへる夕鴉ひとこゑ鳴かず消えゆくものを

いくうねの沢の立木は矮(ひく)しひくし頻(しき)りひらめく雷雨(らいう)の光

あらし雨やみてしづけし山宿(やまやど)の灯をあかくして酒くみにけり

郷心

ふるさとへこの山くだる碕(さき)の上のふたもと杉に朝日てりたり

富士白くけさは晴れたりふる里へ下(お)りゆく碕の杉の木ぬれに

朝はれて山はあかるしふる里へはたこのたびも帰らざるべき

茸かりにいゆく少女に言葉かけこころかなしも国へ帰らず

ひと年にふたたび来つつこの碕の道下り行かず国に行く道

秋ふかみわが父母は老いながらせはしかるべしわれは遊ぶに

ふるさとの山山たかくあざやかに朝日に照れりわれは遊ぶに

何しかもわれ来にけらしいとまなき心を持ちて斯くし堪へぬに
倒れ木の大木の洞(うろ)に朝日てり足ながが蜂のひとつ這ひ居り
みやこべにわれはいそぐに村村の秋のまつりの太鼓のひびき
庭さきにをんなゐてつむふぢ豆の匂ひまがなし夕の寒きに

北海道

大正九年（三十五歳）

みちのくに汽車入りたらし白みゆく暁(あけ)の国はらひとりながめ居り
ひぐらしのなく声さやかにきこえけり暁(あけ)の高野原汽車走りつつ
靄ながら朝戸をあくる山の家庭におり立つ人すでにあり
蓑つけて草刈(くさかり)にゆくをとこをみなこの国はらの夜はあけにけり
国はらに草刈る人ら雨ふりて鎌よく切れむこのあかときを

蓑ながら畦にかがみて鎌とぎ居り草にしたるる砥ぐその匂ひ

鎌研ぎて男立ちたり草のうへに砥石は白くおかれたり見ゆ

雨に濡れて朝はあけたりひろびろと満ち流るるは阿武隈なるらし

青物をつくれる畑のひろくして川のあなたに街の屋根近し

この街ゆただに北する街道をたまゆらにしてながめけるかも

みちのくを今日わが行くと告げやらむ人もあらなくただに北行く

われひとり心にさだめ見つる山ふたたび見えず時たちにけり

このあたり植付をせぬ小田おほしゆふべの雨もあまたふらざり

この駅に下りたる人幾人ならむ馬車はしきりに笛ならしをり

岩手山見えなくなりて昼ふかしひとり食堂に紅茶を飲むも

山なかの高はらひろく照り光り青木がもとに人ひる寝せり

午後の日は暑く車窓にさし入れり人の供（とも）をして旅ゆく吾れを

あら野来てさびしき町を過ぎしかば津軽の海は目に青く見ゆ

佞武多祭（ねぶたまつり）近づく夜らの町にぎはしおのがままなる旅にはあらず

夕の港にのぞむ窓みなひらきあり灯ともせる窓灯ともさぬ窓

青森のみなとの宿の宵ふけて庭木にさわぐ鳥のこゑかも

人に倶（ぐ）し出船（でふね）待ちつつさ夜ふけぬやめばつぎ鳴くさくら鳥のこゑ

さくら鳥夜（よる）をむれ鳴きこころぐし書きし手がみは出すべきにあらず

みちのくの外（そと）が浜（はま）なる佞武多祭（ねぶたまつり）にぎびまがなし夜船待つわれを

蕗いたどり羊歯（しだ）しげる森を汽車走れりつよく飛び来る山の虻かも

山の湖のあかるき水に足ひたせり虻ひらめきて吾れに寄りくも

火の山の煙おぼほしく夕映えて湖のおもては片あかりせり

夜の湖にむかふこころの安らかなり蛙があまたなくこゑきけば

山ふかみ月てる湖に鳴く蛙汝(な)がなくなべにわがこころ軽し

夜に入ればすなはち寒しあかあかとかがり火焚けど虫は寄り来ず

中ぞらに月てりわたり火の山のけむりかすかに白く立つ見ゆ

山の湖の夜はふけにけり焚きすてしかがりの熛(おき)の赤きをさがす

このあたり遠くひらけず湿(しけ)り地のあら野葦原にあやめ咲く見ゆ

花あやめかつがつ匂ふあら野はらよどめる水にくろき鳥ひとつ

うちつどふこの国人のむれのなかにただに目につける君がおもわを

かしこき人にわが倶(ぐ)しいとまなし目のみや見つつ言もかけえず

この国に君とつぎ来て日の浅しうつくしき面(おも)を見ればかなしも

相寄れる二つの命うつくしくここに生くべし寂しかりとも

ここにして面影のみに別れ去なばいつか相見む国の遠きに

えぞ山のみやまあぢさゐのむらさきの見の心ぐし大き花ゆらぐ

札幌

雨ふれば今日いとまあり札幌の大き通りを下駄はきあゆむ

いとまえてひとりもとほる雨の町わがさす傘の雫の光

街路樹のいたやもみぢの大き幹しづくながれてひるの明るさ

今朝の朝髭をそりたるあとかゆし夏の雨さむき街をあゆめる

雨のふるひろき公園に入りきたり芝生のうへの水たまりふむ

この街の平家(ひらや)の屋根の棟つづき夕あかりして雨こぶりになれり

広き街の宵ひやびやし町かどに唐もろこしを焼きてうり居り

もろこしの焼くるをまてりこんろの火赤くおこりて夜の静けさ

貧しきどち

勤めして宿直(とのゐ)かなしもおのもおのもこれの布団(ふとん)をかうむりて寝る

この秋の雨おほみかもわれらかづく宿直(とのゐ)の布団日にほさず久し

相つぎて肺やむひとの出でにけりこれの布団をかづき寝しもの

すこやかに勤めゐてだにくらしかぬるわれらが侶(とも)ら病ひ長かり

ここにしてわれも十年をつとめけり心のはづみなくなりにつつ

宿直して夜はふけぬらしひたりひたり大河の波ひそめきそめつ

窓いでて正眼に視ればぬばたまの夜ふかき波のゆらめきやまず

この心おそろしきまでうつろなり怯（よわ）き思ひにうちかまけつつ

病む侶（とも）を明日訪ひゆくとあづかれるしが俸金（ほうきん）は多からなくに

たまきはる命みじかくたふとかりかならず酒をわれつつしまむ

今われは眠りいりなむみづからの出で入る息をききまもりつつ

雑　詠　　歌会歌

日のあたる側の病者ら床の上におきて語るをともしみにしか

米吉忌歌会歌三首

米吉は早く死にたり年ごろのわがおこたりを悔いつつもとな

風吹きて日かげかげれり墓側のだいだいの葉のか黒く光る

岡田村・節忌歌会歌二首

ひとり来て竹の枯葉のちりしけるこの街道を今歩み居り

雨あがり櫟枯葉に夕日さす小みちまがりておくつきに出し

除夜の鐘なりてゐるなり用終へてわれはわが家に今帰りゆく

かへり来て村の入口になりにけり一本松を仰ぎたるかも

青萱を胸にわけつつくだり来てこの真清水に口つくるなり

川口

ゆふべ降りし豪雨の水のひた流るるこの川口にわれ立てりけり

おぼほしく濁りうづまく川口を大き流れ木光りつつ見ゆ

いやましに水かさましつつ川上にたたなはり見ゆる青葉むら山

うちたぎちひた流れゆくにごり水海遠くまでいちじるく見ゆ

かたよりにつなげる舟みな道の上ゆ長くひきたりぬれたる太綱

しけ晴れし朝の湊の牛宿にあたまならべて牛あまた立てり

軒低きみなとの宿につなげる牛わがふるさとに生(あ)れし牛多し

あまたがなか一つねてゐる牛さびしませをたたきてわが呼びおこす

湯の煙

湧くみ湯はしづかに満ちてこぼれ居り心おもむろにわが身をひたす

み供(とも)していく日すぎけむ湧きあふるる山のいで湯にひたれり今は

うるはしく満ちあふれゐる山のいで湯われらが伴(とも)のすべてをひたす

温泉(ゆ)をいでて室に帰れりこの夕べ浴衣(ゆかた)のままに居ればすずしも

夜の山の湯川の瀬の音やすらけくはじめて妻に旅のたよりす

おのづから朝とく覚めつ窓おせば山をおほひて湯のけむり白し
今日のみ供いとまあるらし朝早みひとり宿を出て湯の町あゆむ
われひとり歩み来につつあさあけの渓の湯川に足をひたすも
朝日させば動き霽れゆく湯の煙なづさひ這へり山の青葉に
湯のけむりしろくなづさふ朝山の青葉のなかにうごく鳥かも
そぞろ来て帰らむとする湯の町の坂みちながし朝日赤く照り

ある夕

目黒川よどみひかれる夕淀に釣りする人はこちふりむかず
そそり立つ大樹の木ずゑふかぶかとゆるるが上に星光り見ゆ
灯かげあかく匂ひとよめる街に向ひ吾は帰りゆくその街かげに

わが家にわれは帰らむ夜に向ふみやこの空の何ぞあかるき

街かげの家に帰りて妻子らと夕飯をはみいをねむわれを

人の家のすべての窓はひらかれて明り匂へり吾はひだるく

人づまはわかわかしもよともし火の明るき室に蚊帳をつり居る

ただひとつ家建つるらし街なかのひろき空地をみながら占めて

父を悼む

ぬばたまの夜はふけにつつ雨やまず未だも汽車は国に入らぬかも

年まねく父のかたはらにわれあらずすべては今はすぎにけるかも

かくのみにありけるものをみもとべに去年(こぞ)も今年(ことし)もわれ帰らざりし　○

ここまでをこの三日まへにわが来しをみもとに行かずただに帰りし　上総湊

遠くゐて悔いざらめやもちちのみの父のいのちの何（なん）ぞすみやけき　○

わがかたへ土ふみ来ます父の見ゆ広くゆたけき胸別（むなわき）の見ゆ

雨しぶく窓をひらけばたたなはる闇の山あひにともし一つ見ゆ

うつそみの吾児（あこ）の手をとり雨しぶくこの闇のなかにわれ立ちにけり　○

この宿にわが子をおきてかにかくに今宵のうちにわれひとり行かむ

持てる灯はただに消えつつしぶきふる雨の音くらくわれを包めり

ふるさとに父のいのちはあらなくに道に一夜（ひとよ）をやどりつるかも　○

ここにしてもとな今宵をやどりけり土をゆすりて浪の音ひびく

闇をゆする浪のとどろきとどとしてわが胸痛し夜（よる）いまだ深し　○

しばしばも雨戸を明けてわが見れど雨ふりやまず夜（よる）さへに明けず

ふるさとをわがいでし日に父ひとりここの港におくりてをくれし
かたはらに眠れる吾児をひたすらにかき抱きつつねむらむとすも
雨ながらこれの峠にきたりけりわが村かたは霧ただに白し　○
雨水のたぎち渓水ここにしてわがふるさとにむかひて落つる
さ月雨しみみにけぶる朝山に白くさゆらぐ卯つ木の花むら
この雨に朝草刈らす人のかげ父に似て見ゆ父は今あらぬ
露ふかき村の小みちに入りにけり吾児の手をとり心はいそぐ
かへり来てわが家の屋根見ゆらくに涙あふれてとどめかねつも　○
まさしくも父死にしかもわが家のひつそりとして人らゐる見ゆ
一夜だになきがらまもりありなむを我かへりたればただにはうむる

山ももの大木の雫おちやまず父をはふりまつるおくつきどころ

山へゆく村の小みちのいちじるくよくなれるだに父のしぬばゆ　○

村の山木高(こだか)く繁(しげ)くなりにけり父のはたらきしあとにやはあらぬ　○

朝なさなま草刈りきてくれにけりこの村人にわれうとかりし

苗代の水見にきたり水かけてみち足らふまを田を見まはるも

幾年をわれは見ざりしわが山の杉山ふかくたふれ木多し

離(さか)り居れば父を忍(しぬ)ばくわがこころつねに素直(すなほ)にありけるものを

おのがじし生くる命をうべなひて遠くあそべるわれらをゆるしし　○

ちちのみの父のまな子のわれら今この家にして飯(いひ)を食みつつ

わくらばにわれら肉親(にくしん)あひ寄りて幾日(いくひ)は過ぎぬ父あらぬ家に　○

かがやかに潤ひみてるこの国土（くにつち）ひたに踏みつつわが心もとな

生きの限り父が踏みたるこの村の土壌ゆたかに日にてりわたる

かつぎゆくみ柩さやり棕櫚の木の花ははらにこぼれけらずや

土ふかく父の柩をさめまつりわがおとしたる土くれの音

○

わが母の今日は出で立ち茶を摘（つ）むにわれもわが児も出でて摘みつつ

○

まかがよふ光のなかにわがうから今日は相寄り茶を摘みにけり

○

あひ寄りて延びすぎし茶を摘みにけり畑の隅（すみ）に山躑躅赤し

家めぐる木木の若葉は日に照れりわれら相居る日かずは少なし

われらみな去ぬる日ちかし弟はいとましあれば薪（まき）を割り居り

光のなかわが古家のしづかなり湯を沸かさむと母は帰らす

古家に母といもうとと二人のみおきて去(い)ぬべくこころ痛しも

この家に帰りかへらず真面(まとも)にを吾れし立つべき時にはなりぬ

沼

大正十年（三十六歳）

この夜ごろ寝ねがてぬ夜のつづきつつ今宵も更けて眼はさえにけり

重き病吾れの病むかにおもほえて朝の小床に眼をあきて居り

うつたへに旅には行くと出でて来つ街路(がいろ)明るき日の光かも

さびさびと土をひたせる沼のへに今日の夕日に立ち居む我を

あさ日てり街はあかるし人夫らは街樹ゆすりて枯葉をおとす

つぎつぎに街樹の黄葉落すなりうつせみの人は行きあわただし

いつくしき街樹の黄葉かくのみにわれは立ち見つこの時のまを

ふるひ落す街樹の黄葉土のうへにただに親しくやはらかく見ゆ

おのづから一人静かにあらしめよなやみ切(せつ)なく病みゐる人を

澄み透る大気(たいき)のなかに立つ冬木もはらに立ちて動くかすかに

朝日さす冬木あかるくあたたかし人はさきくて起きゐるらむか

旅ゆくとわれ寄りにけり起きいでし人の素顔のかなしく親し

しづかなる心たもちてしばしばも人には逢ひぬこの朝の間も

汽車を下(お)りてわれ一人なり目の前の水田つづきに沼は光れり

沼に沿ふ水田の畔(くろ)のみちほそし錆びしめりたる土を踏み行く

照りまばゆき沼には行かずこの丘の林のかげを行き嘆きつる

この丘のみちは尽きたり来(こ)し方にあゆみをかへし一人なりけり

丘をおりて道ひややけし白白と障子しめきりし家に音なし

うはごとをいふをはばかり宵宵にねむるをだにもおぢにけむもの

松倉米吉一周忌歌会歌

故　郷

手つだひの人らは今日は来らねばうから静かに家に籠るも

まこと今日みうちのみゐて飯は食むこの我家に父のあらなくに

こもりゐて心はさびし向つ田をすきかへしゐる人の声きこゆ

五月の日あかるく照れり村人らみな田に出でてはたらくらしも

わが家に今年も巣くふつばくらめ出で入る見つつ涙ながれぬ

今にして父を死なしめ思ほえば（ママ）すべもすべなし一人室を出づ

草木てるみちあゆみつつつくづくに父のよき性（さが）おもほゆるかも

かへり来て家ゐつぐべき我なれやおこたり多く年ふりにけり

かなしくも親しきものか朝起きておくつき道をただにまゐ行く

わが山の草木あひ照りかがやけり父とこしへにここにこもれる

このあした児牛ひきいで野路ゆけば児牛は駈けるわが牽きがてに

飛び駈くるまがなし児牛飼はまくは女のみにてすべなかるらし

吾児つれて木苺とりに来りけりわがよく知れるこの山の沢に

木苺のみのらふ藪はともしかり山いつくしく杉立ちしげる

海見むと丘にのぼれりひむがしの青海さやに晴れわたり見ゆ

うちわたす山裾遠くわが家はまともにを見ゆ日のてるなかに

印旛沼

おぼほしく時雨もよほせり新田（しんでん）の道遠くして沼いまだ見えず

丘の上にたかく抽き立つ松二本（まつにほん）しぐれの雨のふりきたる見ゆ

砲（はう）のおと遠くとどろにひびきつつこの沼のへの曇りは深し

沼に添ひて丘の林に入り立てりしぐれふりゆく音のさびしさ

曇りしづけき丘と丘とにはさまれる冬田のふちに大き家立てり

さむざむとしぐれは降れり土手下の渡しの小屋に火を焚きあたる

この沼にとりたる雑魚（ざこ）の味よろし渡しの小屋に茶をのみて居り

いちじるく沼は涸れたり土手越えて舟まで遠し時雨ふりつつ

ゆらゆらに黒き藻草のうごきけり夕べ時雨れて波立つ古沼

ただひとり夕べ時雨に行くわれのからかさ白し沼のつつみに
しぐれふる夕沼の土手をかへりゆく白き荷馬はもはら濡れたり

帰郷

五月父の一周忌に帰郷す

大水にあれたるあとの川の音さびしき道をひとりかへるも
うちあれし出水のあとの山がはやなごりの水の流るる早し
村の入口の小田一面にうづたかく出水の泥は押しあげにけり
今にして種蒔く人あり大水に苗代小田はうもれたるらし
父ゆきてひと年すぎぬわが家に母といもうとと只二人居り
嫁ぎゆきて子供の多き妹はいまだも見えず日はくれにけり

午近み前の小川を普請する村の人らに茶を持ちゆくも

よき人にわが田を今年あづけたりにぎはしくして耕す見れば

雑　詠　　歌会歌

光強き電灯の球を買ひにけり今宵は早く家に帰るも

帰り来て心は寂し椎の枯葉ちりしく庭にひとりたち居り　帰省

いちじるく松の花粉のちれりけり父のおくつきの茶碗を洗ふ

つくづくと雨多き秋や大海を越えゆく君がまさきくもあれよ　齋藤茂吉送別歌会歌

久留里城趾に登りて　　大正十一年（三十七歳）

みんなみの八峰（やつを）八峡（やつかひ）つぎつぎに黒雲なびき夕立きたる

おぼほしく向つ山山おほひくる夕立雲の匂ひ涼しも

まむかひに聳ゆる山をおほひつつしきりひらめく雲の層厚し

山はなれ低きが空をふりすぐる雲のすがたはさびしかりけり

ふりすぐる夕立雲はいや暗く鹿野（かの）のみ山をおほひけるかも

夕立はここに降らぬか城あとの大木の松の濡れたるを見む

わが行かむ山峡のみち見ゆるなりこの夕立に濡れたるらしも

夕立の雨に濁れる山河に沿ひつつ行かむみちのともしさ

歌会の歌

まづしさに堪ふるこころもわれになくただになまけて年すぎにけり

帰省

大正十二年（三十八歳）

このねぬる朝（あさ）の郷（さと）わのあかるかり人々（ひとびと）すでに働くらしも　○

朝日(あさひ)のおそく影さすわが家(いへ)の屋根ながめ居りこのあさあけに ○

このいへを継ぐ弟のかへるまで保(たも)ちかあらむ古き茅(かや)屋根 ○

走りつつ仔牛(こうし)あそべり母ひとりこの家もりて働きています ○

わくらばに吾(わ)れも弟(おとうと)もかへり来てこの古家(ふるいへ)に男の声す ○

朝日てる青葉若葉の山山よ斯くし匂へり吾れの見ぬ日も

出羽

板谷峠

あかときと夜は明(あ)けきつつ大き谿(たに)の川瀬のたぎち遠白(とほじろ)く見ゆ ○

梅雨ばれのあかとき靄の立ちうごく峠の駅に顔あらふかも ○

あかときの峠の駅に水のめり越え来(こ)し山山靄こめむとす ○

茂吉を憶ふ

国原の青田の光さわやかに朝あけわたりて蔵王山見ゆ

青田のなかをたぎちながるる最上川齋藤茂吉この国に生れし　○

上の山の停車場すぎてほどもなし街道筋を人ひとり行く

汽車に沿ひて広き街道とほりたり子どもを乗せて馬のゆく見ゆ

最上川

梅雨ばれの光りのなかを最上川濁りうづまき海にいづるかも　○

この海の沖のすなどりをわが見むと最上川口舟出するかも　○

さみだれの最上くだりけむ大き鯉海に喘ぐを手に捕へたり　○

海の上にうちいでて見れば雪ひかる鳥海山に日はまとも照れり　○

雉子

朝あけてうちとよみ鳴く雉子の声われのどろかに来りけらしも

ひんがしの大城(おほき)の森にさぬつ鳥雉子なきとよみ明けぬこの夜は

うちひびきかなしく徹(とほ)る雉(きじ)の声みな此面(このも)むきて鳴くにしあるらし ○

あからひく朝靄はるる土手の上に雉子(きぎし)光りて見えにけるかも ○

土手の上の高きを占めて鳴く雉子(きぎし)あなやさ躍り鳴きにけるかも

息の緒に音(ね)には絞りてなく雉のいちじるきかもその羽ばたきを

おのがじし己妻(おのづま)つれて朝雉(あさきじ)のきほひとよもす声のかなしさ ○

高処(たかど)にし雄雉(をきじ)は鳴けり草わけてあゆむ雌雉(めきじ)の静かなりけり ○

さ青(あを)なる蕗の丸葉(まろは)に尾を触りて雉子(きぎし)しまらくうごかざりけり ○

朝あけの電車つづきて通れども雉子（きぎし）は鳴けり高垣の上に

青みどろ青きみ濠に魚はねしあとの見えつつ久しかりけり

朝日かげあかねさすなべ雌（め）の雉子の土手のぼりゆく籠（こも）らふらしも

沼畔雑歌㈠

沼見ゆ

うち見れば印旛（いには）の大沼（おほぬ）おぼほしく濁り光れり青原の中に

いちじろく水嵩（みかさ）まさりて沼の水どよみかがよへり夏は来向（きむか）ふ

ひろびろと横たはりたる沼の水の照りゆらぎつつ何ぞ静けき

出洲の中道

青草原あゆみ来につつまんまんと満ちたる川の面（おも）に会（あ）ひにけり

踏み入りて草の匂ひをおどろきぬしみみ明るき五月の草原

五月野(さつきの)の堤のみちのほがらかに汗にひかれる白秋の顔

風かをる青蘆原の中(なか)つ路(みち)遥(はる)けくしよしその細みちを

のびあがりて歩み居りしかま昼野の草のそよぎのしづまりにけり

なき父の恋しくもあるかこの豊(ゆた)けき青草原にわれは遊べり

かくだにも茂りゆたけき草原や牛を馬を飼ひて住むべかりける

声近く鳴く行々子(よしきり)のかげ見えずなみだち照れる青蘆の原

沼の香のにほひしみちに照りそよぐこの蘆原のよしきりの声

近く来て鳴くやよしきり鳴きやめば影あらずけり飛ぶは見なくに

昼近くかすかに沼は曇りけり草に坐(すわ)りて休みて行かむ

吉植邸

門(かど)みちに仔馬あそべり親馬もしづかに立てり綱はつながず

草原を足(た)らひたるらし昼ふかき厩(うまや)に入りぬ親も仔馬も

厩(うまや)にはひれば厩(うまや)に親(した)しくて仔馬は乳(ちち)をすこし飲むらし

この庭に若葉かがよふ大木(たいぼく)は百日紅(さるすべり)なり遠くより見えし

しが親にともなはれつつ幾むれの雛鶏(ひよこ)あそべり広き屋敷に

この家をめぐれる堀に蓮の花あまた咲かせて魚飼へ吾が背

母馬と仔馬

草原に向きてひらける門(かど)みちを馬は出で行くその草原に

五月野の豊(とよ)草原に放たれてあそべる馬は静かなりけり

やはらかき草の茂りや短か尾を振りつつ遊ぶ幼な若駒

親に添ひて草に遊べる幼（をさ）な駒（ごま）をりをり遠く駈け走りつつ

離れゐて草はみ遊ぶ馬の子のややに寄り添ふ親のかたへに

野に出でて乳を飲まする親馬のこころよきかもただに静けき

あどけなき仔馬の顔を見つつ居れば長き鬚（ひげ）あり頤（あご）のあたりに

親馬も子馬も顔をあげにけり日光（ひかり）かげろふそのたまゆらを

夕づきてそよぎ寂しき草原に寄り添ひ立てり馬の親子は

母馬と子馬と顔を寄せて居り夕の厩にいまだ帰らず

舟に乗る

川筋に立てる楊（やなぎ）のしろじろと架（わた）つけてさびし空曇りつつ

沼風(ぬまかぜ)の曇りけ重く吹くなべにやなぎの絮は飛ばざりにけり

沼川を舟はやりつつたまたまに赤き花ともし野あざみの花

草原に遊ぶ

ふみあゆむ茅(ち)原あし原まこも原いやめづらしき青くぐの原

この原の五月(さつき)青草いやさやに茂るがなかに我ら坐りし

青青と若蘆そよぎくぐ靡きすこやけき子をわが恋ふらくも

この原の広き真中に草敷きてこもり居りとも誰か知らむも

すがすがし五月(さつき)の小野(をぬ)の草枕まきてさぬらくすべなきものを

掌(たなごころ)こころよきかも青くぐの茎を割きつつ縄綯(な)ひにけり

鯉網

大楊(おほやなぎ)しげりかぶさる川隈(かはくま)に鯉網張れりその鯉網を

みなみ風水泡(みなわ)吹きよする川隈の楊が陰は鯉の巣どころ

おもむろに網をあげつつ手ごたへのよろしきかもよ我らを見けり

網の中に一たび跳ねし大き鯉しづかなるかもか黒に光り

この捕れる鯉をさかなによろしなべ今宵の酒のおもほゆるかも

沼尻

沼波(ぬまなみ)の風濁りして寄るなべにしみみ動ける青あしの原

沼尻(ぬまじり)の蘆の茂みによする波だぶりだぶりと音のよろしき

蘆原に舟とめ居れば夕かげの水の面(みも)明りて鳰(にほ)の鳴くこゑ

沼尻の蘆の根がたにおぼほしく水泡（みなわ）たまりて夕さりにけり

夕まけておほに明るき水の面をつくづくと鳥はくぐりけるかも

夜の踊

立ちまじりわれも踊らむさ杵（ぎね）もて麦を搗くなす麦つきをどり

笛太鼓おもしろくして踊る夜の明日の為事（しごと）ははかゆくものを

宵宵に三味もひきつつねもごろにこの村人をいたはれるらし

名残

桶にのこる馬のかひばを手にとれば馬のにほひのまがなしきかも

うつし世ははかなきものをおのづからよく楽しみて遊びけるかも

市川の一日

みづみづし春の朝なり松原の埃こまやかに光りつつ見ゆ
桃の花いまだふふまねあたたかく土にうつれる桃の木のかげ
日の光土に親しや行くみちの松の木のかげ桃の木の影
春の日のよくあたる広き縁に皆すわり居り疲れたるらし
たかだかに風に光りてうごき居る黒松の木立見れどあかぬかも

印旛沼吟行集

北原、尾山、橋田、吉植四氏と合作の中

わかば吹く風すがすがし天井のたかき座敷に酒呑み居れば
この里の麦つき踊りいたもいたもおもしろくして夜をあかしけり

麦つき踊見ればあかなくよもすがらわれひたすらに呑めどあかなく　牧水に

あたまはげしことなうれひそ帰り来て印旛の鰻食せばよろしも　茂吉に

この門はねもごろにしてありしかばほとほと死にきうれしといひて

たちまじりわれもをどらむおもしろきいにはのさとの麦つきをどり

苦寒行

大正十三年（三十九歳）

人らみな帰りい行きて板屋のうち俄に寒く夕づきにけり

やちまたの焦土（せうど）のほこりおぼほしく空をおほひて太陽は落つ

大川の水さむざむと日は暮れてこれの板屋にひとりなりけり

焼跡の街の灯暗し人人は心かすかに夕けすらしも

粗家（あらいへ）の板屋のうちにひとりゐて寒さはしるしさ夜ふけにつつ

夜もすがら板屋うごかす風寒みいくらの人かいねがてにする

たまゆらに木がらしやみてよる深しひとり火鉢に炭つぎにけり

大き地震(なゐ)のなごりの地震(なゐ)のしばしばもいまだゆりつつ年くれにけり

ふるさとに老いたる母のひとり居りわれ貧しくて久に行かぬに

うつしみの補(おぎな)ひ薬(ぐすり)われ飲みて強(し)ひて寝(い)ぬらく寒き小床に

井戸替

わが家(いへ)の古井(ふるゐ)のうへの大き椿かぐろにひかり梅雨はれにけり　○

つゆ晴れて朝日あかるし今日しもよこのわが家の井戸払(ゐどはら)ひせむ　○

父ゆきて年は経にけり家の井戸この梅雨時(つゆどき)にあまた濁れる　○

井戸払ひすらくともしも一柄杓(ひとひしやく)まづ汲みあげてくちすすぐかも　○

年ながく払はぬ井戸の梅雨濁（つゆにご）り匂ひさびたる水になりにけり　○

太幹（ふとみき）の椿の根ろの青苔もさやにあらひて井戸は晒（さら）すも　○

汲（く）みおける盥（たらひ）の水にはなちけり飲井戸（のみゐど）の鮒（ふな）の光いみじき　○

水垢（みづあか）の匂ひまがなし汲み汲みて井戸の底ひにおり立ちにけり　○

素足にて井戸の底ひの水踏めり清水つめたく湧きてくるかも　○

まさやかに古井の底を洗ひけり湧きていでくる水のかそけさ　○

一すぢに椿がもとゆこの井戸の水は湧きいづ昔ながらに　○

たまたまにこの古里にかへり来て今日し飲井（のみゐ）を浚ひけるかも

飲井戸の水替へにけりひとりして家守（いへも）る母のまさきくありこそ　○

古井戸を払ひ終へたりはだかにてま日てる庭をしばし歩むも

風呂をいでて心こほしみ洒(さら)し井(ゐ)にたまらふ水を見にゆきにけり　○

替へたての井戸の香(か)さむしややややにたまらふ水の上べ澄みつつ　○

山のうへに入日あかあかとかがやけり今日の日ながく思ほゆるかも　○

山のうへに入日あかあかとかがやけりわが祖(おや)たちは健かにありし　○

昨日(きそ)の日(ひ)に替へし井戸水中(なか)つべはかつ泡立(あわだ)ちてうすく濁れり　○

あたらしく今朝はたまれる井戸の水静かに汲みて顔は洗はな

吾家のまはり

をさな児は起きいでて久し春の朝の光しづけく姉たちはまだ

このあした家いで見れば土の上に光と陰とあざやかなるも

家のまへの南なぞへのひろき道潤(うる)ひあまねく土のしづけさ

たかだかに芽吹き光れる欅の木われはたしかに癒えたるらしき

わが病かりそめのものにありけらしあかるき土を歩みつつ居り

杉垣の杉の玉芽の一つ一つに光たもちて朝のしづかさ

朝の日の地上を照らすすこやかさ木木の若芽に手を触（さは）り見む

家内（かない）そろひてけさは朝食（あさげ）すあさなさなわれすこやかに起き出でぬべし

この朝のあかるき縁（えん）にをさな児のあそぶを見れば春ふけにけり

あをあをと芭蕉の巻葉とけそめてこごし光を湛へゐるかも

今日はもや妻子ともなひ家いでて青山墓地の桜を見たり

墓原の四方にとほる道ながく両側のさくら咲きさかりたり

たまゆらに遊べる妻かこの原の若草の上に遊ぶと云はむ

このたかき鉄砲山にのぼり見むをさなき吾子(あこ)はわれや背負はむ

この山の高きに見れば桜ばな街の四方に咲きみだり見ゆ

夕日てるこのいただきに立ちにけり妻子もろともに立ちにけるかも

みちすがら鉄砲山の笹はらに蓬(よもぎ)は摘みて手にあまりたり

よもぎ摘みて今は帰らくわが子供みどり染む手を見せあひにけり

妻はも夕餉の支度(したく)す灯のもとにわれと子どもと蓬選(よもぎえ)り居り

新緑

風立てば天井の埃(ほこり)おちしきり昼の小床に寝て居られなくに

まひるまの嵐吹きみだるる樟わか葉明るき影をふりしきらせり

砂けぶり空をおほひて家の上に若葉の森にふりそそぐ見ゆ

あゆみ来て風しづまれる寺のかど地（つち）にかすかにわが影うつれり

吹きちれる若葉の匂ひみなぎりて寺の門みちの暗くしづけき

あらし吹きて若葉小暗き池のべにおたまじやくしをすくひ居る童子

若葉てる外を歩みきつ二階にあがりながら妻に茶をもとめけり

くれなゐの尺（しやく）ばかりなる牡丹の花このわが室にありと思へや　○

大輪（たいりん）の牡丹かがやけり思ひ切りてこれを求めたる妻のよろしさ　○

瓶（かめ）の中に紅き牡丹の花いちりん妻がおごりの何（なん）ぞうれしき　○

うつし身のわが病みてより幾日（いくひ）へし牡丹の花の照りのゆたかさ　○

まづしくて老いたる妻が心よりこの大き牡丹もとめけらしも　○

障子あけて庭の若葉の明るきに夕餉よろしき夏さりにけり

この夕べ膳にむかへば蓴菜（じゅんさい）のはつもの見えてうれしかりける

酒すこしありてよろしも初物の蓴菜の香を愛（を）しみつつのめり

すこやかに心ゆらぐも風のなか日のなかにしてひとり歩めば

墓原の若葉ゆりみだる風のなかにひとり吹かれて歩み居るなり

青空を雲ゆくなべに身のめぐり暗く明るくゆらぐ若葉を

からたちの花ちりすぎて溝のべにみそさざい飛べり巣かもあるらし

たけ高き樟の梢の瑞若葉ひびきかすかにそよぎゐるかも

東京にたまたま出でて来し人のわれには告げず逢はざりにけり

このままにうとくなりゆくものなれや若葉にそそぐ雨のしづけき

切（せち）にして人の思ほゆ闇ながら若葉の森のゆらぐを見れば

蛙のこゑ遠くより聞ゆこの宵はほととぎすさへ鳴きにけらずや

田植

これの田を植うるにしあらし畦の上（うへ）に早少女（さをとめ）ならべり十五六人　○

おり立ちてこの大（たい）ぜいのよろしもよ原の大田（おほだ）を今日植うるかも　○

うちならび植うる人らのうしろよりさざなみよする小田（をだ）のさざ波　○

植付の田の土手さやに草刈りてひともとさびし白百合のはな

田植人茶に休むらしひともとの松の木かげに相寄れり見ゆ

下（した）の田に今うつりたる早乙女ら小笠（をがさ）はとりてすずしかるらし　○

植ゑ植ゑて夕田のすみにあつまれる人つぎつぎにあがり行く見ゆ

ねもごろに二足（ふたあし）三足（みあし）ふみ入りて浮き早苗さす妹がすがたや　○

朝あけの門田の植田ひややかに上澄(うはず)む水に蛭のおよげり

朝早く代掻きけらし唐椎(たうじひ)の花咲くかどに牛休めあり

沼畔雑歌㈡

出洲の草原

梅雨(つゆ)はれて夕空ひろしここに見る筑波の山の大きかりけり　○

夕まけてなまづ釣るらし土手の上を長き釣竿かつぎ行く見ゆ

蘆原(あしはら)のあしの葉ずゐの夕あかりよしきり飛びて光りつつ見ゆ　○

あかあかと夕ばえひろし草原のなかを行かむと土手おりにけり

草原をあゆみきたりて夕ふかし大き馬二つみちに立ち居り

大きくもなれる子馬か草原を親に添ひつつ今もあそべり

分け入りていくら歩みし夕あかりいよよかすけき高草（たかぐさ）の原　○

夕ふかき高草（たかぐさ）のなかに歩み入れり頭のうへを鷺の飛ぶ音　○

いちめんにたけより高き草の原遊びたぬしむ時すぎにけり

高草原（たかぐさはら）あゆみかへせば西あかりまなこに沁みていよよ暗しも　○

草原をあゆみきたりて湯に入れり草傷さへににくからなくに　○

つゆばれの今宵と思へ天の川さやかに白し草はらの空

蚊遣火

夕されば馬の親子はかへり居り蚊遣（かやり）してやるその厩べを　○

夕ふかしうまやの蚊遣（かやり）燃え立ちて親子の馬の顔あかく見ゆ　○

おぼほしく厩をおほふ蚊遣火のけぶりは靡く夕沼（ゆふぬま）のうへに　○

朝早み鳥屋を出でたる鳥のむれ鵞鳥はすぐに堀におりゆく　○

門さきの井戸のほとりよりつぎつぎに鵞鳥は堀におりゆきにけり

一めんにかつぱもぐの花咲きみちて鵞鳥のむれはさわぎ遊べり

朝あけの堀におりたる鵞鳥のむれ真菰の葉をばしきり折り啖む　○

いささかは水を離れてことごとくあささの花の日に向きて咲く

朝の野よ帰りきたれる若駒の庭に寝ころびて背をすりにけり

朝日赤く今日も暑しも藁もちて馬のからだをこすりてやるも

つゆばれの今宵の空に天の川さやかに白しこの沼のほとり

このあたり小沼おほしも沼ごとにかつぱもぐの花咲きみちて見ゆ

左千夫忌

病める身を静かに持ちて亀井戸のみ墓のもとにひとり来にけり ○

さながらにおのれみづからをいだしけむ大き命（いのち）しおもほゆるかも ○

つねにつねになまけてありしいまにしてわが健康（けんかう）はおとろへにけり ○

去りがてにこのおくつきに手をかけて吾は立ち居りひとりなりけり ○

なき人のふかき命をおもふ時われはわが身を愛（を）しまざらめや ○

よき友はかにもかくにも言絶（ことた）えて別れゐてだによろしきものを ○

み墓べの今朝の静けさひとりゐるわれの心は定まりにけり ○

み墓べに今日はまゐりぬ亀井戸の葛餅（くずもち）買ひて帰り来にけり ○

稗の穂

いきのをに息(いき)ざし静めこの幾日(いくひ)ひた仰向(あふむ)きに寝(い)ね居(を)る吾(わ)れを ○

ひたごころ静かになりていねて居りおろそかにせし命なりけり ○

妻はいま家に居(ゐ)ぬらし昼深くひとり目ざめて寝汗(ねあせ)をふくも ○

おもてにて遊ぶ子供の声きけば夕かたまけてすずしかるらし ○

うつし世のはかなしごとにほれぼれと遊びしことも過ぎにけらしも ○

うつし身は果無(はかな)きものか横向きになりて寝(い)ぬらく今日のうれしさ ○

秋空は晴れわたりたりいささかも頭(かしら)もたげてわが見つるかも ○

秋さびしもののともしさひと本(もと)の野稗(のびえ)の垂穂(たりほ)瓶(かめ)にさしたり ○

秋の空ふかみゆくらし瓶(かめ)にさす草稗(くさびえ)の穂のさびたる見れば ○

うつたへに心に沁みぬふるさとの秋の青ぞら目（め）にうかびつつ　○
充（み）ちわたる空の青さを思ひつつかすかにわれはねむりけらしも　○

時雨

小夜時雨（さよしぐれ）ふりくる音のかそけくもわれふる里に住みつくらむか　○
この頃のあかとき露に門畑（かどばた）の蕎麦の白花（しろはな）かつ黒みけり　○
めづらしきけさの朝けやうつそ身のすこやかにして妻の恋（こひ）しき　○
はるばると来（きた）れる友かわが家（いへ）のらんぷの下に見らくともしも　○
わが家の門（かど）の小みちにこのあした遊べる友をわれは見て居り　○

焚火

秋晴（あきば）れの長狭（ながさ）のさゝくの遠（とほ）ひらけひむがしの海よく見ゆるなり　○

秋晴るるこの山の上に一人ゐて松葉かきつめ火を焚きにけり　○

この山の峡の小田に稲刈るはたれにかあらむわが村の人　○

山の上にひとり焚火してあたり居り手をかざしつつ吾が手を見るも　○

ひとり親しく焚火して居り火のなかに松毬が見ゆ燃ゆる松かさ　○

大正十四年（四十歳）

寸歩曲

病すこしく癒ゆ

日の光あたたかければ外に出でて今日は歩めりしばらくのあひだ

家をいでて青青と晴れし空を見つなべての物ら柔らかく照れり

み冬つき春の来むかふ日の光かくて日に日に吾れは歩まむ

外にいでて歩めば今日のうれしもよしづかに吾れは行くべかりけり

きさらぎのひるの日ざしのしづかにて栴檀の実は黄に照りにけり

枯木みな芽ぐまむとする光かな柔らかにして息をすらしも

今日からの日日の散歩に吾れの来むこの墓原の道のしづかさ

あゆみきてこころ親しも春日さす合歓の梢に枯莢の垂れて

いく年の散歩になれし墓原や今日あゆみ居るわれは病めるに

わが歩み疲れぬほどに帰り来りつめたき水を飲みにけるかも

日のてる外を歩みきたりつしかすがに臥所に入りて息しづめ居り

帰り来て昼の小床にただ入りぬこの親しさの寂しくはあらず

清澄山

小櫃川夕立ふりて濁る瀬のながるる泡を見るがすがしさ

巌根深く淀む流れやこのあたりかならず魚のあまた居るべし

隧道(すいだう)の崩れ居しかばわが越ゆる山の草原夕日てりたり

ゆく道に隧道の口見えにしが山菅背負ひて人いで来れり

背負ひたる山菅の匂ひさわやかなりかの夕立に濡れつつも刈りし

川上のこの道ゆきてふるさとの清澄山に今宵わが寝む

繁り深き清澄山にわれ遊ばず久しくなりぬ行きて今日見む

露の音たえまなくしてこの山のあかつき近くなりにけらしも

あかつきの露おきみてる谷あひのをちこち白し烏瓜の花

大杉の露のしづくの光りつつみ寺の庭は明けにけるかも

この山の繁き木立の露の色ほがらかにして朝日さしにけり

下りきつつ薄のかげにとまりたる鹿の目見(まみ)こそやさしかりしか

夏

息苦しき街にこもり居りわが病ひすでに軽くはありといはなくに

紅　葉

わが村の学校園の桜紅葉うつくしくしてよき日和なり

柿もみぢ桜もみぢのうつくしき村に帰りてすこやかにあり

秋風吟

この秋をわれ肥ゆるらし起き起きの心さわやかに顔あらふかも

このごろの秋風すずしすこやかになりていよいよ命し惜しも

朝夕に時を定めてそぞろありく身のさわやかになりにけるかも

墓原の朴の木の実のくれなゐに色づく見れば秋たけにけり

命ありて今年また仰ぐ秋の空げにうつくしく高く晴れたり

空たかみ白雲さやにうごくなり土をふみつつ仰ぎ見るかも

夕づく日赤くさしたる朴の木の広葉うごかし秋風吹くも

わが待ちし秋は来りぬ三日月の光しづけくかがやけりけり

病みてあれば早く寝ねながらともし火の灯影したしき秋の夜らかも

さわやけき九月となりぬ封切のよき活動写真も吾れは見なくに

たまたまに青山どほりに行きにけり障子紙をば買ひて帰れる

秋の雨ひねもす降れり張りたての障子あかるく室の親しも

十月十七日　日光歌会

この雨にわれは来りぬ鴨のゐるみ濠の橋をわたりけるかも

冬来る

塀の上の八つ手の花の青白く光つめたき冬さりにけり

この冬をつつがなくしてすぎたらばまことすこやかになりなむものを

大正十五年／昭和元年（四十一歳）

黒滝山

大正十四年十一月二十一日、上州に遊ぶ、病後初めての旅なり、鏑川、南牧川に沿ひて西す

岩山並の裾の家家軒くらくこんにやく玉を干しにけるかも

家々に掛けつらねたる蒟蒻（こんにやく）だまの匂ひさびしく午（ひる）すぎにけり

冬日和こんにやく玉を粉に搗くと白きほこり立つ水車小屋の上

この道にいくつかめぐる水ぐるま蒟蒻だまを搗きてゐるらし
ことごとく蒟蒻だまは掘り取りし岩山畑に日の照りにけり
したたかに軒に掛け干す蒟蒻だま日かげはすでにあたらずなりし

磐戸村佐藤量平氏宅に泊る

み山よりただに引くらしこの庭の筧の水のあまたうましも
山がはの鳴りひびきつつ夕ぐるるこの道のべにひとり立ち居り

二十二日黒滝山に向ふ

わが歩みかろきが如し朝川の鳴りてひびかふ道を行くなり
わたり行く南牧川（なんもくがは）の橋のべに赤くみのれる柿の木高し

泥鰌売

うしろから泥鰌屋きたりぬ栗落葉つもる山路をわが越え行けば
山がひの蒟蒻どころの小春日に泥鰌になひて売りあるくなり
隣り国信濃から来し泥鰌売ゆるりゆるりと呼びゆきにけり
こんにやく玉掛け干す庭に泥鰌売大き盤台（はんだい）をおろしたりけり
夕つかたまた逢へる翁（をぢ）この里によく売れけむや泥鰌売るをぢ

黒滝山

ふかぶかとつもる雑木の落葉の上朴の落葉の大きさびしさ
家いでてわれ来にけらしこの山の深き落葉を踏みつつぞ行く
しづかなる初冬（しよとう）の山を恋ひくれば楓のもみぢ赤くのこれり

山のみ寺に近づきぬらしたかだかと大き青杉日に照れり見ゆ

この山の寺の境内にそびえ立つ三つの巌（いはほ）に天つ日てれり

あまそそる巌（いつ）の黒岩のいただきゆほそく光りて滝落ちにけり

山の上の冬日あかるし滝の水ほそく落ちつつ音のさやけさ

天つ日はしづかに照りて黒滝の巌（いつ）の高岩ぬれかがやけり

さらさらと光りて落つる滝の水わがたなそこに受けて飲みつも

冬日かげふかくさしたる山のみ寺の畳の上に坐りけるかも

山くだるわれをあはれみ寺の僧つつじを伐りて杖にくれたり

しづしづと山をくだりぬ黒滝のみやまつつじを杖につきつつ

さわやかに岩ばしり鳴る川の音ききつつぞ来し君が家辺に

まがなしき現身(うつしみ)持ちて山の道ここだもわれは歩みたるらし

山の村の冬きたるらし消防の演習処処(しょしょ)に見えにけるかも

八つ手の花

病床思郷

冬ふかみ流れ塞(ふさ)がる川口に大き真鯉のひそみ居るらし

朝早み大き竈に焚きつけて味噌豆を煮るその味噌豆を

冬至(とうじ)の日和しづけく産土神(うぶすな)の赤き鳥居をくぐりけるかも

冬の日

さしなみの隣の家は幾月か空家(あきや)のままに冬さりにけり

しめきりし雨戸あかるく冬日照れり空家になりて久しき隣を

あきいへの隣の庭にちりしける檜葉の落葉に霜ふりにけり

たまたまに貸家もとめて来し人の住む気なからしおろそかに見し

花すぎし庭の八つ手の花茎のうす黄さびしく日はてりにけり

大霜

朝床にからだしづかに保ちつつ咳のくすりをわれのみにけり

子どもらは焚火するらし朝霜の白き外面をわれは見なくに

芭蕉葉のしきりに折るる音すなり遅き朝餉をわが食み居れば

二朝け（ふたあさ）大霜ふりて芭蕉葉はのこらず折れぬさ青ながらに

幾日（いくにち）も日のてる外に吾れ出でず命にぶりて冬ふけにけり

いささかもたべすぎぬらし冬眠る蛇や蛙のたふとかりけり

郷土

おのづから息ざし安し秋晴れのあかるき国に帰りてあれば

国離れ年は経につつ息づかひさびしき吾れになりにけらしも

秋深きこのふるさとに帰り来りすなはち立てり柿の木の下に

柿の木より柿をもぎつつ皮ながら一つ食みたりその甘柿を

わがもぎし大き柿の実臍（へそ）のべのか黒波形（なみがた）うましくし見ゆ

このあした母は枝豆をうでにけり田の畔（くろ）豆のうまし枝豆

なつかしき田のくろ豆の枝豆を二十年ぶりにわれは食（たう）べつ

ふるさとの秋も寒くぞなりにける門の蕎麦畑に雨のふりつつ

けふもかも秋雨寒しあかあかと炉の火を焚きて栗やくわれは

こころして風邪(かぜ)ひかざらむたまたまに町に出で来て夕ぐれにけり

寒　潮

二十年に近き勤めをやめて

年こえて吾れ病みにけり来り見ればみちみちて光る大川の青さ

日のひかり寒く照りながら川口の潮の匂ひの身に沁みにけり

忘れえぬあはれさならむここにしてかすかに塩を含む空気を

この河岸(かし)にならびてありし土蔵作りふたたび建たず時は移りぬ

冬日しづかに大川岸に泊りゐる舟の匂ひのあはれなりけり

いつかまた会はむと思へや大川の寒き水くみて舟あらふ人

もの倦めば出でてわが立ちしこの河岸に寒き潮波みちうごきつつ

仮橋をやうやくにしてくぐりたる五大力船遠くなりにけり

みちみちて潮ざゐ寒し年久にこの川口の橋をわたりし

架け替ふるこの新橋の大き脚われは立ち見つ夕の寒さに

大川口たたなはる波の陰おほし冬の日寒くかたむきにけり

早春の一日

二月七日、徳壽、三郎、栄之助の諸子と正岡子規先生の墓に詣づ

ひさびさにみ墓へ行くと道すらも迷ふ心を持つがすべなさ

うち迷ふ思ひありしが来て見れば道おのづからこの寺に出でぬ

わが心しづけくなりてま日てれる古き山門に寄りにけるかも

おくつきにささげまつると早春の寺の井戸水わが汲みにけり

いただきより水そそぎけりみ墓石さやけく濡れて光るしづけさ

はじめて伊藤左千夫にともなひてここに詣でし二十年（はたとせ）をへし

二月（にぐわつ）の午前の日かげあざやかにわが影ありぬみ墓べの土に

わが影をきよらにめぐる日の光り友もしづけく立ちにけるかも

大龍寺を出で郊外を歩く

寒明けて郊外の家の生垣にうすき下肥（しもごえ）を施すらしき

春あさみ飛鳥の山の枯芝に吹く風有らし埃ひかれり

冬　籠

寒ければ朝寐（あさい）はしつつ日日の飲食（おんじき）の時も定まらなくに

冬の日の今日あたたかし妻にいひて古き硯を洗はせにけり

寒(かん)の水にしづかにひたす硯石蒼き匂ひのいさぎよくして

こがらしの風吹きすさぶ障子のうち咽(のど)ゐごくしてひと日暮れたり

冬日かげ一日あたるふるさとの広き縁がはを思ひつつあはれ

おりたちて土ふむなべに心なごみ行きあるきけり日のてる道を

二月三日節分　安田稔郎子上京

節分の豆まきにけりこの冬をわれつつがなくすぎにけらしも

家ぬちに灯(ほ)かげあかるし節分の夕飯(ゆふげ)の膳に向ひけるかも

節分の豆を撒く夜に泊りたるふるさとびとのしたしかりけり

目にひらく六郷川(ろくがうがは)の川口のおほにくもりてあたたかく見ゆ　二月四日立春鶴見行

種畜場

厩よりいま放たれて草山に出で行くは皆若き特牛（ことひ）なり

うつくしきほるすたいんの若き特牛二十頭ばかりむらがりにけり

裾きよく細谷川をめぐらせる草山の上に牛は群れたり

放たれて山にあそべる若き特牛おのが仲間の背に乗らむとす

ひるすぎのつめたき渓の川の中に大き種牛立てりけるかも

渓川の水に立ち居る大き特牛交（つが）りしあとのしづけかるらし

年老いし大き種牛ひき出でて延びたる爪を切りにけるかも

牝牛みな厩に入れて夕がたの乳しぼるべき時にはなりぬ

夕近み大き厩に入れる牛つぎつぎ乳をしぼられにけり

牧場の十一月の草の葉の光しづけく夕映えにけり

宵宵に声まさりつつ啼く蛙今宵もおそくわが寝ぬるなり　保田歌会歌

つちがへるとのさまがへるひきがへる鳴く音分くまで里なれにけり

ふるさとのこの春雨にあさみどりぬれたる山を見つつ別れむ

柿若葉

上(かみ)つ総(ふさ)小糸のさくの柿わか葉こころあかるき今日の旅かも

柿わか葉にほひ明るき山の村をひと筋の川の流れたるかも

柿若葉目ざめ安らかに照り匂ふこの村の道を行き行くわれは

かがやかに風わたるらし行く道の柿の若葉のうごきつつ見ゆ

柿わか葉日にかがやけり三人の娘ならびて向うを行くも

柿若葉かがやき匂ふ坂の上にこころほがらかに汗ふきにけり

二本(ふたもと)の柿わか葉せりこの庭の匂ひあたらしく落ち着きて見ゆ

まかがよふ五月一日(ごぐわついちじつ)この国の青瑞山をわれのぼり行く

高原の午(ひる)ちかき日の照りぐはし若き薄に風吹きにけり

夕山の若葉あかるし新畳(にひだたみ)にほひすがしき宿をとりにけり

足長蜂

小山田にこゑめづらしくなく蛙いまだは水に遊ばざりけり

小山田の水銹(みさび)にこもりなく蛙つくづく見ればなきてゐにけり

みなみ吹く山田の土手に一株の鬼あざみの芽青く光れり

彼岸すぎのあらし吹きしくこのまひる小田の蛙の声ひびくなり

古家のひるの小床に寝て居れば足長蜂ひとつ飛びて来にけり

庭の草を母と採り居れば東浜の新しき鰯うりに来にけり

春のあらし吹きてあたたかし昼飯の菜（さい）にうれしき分葱（わけぎ）の膾（なます）

このゆふべ庚申講（かうしんかう）にわが行くと母はつけてくれぬ提灯の灯を

夜（よる）おそく蛙なきたつ小田のみち提灯の灯のわかれゆくなり

宵宵にこゑまさりつつなく蛙このふるさとにいく夜わが寝し

嶺岡山

ここにありし牧の大木戸あけしとき馬の匂ひはみなぎりにけり

むかし見し嶺岡牧場いま見れば杉うつくしく茂りけるかも

うつくしく茂る杉山村の山つばらに吾れに示す村人

山行くはわが身にあしと思へどもこのふる里の山の上の道

山行くと袂に入れて持ちて来し蜜柑はすでになくなりにけり

二つ山三角標（さんかくへう）のもとに咲くすみれの花をまたたれか見む

ここにしてわが立ち見れば安房上総山うららかに起き伏しにけり

ふるさとの最も高き山の上に青き草踏めり素足になりて

ひやびやと山のいただきに草を踏むわれの素足をわが見たりけり

四月三日　郷里を立つ

ふりいでしこの春雨に桑畑の幹立（みきだち）ぬれてさみどりに見ゆ

あたらしく砂を敷きたる村の道この朝の雨にぬれにけるかも

春の雨ふりいでにけり家家の常口（じやうぐち）きよく掃かれたりけり

この雨の今日はしづかに降るらむをわれは立ち行くこの古里を

春雨にしづかに濡るるこの道をはだしになりて踏むべくもなし

うち見れば流れ目立(めだ)てり長狭川(ながさがは)けさよりの雨にうす濁りして

春雨に濁りそめたる川の水木屑(こづみ)うごきて流れくる見ゆ

春雨にぬれわたりたる橋の上にひとり立ちつつ自動車を待つ

この橋の古きらんかん雨にぬれて雫ながるるを見て居りわれは

帰京後徳壽におくれる

ふるさとにわが摘みとりて搗きて来し蓬(よもぎ)の餅(もちひ)かび生えにけり

山白菊

すこやかに朝日てりわたるふるさとみち山白菊の花さかりなり

年ながくわれこの道を踏まざりけり地ゆ照り咲く山白菊の花

帰り来て朝な夕なにわがあるく地に咲き満てる山白菊の花

山しら菊花まさかりの峠みちすこやかにして腹へりにけり

晴れわたる十一月の丘の上に白き握飯(むすび)をわが食みにけり

新しき袴をつけて御真影(ごしんえい)を迎へしみちの山白菊の花

山しら菊咲き照る道を遠く来つ日のあるうちに帰り行きなむ

羇旅雑歌

四月二十六日　尾張犬山に遊ぶ

見のかぎり芽ぶかむとする桑原の光どよもし風いでにけり

病みおもる思ひ救はれぬ桑原の芽ぶきあかるき土踏み行くも

木曽川の流れはいまだ見えずけり嵐吹き明る麦畠の路

山はれて嵐どよもす光のなか木曽川の水すみたぎち来（く）る

木曽川のたぎちの匂ひかがやかに我の素肌に感じゐるかも

病ひ深く身に沁みぬらしみちたぎち流るる水を見れば痛しも

風強み舟出さぬらし木曽川のたぎちの水を立ち見つるかも

目の前をたぎちみなぎりゆく水の川上見れば光しづけき

みどり吹く嵐あかるしこの村の養蚕（こがひ）の神に人まゐるなり

木曽川の流れの岸のぐみの花かくべかるらし埦（もひ）の素焼に

犬山焼の素焼の色をなつかしみものゐがきつつ夕ぐれにけり

五月

けさの朝は五月一日(ごぐわついちじつ)河鹿(かじか)鳴くすがしきこゑに目ざめけるかも

すこやかになりたりと思ふ朝湯いでて山葵茎漬(わさびくきづけ)かみつつあれば

奥山より子らが採り来しいたどりの太茎もらひてわれ食(は)みにけり

まむかひに箱根草山ながめつつ松の花ちる湯泉(ゆ)にひたり居り

しげり立つぽぷらの青葉いちじるくか黒くなりて風にさやげり

街にいでてうまきもの食(た)べむと思へども夕べの風は身に沁みにけり

青葉かげともる灯見ればば好ましきビイフステイキを食(く)ひたかりけり

秋海棠

秋海棠の自生地は世に稀なれども、安房清澄山の渓谷には所々に之を見ることを得べし

山の木に霧ながれつつ渓のべにうすくれなゐの秋海棠の花

霧晴れて露しとどなりこの渓の三尺（みさか）四尺（よさか）の秋海棠の花

鹿の行きしあと新しき山を下りて渓川のべの秋海棠の花

杉むらのあはひ洩る日のほがらかに秋海棠の花露にぬれたり

ちぢみ笹りやうめん羊歯の茂る渓の露に匂へる秋海棠の花

河鹿なく声はいづらやおもむろに秋海棠の花川にうつり見ゆ

秋海棠うつりて匂ふ谷川の水ふみてゆく心ひそけさ

踏みのぼる谷川の水のひやひやと耳にしみつつ蜩のもろ声

渓ふかみ秋海棠の花匂ふ見つつ七日相見ぬ人のかなしき

天の原清澄の山のおきつ谷世にこもりたる秋海棠の花

夾竹桃

七月三十日、左千夫忌

このあした涼しきほどにおり立ちて門にさ庭に水うちにけり

真夏日の左千夫の忌日（きにち）朝はやく室かたづけてひとり坐れり

すばらしき今年の暑さこころよく汗ながしつつ朝の飯食む

暑き日のけふの忌日（きにち）のひる過ぎて一夕立（ひとゆふだち）や降りきたるらし

降りしきる夕立の音を聞きゐたりなほすこやけき吾れにあらなくに

一雨（ひとあめ）のゆふだち霽れて家いづる心すがすがしみ墓にまゐる

夕立にぬれわたりたる道の上に青桐の花散りこぼれつつ

亀井戸のわが師の墓に詣で来て逢ふ人もなし今日の忌日（きにち）に

夕ぐれて軒並くらしひむがしに峯雲たかく黄にかがやけり

墓地かげの夾竹桃の花の色のくれなゐ黒く夕ぐれにけり

あひともに裸になりて語りつつ森鷗外にはがき書きしか

ゆくものは逝きてしづけしこの夕べ　土用蜆の汁すひにけり

箱根山

大正十五年八月、増上寺主催の「山の上のつどひ」の中にありて

うつし身をいたはり馴れて山寺のかたき蒲団（ふとん）の寂しかりけり

よひよひの低き枕におのづからよく眠りけり山のみ寺に

いちやうに早く起きいでてこの山のつめたき水に顔あらふかも

山の上の心すこやかに朝な朝な井の水くみてからだを拭(ぬぐ)ふ

箱根山み山もさやに繁(し)み生ふる笹の葉の上に朝の露みてり

山の上に相いそしみてととのふる日日(ひび)の食事(しよくじ)のいつもうましも

やや暑き山の日ざかりの心よく大き西瓜(すゐくわ)をわりにけるかも

おのづから静けくもあるか日もすがら日ぐらしの声うぐひすの声

山の上のみ寺にあれば天の川よひよひ清くあきらかに見ゆ

夕おそくのぼりきたりて箱根山みづうみのべに天幕(てんと)張る人

宵闇の旧街道(きうかいだう)をわがくれば天の川白し蘆(あし)の湖(うみ)の上に

夕餉(ゆふげ)終(を)へて散歩(さんぽ)にいづれば寺の爺(ぢぢ)提灯(ちやうちん)もちてゆけといひけり

杉並木暗き旧道(きうだう)行き行きて新道(しんだう)を帰る宵ふけにつつ

幾人(いくたり)か目ざめゐるらしあかつき深く降りいでし雨の音のしづけさ

箱根路の山のみ寺にあひともに心すずしく七日すぐしつ

八月四日、箱根鞍掛山に登る

まなつ日はあかくい照れり水涸れて底あらはなる山の大池

山なかに水ひからびし大き池燕ひとつ来て飛び去りにけり

水涸れしこの山なかの池の底藻草乾付(ひつ)きて青きさびしさ

風さやに山の笹原さやげどもこの大池に水あらずけり

水涸れて池の底あかし駕ひとつ峠を越えて来りけるかも

山なかに通りすがへど駕にして越えゆく人は眠りゐるらし

わが命つひに短しとおもひつつこの山みちに汗ふきにけり
すこやけく先に行きたる女たち遥かなるかも青山の上に
こころよき汗とし云はむ青山のいただき近くなりにけるかも
照りぐはし青笹原をひたすらに吹き上げ来る山の上の風
のぼり来し山のいただきの草生にはしづけく咲けり薄雪草の花
病みつつも山に登れる悦びのかなしきかもよ薄雪草の花
山の上に真昼日あびつつ吾れいまだ病める身なりと思ふしづけさ
風さやぐ向つ山原たかだかに草を積みたる馬くだるなり
昼深み真木の茂みの中つ枝になく駒鳥の姿を見たり

村の道

昭和二年（四十二歳）

ふるさとの妹（いもうと）の子がけふこよひ嫁（とつ）ぐといへばわれは来にけり
この村の耕地整理のよくすみていもとの家まで道ますぐなり
しんじつに農事（のうじ）を好みてよく働くこのわが姪は早も嫁ぐかも
おり立ちて家のまはりをわれは見つ垣根の桃は咲きそめにけり
ひがし南に家居ひらけたり貧しけどすこやかにしてここに暮らせる
よき牛を二つ持ちゐるおとうととわれは語れり厩に立ちゐて
よそほひのなりて出で立つわが姪をよき嫁なりとわれは思ふも
宵ながら道にいで立ち村人ら嫁をし見るらし提灯（ともしび）のかげに
おぼろ夜の村の長みち嫁入のむれにまじりてわが歩みゆく

この道を昼ま行きつつわが姪のゆふべ嫁げる家を見にけり

病床雑詠

ものいへばわれは咳くなりをさな子の吾児が呼ぶにもいらへかねつも
ほがらかにをさなき吾児が笑ふなべ笑はむとすれば咳いでむとす
冬の夜はまよなかならむ目ざむればやがて咳いでてとどまらなくに
たづね来む人たれならむわが室に深くさしたる冬の日のかげ
耕平と角力の話をせしことを今病みてゐておもひ出でつも
鳳（おほとり）のあざやけき勝をよろこびて角力がたりにふけりけらしも
わかわかし栃木大錦出で来つつ太刀山いまだ敗れざりしも

病床懐郷賦

まぐさ刈る長狭細野（ながさほその）の草山のぼさのかげにて木苺食ふべし

ひむがしの長狭細野の伝右衛門（でんゑむ）の古き厩に牛も馬もなし

わが齢（よはひ）十五にならばよき馬を家に飼はむといひにし父はも

蜜柑畑の雑草がなかにこんにやくいも茎ほそぼそと立てるさびしさ

牛馬（ぎうば）居らぬ大き厩の片すみに豚の子ひとつ飼ひにけるかも

藁しぶに深くもぐれり豚の子の一匹にしてさびしかるらし

病床春光録

三月六日、留吉、徳壽、長次郎相次で来る

あざやけき春の日和なり枕べに訪ひ来る人らみな汗ばめり

青山どほり歩き来しとてすがやかに汗ふく人を見るがともしさ

室の障子あけてもらひて春日さす高き梢をわれは見にけり

床の上に吾れ起きてあらむ三月のま昼の風の吹き入るものを

三月十一日、起きて家の中を歩く

えんがはにわが立ち見れば三月の光あかるく木木ぞうごける

麻布台とほき木立のあたりにはつばさ光りて鳶の翔れる

春日てる前の通りのしめり道あゆみ行く人の影のさやけく

病よりわが起きしかば春のまひるの土に身をする鶏を見にけり

三月二十三日

さしなみのとなりの家の早起の音にくからぬ春の朝なり

ま昼どき畳のうへにほうほうと猫の抜毛の白く飛びつつ

三月三十一日、八十幾日ぶりにて外に出づ

みなぎらふ光のなかに土ふみてわが歩み来ればわが子らみな来つ

幾足かわが歩みけむ持ちて来つる瓶の水を飲みにけるかも

この墓地に今咲く花のくさぐさを子らは折り来ぬわが休み居れば

墓原に咲けるれんげう木瓜（ぼけ）つばきしきみの花も見るべかりけり

わが子らとかくて今日歩む垣根みちぺんぺん草の花さきにけり

○

雷　雨（絶詠）

雹まじり苗代小田にふる雨のゆゆしくいたく郷土（くに）をし思ほゆ

雷雨すぎて街のこひしきに山の手の若葉がうへに月押してれり

○

七月二十日（遺稿）

空気のよき海べをよしと思へどもゆきえざるらしまづしくて病めば

いとまあるわれと思へや起きあがりていにしへ人の碁をならべ居り

われひとりいにしへ人の碁をならべつつ石の音こそうれしかりけれ

かみなりのとどろなるなべ わがそばに寄りくる子らやわれはやめるに

書簡に添えられた短歌

（明治三十七年以降）

明治三十七年

安川文時へ、一月三十一日。

あや絹の霞のとばり引たれて布じの姫神朝いすらしも　（吉尾村より木更津へ）

とことはにかくて二人の若からむ天に星あり地に花あり

湖の面を白帆むしろ帆ゆく見えてかへり見すれば遠山かすむ

山吹の匂へる妹を見てしよりこの里のものなべてなつかし

同じ世に同じこの村にいかなれば生れあひけむ神うらめしも

耳とめてきく人もなし詩の野の広野の冥闇（やみ）に小さき小さきこゑ

ところどころつつじ花さく平山の小松がうれに頬白さへづる

君が為根芥をつむと山沢の雪消の水に袂ぬらしぬ

安川文時へ（月日未詳）

冬休み君に逢はむとおもへれば暮行く年もをしからぬかな
我が大人のいますともへば目に見ねど夢にし見えけり木更津の里

明治三十八年

漢人幸政へ、六月二十四日。

大君の御楯とならむ大丈夫ぞおほにはするな我子なりとも

安川文時へ（月日未詳）

歌人のちかめの眼鏡曇りふき見えのさやけき秋は来にけり

明治三十九年

漢人幸政へ、一月三十日。

神にいのるひまもなくして我君の逝けりときくをいかにしてまし

いさましき君がみ姿君がみ声耳に目にありいつか忘れむ

雲井なる神のみくらに神の子と遊ぶ折にも父母や恋ふらむ

安川文時へ、八月六日。

学び舎ゆやがて帰らむ子らがため裏の清水に瓜冷やしおく

もののふの矢筈が岳に入日さし声遠くなく山ほととぎす

里川の堤のすすきむら薄そよらにそよぐ秋近き風に

暁にうすら寒けくをぶすまをひきかかぶりぬ秋たつらむか

夏痩のいたくやせたる鬚の毛に朝風そよぎ秋は来にけり

ここだくに西瓜を喰ひて寝たる夜の腹の冷えより秋は立つらし

明治四十一年

漢人幸政へ、一月二十日。

清澄に初日を見むと只一人山坂のぼる寒き月夜に

杉村の八重の小衾かかぶりて霜夜いねたる清澄の山

八千戈の千戈神杉そそりたつ清澄山は大丈夫の山

杉村を烏なきたちなきたちて年の初日は今いでむとす

千五百羽の烏なき渡り初日いでて太古に似たり山の上の春

安川文時へ、十一月十日。（観潮楼歌会題詠）

追風に青潮走る船の帆の張りたる心男子は持つべし（題、張る）（東京より千葉へ）

向つ尾の杉の木ぬれを吹きし風庭草の花に落ちてそよげり（題、落）

夕ぐれや吾れとしもなく疲れたるむくろむくろら只急ぎゆく（題、疲れ）

大正二年

中村憲吉へ、八月二十六日。

鳳仙花赤き花こそ散りにしかなほおほよそに遠く恋ひ居り（東京より備後布野村へ）

あひ見ねばかなしきものを汝が心をひとり占むべくも思ひけるかな

大正四年

北原白秋へ、十一月十一日。

こんげつのあるすはいまだ出でぬかもあるす出でねば寂しきものを

大正五年

北原白秋へ、四月十六日。

宿の子を二人ともなひ夜の寺に花見に来つれ旅のかたみに（九州より）

大正七年

半田良平へ、三月十八日。

けならべてかしふあむことのくるしきにていこがかぎをけふよみにけりひといきにして
ひさしきゆわがよままくとおもひゐつるていこがかぎをいまよみにけりおもしろくして

大正九年

石渡成樹へ、一月一日。

たまきはるいのちみじかくたふとかりかならず酒をわれつつしまむ

原阿佐緒へ、九月二十四日。

あきかぜははだへつめたくなりにけりもはらからだをたいせつにせよ
（東京より宮城県宮床村へ）

あきもややよさむになりぬねもごろにうまいよくせよよふかすなゆめ

原阿佐緒へ、十一月二十二日。

野の岡の赤土の崖ひややかにかげれる色を親しみ歩む　（千葉県布佐より東京へ）

夕づく日かげろふ沼にゐる小舟二つならびてうごくともせず

この丘のみちはつきたり来し方に歩みをかへすわれならなくに

三ケ島葭子、原阿佐緒へ、十一月二十三日。

こゑあげてここだ笑はばみちはれる腹すくらむに一人にてあはれ　（千葉県布佐より東京へ）

たわやめのよし子あさをらかぜひけば怒りあはぬにはらすかずあはれ

原阿佐緒へ、十二月十日。

別れ来て夜いたくおそし街かげの氷れる雪をふみつつ帰る

原阿佐緒へ、十二月十三日。

年久にたえにしひとにしばしばもいまはあひ見ぬ嘆きはやめむ

三ケ島葭子へ、十二月。

いつもいつもおたづねすれば夜をふかし申訳なくありがたきかも

秋霜にさびたる花の吾亦紅つつましくしてなつかしきかも

大正十一年

原阿佐緒へ、一月十四日。

あたたかき片瀬の浜にひと夜寝て今日もひねもす寝てくらしたり（片瀬より東京へ）

おりたちて清き砂浜踏みもせず島にもゆかずこたつに寝てをり

大正十二年

三ケ島葭子へ、一月一日。

真ごころをよし子がうへにかならずやさきはひのよき年にしあるべし

辻村直へ、一月三日。

新玉の年のはじめに思ふどちあひあつまりてのみたきものを

島木赤彦へ、十月十七日。

空はれて朝日いづらし島島の紅葉あかるくてりわたりたり　（北海道大沼より信濃高木へ）

大正十三年

今井邦子へ、五月十二日。

そそりたつ欅の若葉かがやかにひとすぢの道を人の行くかも（今井健彦氏の衆議院議員当選を祝ひて）

鈴木杏村へ、十月二十四日。

ふるさとの秋も寒くぞなりにける病を持ちて起き臥すわれは（吉尾村より東京へ）

けふもかも秋雨寒しあかあかと炉の火をたきて栗焼くわれは

鈴木杏村へ、十一月十日。

雨のため君に見せざりし牧場をけふの秋晴に見つつかなしも（吉尾村より東京へ）

大正十四年

佐藤量平へ、十一月二十三日。

上つ毛の南牧川の鳴る音のつねにさやけくいます君かも（上州磐戸村にて）

大正十五年（昭和元年）

橋本徳壽へ、一月一日。

この家のまへをながるる川水の光さわやかに朝あけにけり（御題河水清）

石渡成樹へ、一月一日。

歌の道に君もひたすらにすすみたりわれもすこやかにうれし今年は（東京より千葉県大貫町へ）

安田稔郎へ、一月一日。

この年はすこやかにあらむおきいでて初日の光身にあびにけり（東京より吉尾村へ）

鎌田敬止へ、二月八日。

病床憶聖歌

いまゆのち酒すごさじと誓(うけ)ひつつ酒おもほゆるこの夜ごろかも

酒やめてながきいのちをほりせむとおもへるわれにありもせなくに

ねもごろに一つき二杯のままくはおもほゆるかもその酒の味

な飲みそとのまねば痩せつすくなくもわれにかなへる珍(うづ)のうま酒天の豊み酒

たりらりら心足らはし思ふどちあくまでのみし昔なるらし

あなにやし玉のさかづきとりもちて口にふるらくそのたまゆらを

春はやきわがふるさとの梅の花の心ひらきてのむべかりけり

天地に思ひたらはし飲むべくはひとたびにしてまさに五百杯(いほつき)

石渡成樹へ、三月三十一日。

うつし身の吾をめぐりてたたなづく五百重山に春日きらへり　（吉尾村より大貫町へ）

大熊長次郎へ、三月三十一日。

馬追ひて遊びし牧場は杉檜うつくしくして生ひ茂りたり　（吉尾村より東京へ）

石塚栄之助へ、三月三十一日。

春日てるわがふるさとの五百重山すこやかにして今日見つるかも　（吉尾村より東京へ）

橋本德壽へ、四月八日。

ふるさとにわがつみとりて擣きて来しよもぎもちひはなくなりにけり

二つ山三角標のもとに咲くすみれの花をわれつまざらむ

新しく砂をしきたる村の道この春雨にぬれにけるかも

大熊長次郎へ、四月十二日。

わがたのむ大熊長次郎歌よまず今年の春もやがて過ぎむを

大熊長次郎へ、四月二十八日。

わがやまひいまだいえぬらしみちたぎちながるる水をみればかなしも　（犬山より東京へ）

長沢美津へ、四月二十八日。

わがやまひいまだいえぬらしみちたぎち流るる水をながめけるかも　（犬山より金沢へ）

鈴木杏村へ、四月二十八日。

木曽川はみちたぎちたりきしのへのしづけき水を見つつかなしも　（犬山より東京へ）

橋本徳壽へ、四月二十八日。

にひみどりわか葉がうへにたかだかに犬山の城まさやけく見ゆ　（犬山より東京へ）

前田夕暮へ、五月一日。

牧水は朝酒三本すでにのみぬ山いたどりの塩漬かみて　（伊豆湯ケ島より東京へ）

北原白秋へ、五月一日。

まむかひに箱根草山ながめつつ松の花ちる湯にひたりをり　（伊豆湯ケ島より東京へ）

大熊長次郎へ、七月一日。

つゆの雨しづかにふりて夜ふけたり鈴木杏村と語りつつゐる　（青山より）

三ケ島葭子へ、七月十八日。

わが妻が瓶にさしたる紫陽花の大きまり花歌によまれざりき

橋本徳壽へ、七月二十五日。

このたびは北の海べの宿をよみのみもしらみも蚊も居らざらむ　（東京より北海道稚内へ）

橋本德壽へ、七月三十日。

草花をもとむるひまもなかりけり夕ぐれおそくみ墓べに来し（左千夫墓参　東京より北海道稚内へ）

水町京子へ、七月三十日。

暑き日の夕かたまけて亀井戸のみ墓のもとにわれらまゐりし（左千夫墓参）

北見志保子へ、七月三十日。

夕つかたみ墓のもとに立ちにしが帰り来ればさよふけにけり（左千夫墓参）

水町京子へ、八月九日。

はこ根路の山のみ寺にあひともに心すずしく七日すぐしつ（箱根の「山上のつどひ」より帰りて）

北見志保子へ、八月九日。

よひよひの低きまくらにおのづからよく眠りけりやめるわれさへ（同上）

水町京子へ、八月十二日。

杉並木くらき旧道ゆきゆきて新道を帰る宵ふけにつつ（同上）

箱根山百日紅のむら立の幹うつくしく夕ばえにけり

安田稔郎へ、十月二日。

久方の三月四月を君が歌日光に見ねばわれ恋ひにけり（東京より吉尾村へ）

日光の十一月号に新しき君が歌をし待ちつつぞゐる

橋本德壽へ、十月二日。

秋もやや夜寒になりぬ北の海の波の音ききつつ妻こふらむか（東京より室蘭へ）

日光の十一月号にふるひたち新しき歌大に送れ

橋本德壽へ、十月二日。

秋の夜はながくなりたる旅衣やうやく寒くおもほゆべしも　（東京より室蘭へ）

ひしこうりのこゑきくなべに朝夕に秋あぢくひし旅をし思ほゆ

石渡成樹へ、十月二日。

秋晴の日和となれり上ふさの成樹が歌しおもほゆるかも

君が歌一月なければものさびし十一月号に大に奮へ

北見志保子へ、十月十八日。

君が来ば御馳走あまたもてこんといふにいよいよ君来ぬが惜しも　（奥多摩吟行より）

橋本德壽へ、十月十八日。

奥多摩の清き流れを見つつゆけば君と遊ばむ心しきりなり　（東京より室蘭へ）

増田留吉へ、十月十八日。

あるき来てのどかわきたりあま酒屋のあるじ留吉を思ひつつゆく（奥多摩吟行）

米本恒吉へ、十月十八日。

八王子は雨かもふらむ我等来し奥多摩川の今日の秋よろし（奥多摩吟行）

大熊長次郎へ、十一月二十八日。

たかだかにせんだんの実の黄にてりてけふの夕日のしづけかりけり（吉尾村より東京へ）

北見志保子へ、十一月三十日。

柚の酢のにほひよろしき秋刀魚鮨うましうましとわがはみにけり（吉尾村より東京へ）

大熊長次郎へ、十二月五日。

牛をらぬ大きうまやの片すみにぶたの子ひとつ飼ひにけるかも（吉尾村にかへりて）

あかあかとうみしづくしをもぎきたりぶたの子どもにわがやりにけり

酒井龍輔へ、十二月十二日。

君が歌毎月あまりに少ければよしと思ふ時も物足らなくに

うたごころいきいきとしてうごきなば時に五十首百首よむべかり

水町京子へ、十二月二十六日。

よのなかはしづけかりけりひるたけて遠ひよどりのなくこゑきけば

三ケ島葭子へ、十二月二十七日。

おりたちて土も踏まねばわが室にあたる日かげのたふとかりけり

大熊長次郎へ、十二月二十九日。

ふゆのよはまよなかならむめさむればすなはち咳きてとどまらなくに

おこたりてわれはありけりわがのちにうたよむともらおこたるなゆめ

三ケ島葭子へ（大正十五年か）

雪どけのしづくの音のたえまなく心おちゐずこもりてをれば

昭和二年

橋本徳壽へ、一月十六日。

カゼニカモキミガカカレルマガナシキツマカモヤメルヒサニミエヌハ

東京ニキミガヲル日ノスクナケレバシバラクミネバワレコヒニケリ

麻雀ニアソビフケルカカゼヒキテワレハコモリヰヒトコヒニケリ

水町京子へ、一月三十日。

枕べのふりじやの花日ごと日ごとつぼみひらきて花多くなりぬ

水町京子へ、三月八日。

君がたびし信濃のみその味をよみわけぎのすみそ今宵うましも

朝朝の味噌汁うまくたうべつつ力づきゆくわれをし思ふも

かくしつつ十日すぎなば春日あび土ふむべくもよくならむ我は

大熊長次郎へ、三月十二日。

縁がはにわがたち見れば三月のひかりあかるく木木ぞゆらげる

むかつへのやしきの森にきらきらととぶ鳥見れば春たけにけり

北見志保子へ、三月十三日。

ふりしきるこの大雪にむかつへの高き木ぬれのうごきつつ白し

水町京子へ、三月十三日。

ふりしきる春の大雪おもしろと起きてながめむわが身ならぬに

年譜

橋本德壽作成

明治十九年（一八八六）一歳
　九月二十六日、千葉県安房郡吉尾村（現長狭町）細野六九三番地に生れた。父彌市三十歳（彌市は安房郡平群村の池田氏から入つた）母きく十九歳の長男。幾太郎と命名、家業は中位の自作農。
　この年落合直文二十六歳。伊藤左千夫二十三歳。正岡子規二十歳。佐佐木信綱十五歳。与謝野鉄幹十四歳。島木赤彦、尾上柴舟、金子薫園、太田水穂十一歳。岡麓、窪田空穂十歳。与謝野晶子九歳、石原純六歳。斎藤茂吉、川田順五歳。前田夕暮、三井甲之四歳。吉植庄亮三歳。北原白秋、若山牧水、土岐善麿、石川啄木二歳。またこの年に吉井勇、木下利玄、橋田東聲、三ケ島葭子等が生れた。

明治二十年（一八八七）二歳
　釈迢空、半田良平等が生れた。

明治二十二年（一八八九）四歳
　中村憲吉、尾山篤二郎、松村英一等が生れた。

明治二十三年（一八九〇）五歳
　妹のぶが生れ、土屋文明が生れた。

明治二十五年（一八九二）七歳
　吉尾村小学校に入学した。

明治二十六年（一八九三）八歳
　弟直次郎が生れた。

明治二十八年（一八九五）十歳
　父から四書の素読を受け、また附近の漢学塾へも通つた。小学校では各学科ともによく出来、殊に算術は得意だつた。

明治三十年（一八九七）十二歳
　この頃前後から十四、五歳まで、自家の百姓仕事をよく手伝ひ、牛の世話などもよくした。自ら模範児童だと信じてゐた。

明治三十一年（一八九八）十三歳

雑誌「小国民」へ投書して、初めて「観桜の記」が活字にされた。

一月から三月にわたり、新聞「日本」に竹の里人の「歌よみに与ふる書」が連載された。二月「心の花」が創刊された。

明治三十二年（一八九九）十四歳

心の花を読み、またこの頃から萬朝報の歌壇へ投書を始めた。当時の選者は小出粲、海上胤平であった。胤平の『十四家集』を全部筆写した。三月に岡麓（二十三歳）が正岡子規（三十三歳）に入門した。

明治三十三年（一九〇〇）十五歳

吉尾村高等小学校を卒業し、直ちに母校の代用教員に採用された。師範学校入学の希望があつたが果たされなかつた。この年の作歌に「夕されば庭の木立に鳴きし蟬向うの丘にうつりてぞ鳴く」がある。

新聞「日本」に正岡子規が募集歌を掲げはじめた。九月頃子規と鉄幹との論戦が盛んにあつた。例の「鉄幹是なれば子規非なり、子規是なれば鉄幹非なり」の論戦だ。

一月三日に伊藤左千夫が、三月に長塚節が子規に入門した。時に左千夫三十七歳、節二十歳、子規三十四歳。

四月第一期「明星」が創刊された。

明治三十四年（一九〇一）十六歳

四月千葉町の教員講習所に入所して十月に卒業した。小学校准訓導の資格を得た。

一月子規の「墨汁一滴」が「日本」に出た。

三月左千夫の「新歌論」が心の花に出た。七月子規が平賀元義を世に紹介した。

明治三十五年（一九〇二）十七歳

二月安房郡田原村の竹平校に奉織して、生家から朝夕往復六十町ばかりの道を通つた。月給は七円、校長は理解のある漢人幸政であつた。萬朝報（選者粲、胤平）、心の花（選者信綱、粲）、日本などに作歌を投じた。この頃頻に万集代匠記や万葉集古義などを読んだ。

左千夫が心の花に「短歌の連作」を論じた。

九月十九日に子規が三十六歳で死んだ。

明治三十六年（一九〇三）十八歳

心の花（選者信綱、千亦）への投稿歌に力を注いだが、この頃から愈々根岸派の歌風に親しんで行つた。この頃の交遊は漢人幸政と同村の先輩で木更津中学校教師の安川文時らであるが、この両人からは相当に影響を受けた。

十二月に落合直文が四十三歳で死んだ。

この年に柿の村人（島木赤彦）（二十八歳）が左千夫（四十歳）に入門した。

一月柿の村人らの比牟呂が創刊され、二月には鵜川が、六月には左千夫らの馬酔木が東京から創刊されたが、歌壇は正に新詩社の詠風に風靡されんとする勢にあつた。

明治三十七年（一九〇四）十九歳

妹三千代が生れた。八月馬酔木十三号に古泉沽哉の名で「耕余漫吟」二十首を投じ、左千夫に十二首選ばれて激賞を受けた。後年の自選歌集『川のほとり』の巻頭歌「みんなみの嶺岡山の焼くる火のこよひも赤く見えにけるかも」はこの年に作られたものとされてゐる。

この年に石原純（二十四歳）が左千夫（四十一歳）に入門した。

作歌は心の花三五首、比牟呂七首、鵜川八首、馬酔木一六首発表された。

明治三十八年（一九〇五）二十歳

新詩社の歌風は愈々流行し、根岸派の歌は未だ歌壇から黙殺されてゐた。

二月の馬酔木第二巻一号にはじめて「千樫」の号を用ひたやうだ。これは安川文時が本名幾太郎の

「幾（ちかし）」からつけたのだ。これ以前は東村、幽哉、一掬、翠陰、沽哉などを用ひてゐた。

作歌は心の花四九首、馬酔木二九首。

明治三十九年（一九〇六）二十一歳

徴兵検査を受けたが、近視眼のために兵役免除となつた。

この年に斎藤茂吉（二十五歳）が左千夫（四十三歳）に入門した。

作歌は心の花一〇首、馬酔木一〇首。文章は心の花に「秋海棠」を書いた。『川のほとり』には三十七年から三十九年までの作品として「山焼」五首、「折にふれて」八首、「朝露」二首、「行く春」八首が収録された。

明治四十年（一九〇七）二十二歳

五月十二日海路上京して本所茅場町無一塵庵に、師伊藤左千夫を初めて訪ねた。左千夫宅にずつと泊めて貰ひ、十六日の早朝帰路についた。乗船する前に越前堀の帝国水難救済会に心の花の選者石榑千亦を訪ねて、上京しての就職口をたのんだ。この無一塵庵滞在中に、長塚節（二十九歳）、蕨真（三十二歳）、石原純（二十七歳）、斎藤茂吉（二十六歳）、平福百穂（三十一歳）等と会ひ識つた。この年左千夫は四十四歳であつた。

七月から日本新聞歌壇の選者が左千夫となつて千樫は盛んに投稿した。

作歌は心の花一五首、日本三四首で『川のほとり』には、「左千夫先生に見ゆ」五首、「椎の若葉」二首、「虫声」五首が収められた。

この年に中村憲吉（十九歳）が左千夫（四十四歳）に入門した。

明治四十一年（一九〇八）二十三歳

上京の念止み難く、四月に小学校を辞職した。五月二十二日に師左千夫に手紙を書き、五月三十一日旧端午の節句に海路上京し、本所区緑町三ノ三二滝沢といふ家の二階の一室を借りた。三円の間代の半分を左千夫が補助してくれた。郷里での相思の人も（後に夫人となる）あとを追うて上京した。千樫はよく左千夫の家に出かけて、草取をしたり雑用を手伝つたりした。そこで岡麓（三十二歳）を識つた。

一月馬酔木は四巻三号で終刊し、比牟呂が再刊され、二月に三井甲之らのアカネが創刊され、九月には蕨真の手によつて下総からアララギが創刊された。

十月左千夫に随つて信濃に行き、富士見高原や諏訪湖に遊び蓼科山の巌温泉に行つた。そこで島木赤彦（三十三歳）、篠原志都児（二十八歳）に会つた。

十月の末に石榑千亦の斡旋で帝国水難救済会に職を得た。千亦の部下として救難課の事務員となつた。

十月左千夫に随つて森鷗外宅の観潮楼歌会に初めて出席し、其後も屢々出席した。

作歌は心の花二三首、日本四六首、国歌一二首、アカネ五首、アララギ二五首で他に新体詩が三篇ある。文章は心の花に「最近十年間に於ける歌界の概観」「『玉琴』をよみて」、国歌に「漫言」、アララギに「子規先生七周忌歌会記」を書いた。千樫没後門人の編輯による歌集『屋上の土』にはこの年の作として、「郷を出づる歌」一九首、「鉄橋」八首、「煙塵」一四首、「屋根の草」一一首、「無一塵庵」五首、「秋暁」五首、「信濃行」一九首、「秋海棠」二首、「雑歌」五首、「雑詠」五首を収めた。

明治四十二年（一九〇九）二十四歳

茨城県の人山下政恒三女喜代子（三十四歳）と結婚した。「煙塵」一連中の「君」である。

この年土屋文明（十九歳）が左千夫（四十六歳）に入門し、四月に千樫は初めて会つた。また中村憲吉（二十一歳）と識つたのもこの年である。

八月蕨真と共に信濃に旅行して赤彦や堀内卓らと木崎湖から青木湖に遊び、帰途は信濃の御嶽に遊んだ。

文壇は自然主義の作風が主流をなし、千樫はその理論や作風に傾倒した。

九月にアララギ発行所は東京に移り、左千夫の手によつて発行され、千樫は茂吉とともに編輯を手伝つた。

作品はアララギに一三三首発表した。『屋上の土』には「寒夜」五首、「畑打」五首、「海辺の夕暮」八首、「帰省」八首、「夕棚雲」五首を収めた。「夕棚雲」の一連は仲間で評判になつた。

明治四十三年（一九一〇）二十五歳

この頃から師左千夫（四十七歳）と若い門人たちとの作歌方向が必ずしも同一歩調には行かなくなつた。門人達は各自新しい方向へと歩みつつ、それは結果に於て根岸派の歌風を新しくしまた深めて行つたことになつた。

この年に釈迢空（二十四歳）が始めて根岸短歌会に出席した。

作歌はアララギに四四首発表し、文章はアララギに「慨嘆すべき歌壇」、「短歌研究同人歌合評」で左千夫、純などと共に合評した。また牧水の『別離』を合評した。『屋上の土』には「合歓の花」八首、「土」五首、「夕影」五首、「祭のあと」五首、「雨の道」八首、「雑歌」八首を収めた。

明治四十四年（一九一一）二十六歳

一月弟直次郎が上京して同居した。

四月長女葉子が生れた。

春、香取鹿島に旅行した。アララギに全力を注ぎ、左千夫を助けて茂吉と共に編輯にたづさはつた。

作歌はアララギに一三一首発表した。文章はアララギに「同人歌合評」「二人語」（茂吉と）「余録」「笠女郎の歌」等を書いた。『屋上の土』には「曇り日」五首、「森」五首、「春来る」五首、「水郷の春」三二首、「五月靄」五首、「睡蓮」五首、「白帆」八首、「雑歌」一一首を収めた。

明治四十五年（大正元年）（一九一二）二十七歳

当時島木赤彦はまだ上京してゐないが、書信の往復をして歌を批評し合つた。この頃アララギの歌は世間から大分認められるやうになつた。後年千樫は『歌を作るに最も苦しんだ時であつた』と書いたがそれは四十一年から四十五年頃までの期間を指したのであつた。

七月に富士山に登つた。計五十二首の富士山詠を次々と発表した。

七月三十日明治天皇崩御したまひ、大正と改元された。

十月に京都奈良地方に旅行した。

四月十三日に石川啄木が二十七歳で死んだ。

作歌はアララギに九八首発表した。文章はアララギに「大河端の夜」「無題」「新年の歌壇」「最近の歌壇」「六月の歌壇」「七月の歌壇」「八九月の歌壇」「記紀短歌小解」「陰影に就て」等を書いた。頻りに歌壇評をしたことは、アララギが一般歌壇との接触面を広く深くして行つたことを語つてゐる。『屋上の土』には、「けむり」一一首、「春寒」八首、「南の山」五首、「梅雨晴」五首、「夕立の前」八首、「晩夏」五首、「富士行」三五首、「奈良」一〇首を収めた。

大正二年（一九一三）二十八歳

六月に本所区緑町三ノ三二滝沢方の二階から緑町三ノ二〇石井方に移り、暫時にして更に本所区南二葉町二三に転居した。アララギ発行所は左千夫方から、この千樫方に移つた。

七月三十日に、師左千夫が亀井戸の牛舎のある家で五十歳で死んだ。脳溢血の急逝であつた為に、千樫は緑町の自宅にゐて臨終に間にあはず、茂吉は信濃上諏訪に、赤彦は信濃高木村に、憲吉は備後布野村に、文明は早稲田南町にと、おのおの遠くゐて、共に師の死に目にあへなかつた。師の急死に門人一同愕然とすると共に、やがて大いに感動して奮ひ立つた。

「アララギ叢書」第一編『馬鈴薯の花』（赤彦、憲吉合著）が六月に、第二編『赤光』（茂吉著）が十月に出た。共に東雲堂からの出版で千樫はいろいろとその世話をした。第三編『屋上の土』の準備に千樫はかかり、広告が出はじめた。

十一月号のアララギは全部をあげて左千夫追悼号

とした。

十月に松倉米吉（十九歳）が千樫に入門した。アララギ会員であり当時の職業は洗濯屋、金属挽物職などであつた。

十月に次女條子が生れた。

この年千樫は五月頃川蒸汽船で銚子に行き、八月に茂吉と逗子に行き、八月に再び富士登山をして身延山御嶽に遊んだ。

この頃から歌壇の諸氏との交遊が次第に広くなり前田夕暮、若山牧水、尾山篤二郎、北原白秋らとも交りはじめた。

作歌はアララギに五〇首、創作の自選歌号に一六首発表した。文章はアララギに「『死か芸術か』評」「『新月』評」「『桐の花』を読む」「最近の歌壇」を書き、詩歌に「短歌雑感」を書いた。『屋上の土』には「一夜」一一首、「雪」五首、「深夜」八首、「蜩」五首、「あらしの後」二首、「瘋癲院」八首、「灰燼」一八首を収めた。「灰燼」中の「燭影」一連の詠風は千樫の作品を語る上に於て重要な面である。

大正三年（一九一四）二十九歳

一月次女條子（去年十月生）が死んだ。千樫は柩を抱いて船便で郷里に帰つた。

三月、アララギ発行所が千樫方から青山南町の茂吉方に移つた。何うも千樫は編輯発行などといふ仕事に対して事務的にてきぱきといかなかつた。四月には赤彦が諏訪郡視学を辞めて上京し、アララギ編輯発行の陣営が強化された。千樫は作歌にも研究にも愈々張切り、茂吉、赤彦、憲吉等と共に「万葉集短歌輪講」を六月からアララギに連載しはじめた。

この頃憲吉は深川公園内の下宿にゐた関係から、千樫の勤め先の水難救済会の宿直室で、千樫と夜を語りふかすことが屢々あつた。

作歌はアララギに一一一首、地上巡礼に八首発表した。文章はアララギに「万葉集短歌輪講」「『生くる日に』雑感」、詩歌に「万葉集相聞歌」を書いた。『屋上の土』には、「柩を抱きて」五七首、「桃の花」七首、「折にふれて」二首、「蜂」二首、「海」一七首、「まひる」一三首、「独り寝」八首を収めた。「独り寝」の一連は「燭影」の一連と向き合つた作品だ。

大正四年（一九一五）三十歳

二月八日に九州大学病院で、長塚節が三十七歳で死んだ。

アララギの名義人は二月から久保田俊彦（島木赤彦）となり、発行所は小石川区白山御殿町一二七に移り、次いで六月赤彦と共に小石川区上富坂町二三いろは館に移つた。

長塚節の遺著『炭焼の娘』が出版され、千樫はいろいろと骨を折つた。

八月に市外青山穏田二四に転居した。これは平福百穂の隣家で、この転居は百穂の厚い友情と見るべきであらう。

十月にアララギの会計整理の為に、百穂、茂吉、赤彦、憲吉等と短冊領布会を起した。

この年の作歌「鷺」の一連は、千樫の作品の基調となつてゐる「写生」を理解する上に重要な作品である。この一連を作るために小石川の伊達家の庭に通つた。

三月に「アララギ叢書」第四篇赤彦著『切火』が出版された。第三篇の『屋上の土』は未刊のままだ。作歌はアララギに六七首、潮音に一二首発表した。文章はアララギに「万葉集短歌輪講」「『切火』合評」を書いた。『屋上の土』には「飛燕」八首、「赤電車」八首、「百日咳」一四首、「鷺」一九首、「梟」一六首、「風」一二首、「材木堀」八首、「郊外」八首、「波の音」一一首、「茂吉に寄す」九首を収めた。

大正五年（一九一六）三十一歳

三月に三女佐代子が生れた。

四月には九州小倉に公務出張した。この年あたりから翌年、翌々年にかけて作歌力愈々旺んであり、また研究にも力を注いだ。昨年出版された土岐哀果の『作者別万葉短歌全集』は誤謬が多いので、千樫はアララギに三回にわたつて「万葉短歌全集に就て」といふ文章を書いてそれを指摘した。これなどは千樫の万葉研究の深さのほんの一端のあらはれに過ぎない。また最新和歌講義録に「古今集新釈」を五回にわたつて連載した。

この春、相坂一郎(二十二歳)が千樫に入門した。当時一郎は早稲田大学理工学部の採鉱冶金科に通つてゐた。

「アララギ叢書」第五篇茂吉著『短歌私鈔』第六篇憲吉著『林泉集』などが続いて出版されたが、第三篇たる『屋上の土』は依然として出版されないでゐる。

十二月九日に夏目漱石が五十歳で死んだ。

作歌はアララギに一三〇首、潮音に二四首発表した。文章は前記のほかにアララギに「万葉集短歌輪講」をつづけ、また「赤彦の歌を評す」を書いた。『屋上の土』には、「朝ゆく道」一一首、「夜に入る前」一一首、「節一周忌」五首、「雨降る」一九首、「淡雪」二首、「山びこ」八首、「島の桃」一〇首、「五月の朝」八首、「紫陽花」八首、「死に行く魚」八首、「鼠」一一首、「あらしの朝」八首、「曼珠沙華」八首、「深夜の川口」一六首、「霜凪」八首を収めた。

大正六年(一九一七)三十二歳

二月に青山穏田から、青山南町六ノ一〇八に移転した。この家に丸十年住んで遂にこの家で死んだ。崖を負うた二軒長屋で、階下は三尺の土間に二畳の玄関に六畳の居間がつづき、二階の八畳が千樫の居間で部屋いつぱいの書籍のなかに寝起きした。上京以来居を移すこと五回に及んだ。

四月に結城筑波に旅行して長塚節の郷家を訪ねた。春陽堂から出版する『長塚節歌集』の用件を帯びたものであつて、七月にはその歌集も「アララギ叢書」第九篇として出版された。

五月には赤彦が雑司ケ谷亀原に移ると共に、アララギ発行所もそこに移つた。

十一月、祖母死去の為に七歳になつた長女葉子を伴うて帰省した。この時の一連が「児を伴ひて」六二首の大作となつた。秀作「牛」の一連もこの年の作だ。牛に対すると千樫の感動は重厚に盛りあがつた。

十二月、斎藤茂吉が長崎医学専門学校教授として赴任した。上京以来最も親しく交つて来た友である。

創刊された珊瑚礁の人々とも交り殊に四海多実三らと親しくなつて行つた。四月「アララギ叢書」第五篇『続短歌私鈔』(茂吉)が出版された。

作歌はアララギに一三九首、近代思潮に一二首、珊瑚礁に三四首発表した。文章はアララギに「万葉集短歌輪講」のほか「茂吉の歌を評す」を書いた。『屋上の土』には、「児を伴ひて」六二首、「犬の声」八首、「転居」八首、「鬼怒川」一七首、「筑波山」一七首、「一日」八首、「朴の花」一四首、「微恙の後」二首、「夕墓原」一四首、「左千夫忌」一首、「百日紅」八首、「梟」八首、「朝」七首、「蟹」八首、「暴風雨の跡」一七首、「牛」六八首を収めた。

大正七年(一九一八)三十三歳

二月、結城岡田村に長塚節の郷家を訪うた。

アララギ発行所は赤彦の移転に従つて五月小石川区関口町一七四に移り、更に八月麹町区下六番町佐佐木方に移つた。

作歌力は愈々旺んでアララギに一九二首といふ最高潮を示した。秀才文壇の歌壇選者ともなつた。

この年は底知れぬ米価暴騰に、日本全国に米屋襲撃事件が起つた。「向日葵」の一連にはこの時代の小市民の声が惨々と響いてゐる。

三月に歌話会が結成されて千樫は、石榑千亦、石井直三郎、太田水穂、橋田東聲、松村英一、前田夕暮、若山牧水、尾山篤二郎等と共に委員となつた。

この頃のアララギは茂吉は長崎に、憲吉は備後に純は仙台に、文明は信濃にと散りぢりになり、東京は赤彦と千樫とだけになつた。

七月に篠原志都兒(三十八歳)が死んだ。

作歌はアララギ一九二首、短歌雑誌七首、中央文学一二首、文章世界二一首、珊瑚礁六六首を発表した。文章はアララギに「万葉集短歌輪講」、文章倶楽部に「花・土地・人」、珊瑚礁に「四海君の歌」また「伊藤左千夫に就て」を短歌雑誌と珊瑚礁とに書いた。
『屋上の土』は前年で編輯が終つてをり、次の歌集（これも没後門人によつて編輯された）『青牛集』には、「病児を持ちて」三三首、「雑歌」五首、「朴の芽」一六首、「春雪集」一〇首、「暮春」七首、「諱窮雑歌」一七首、「茱萸の葉」一四首、「金海鼠」一七首、「蛾」七首、「濠端」八首、「左千夫六周忌歌会歌」二首、「向日葵」一八首、「枇杷山」三〇首、「蟹」八首、「暴風雨」八首、「夾竹桃」二〇首、「十一月一日夜」八首を収めた。

大正八年（一九一九）三十四歳

二月に鎌田敬止と共に雪のなかを上総の鹿野山に登つた。

四月には四国に公務の旅行をした。

六月には田居守夫と伊東に行き、途中小田原に白秋を訪ねた。

七月には亀井戸普門院に左千夫の墓が建ち、アララギは伊藤左千夫号を出した。

七月から八月にかけて公務で小樽、札幌、支笏湖、登別、室蘭、函館とまはり、帰途は平泉の中尊寺を訪ねた。

十一月二十五日、築地の東京市施療病院で松倉米吉が二十五歳で死んだ。見舞に行つてゐた千樫や高田浪吉がちよつと外出した留守の午後二時であつた。

八月「アララギ叢書」第七篇茂吉著の『童馬漫語』が出版された。アララギ同人たちは左千夫全集出版の計画をたてた。

作歌はアララギに八五首、大阪朝日新聞一〇首、行人三三首発表した。文章はアララギに「万葉集短歌輪講」「左千夫著作目録」「左千夫先生」、短歌雑誌に「万葉集を読む人の為に」「正岡子規と長塚節」「万葉調歌人雑話」「夏の旅」「後拾遺集」、抒情文学に「斎藤茂吉君の歌の特色」を書いた。『青牛集』には、「武蔵野」一九首、「同郷迎年」一〇首、「株虹」八首、「雑歌」五首、「鹿野山」三五首、「寒夜」一四首、「この日頃」一四首、「伊豆」一七首、「峠」一一首、「山上雷雨」一一首、「郷心」一一首を収めた。

大正九年（一九二〇）三十五歳

五月十二日父弥市が郷里で六十四歳で急死した。数年来喘息を病んではゐたが丈夫であつた。十二日の午前三時に突然心臓麻痺を起したのだ。千樫はこれを機会に郷里に帰農しようかとも思つたが、その決心はなかなかつかなかつた。

六月、長崎で茂吉が突然喀血した。赤彦は見舞に行つたが千樫は行けなかつた。六月『松倉米吉歌集』が「アララギ叢書」第十二篇として出版され、千樫は長い序文を書いた。六月「アララギ叢者」第八篇『氷魚』（赤彦）が出版された。

九月に左千夫全集第一巻の『左千夫歌集』が「アララギ叢書」第十一篇として出版された。年譜は主として千樫が材料をあつめて、森鷗外が書いた。これを機会に『屋上の土』を出版しようと思ひつつ、なかなか実行に移れないで過ぎた。

十月アララギ発行所は赤彦と共に代々木山谷三一六に移つた。

アララギの仲間原阿佐緒が宮城県から上京して親友の三ケ島葭子宅に寄宿してゐたので、千樫は麻布谷町の家に屢々二人を訪うた。

十一月に手賀沼から印旛沼方面に遊び、時雨にぬれて五里も歩いた。

作歌はアララギ一一六首、行人二二首発表した。文章はアララギに「長塚節の『赤光』評」「万葉集短歌輪講」「松倉米吉とその歌」、短歌雑誌に「長塚節の歌」、短歌と詩に「自己衷心の要求」等を書いた。『青牛集』には、「北海道」四八首、「貧しきどち」一一首、「雑歌」八首、「川口」八首、「湯の煙」一一首、「ある夕」八首、「父を悼む」四六首を収めた。

大正十年（一九二一）三十六歳

一月茂吉著歌集『あらたま』が「アララギ叢書」第十篇として出版された。

この頃千樫の身辺にいろいろの風評が立つて友人達を心配させた。

二月、三ケ島葭子歌集『吾木香』が東雲堂から出版された。

五月、四女玲子が生れた。

五月に三ケ島葭子（三十六歳）が千樫に入門した。葭子は新詩社の有力な歌人であつたが、大正五年アララギに入会、赤彦の薫陶を受けて来たが、石原純と原阿佐緒との恋愛問題に関して、阿佐緒を弁護する文章を発表した為に赤彦から破門されたのであつた。それで千樫に歌をみて貰ふことになつたのだ。

十月、斎藤茂吉が文部省の在外研究員を命ぜられて欧州に旅立つた。千樫は寂しい気持に友を送つた。

作歌はアララギ四七首、行人一一首発表した。文章はアララギに「万葉集短歌輪講」「正岡子規に就て」、短歌雑誌に「子規左千夫の用語論」を書いた。『青牛集』には、「沼」一九首、「故郷」一六首、「印旛沼」一一首、「帰郷」八首、「雑歌」四首を収めた。

大正十一年（一九二二）三十七歳

三月、正岡子規の歌論歌話を編纂して、アルスから『竹里歌話』を出版した。

七月、森鷗外が六十歳で死んだ。

アララギは赤彦が中心となり、その周囲に優秀な門下が集つて、おのづから大きな勢力となりつつあつた。千樫はいつのまにかその円の外に立つやうな感じを受けたのではあるまいか。

九月、安田稔郎（十九歳）が千樫に入門した。稔郎は千樫と同村吉尾村の生れで、そこで製缶工場を経営してゐる。

十一月、松倉米吉の墓碑が建つてその碑名を書いた。三月「アララギ叢書」第十三篇『青杉』（土田耕平）、五月第十四篇『鼕日』（石原純）が出版された。

作歌はアララギの九首だけで『青牛集』には、「久留里城趾に登りて」八首、「歌会の歌」一首を収めた。文章もアララギに「正岡子規に就て」を書いただけだ。

大正十二年（一九二三）三十八歳

三月、かねがね茂吉と協力して蒐めてゐた正岡子規の歌を『竹乃里歌全集』としてアルスから出版した。

五月、白秋、夕暮、篤二郎、東聲等と下総に吉植庄亮を訪うて印旛沼に遊んだ。

梅雨ばれの頃に山形県酒田に出張した。山形県は親友茂吉の生国で、千樫は心にあるはずみを持つて行つた。また、最上川の旧河口に立つて赤い日没を見つつ、芭蕉の「暑き日を海に入れたり最上川」の実感を得た。

九月一日の大震災を、青山の自宅で受けたが一家みな無事だつた。

なほこの年は七月に伊勢、九月に名古屋、十月に北海道に出張し、十一月に再び北海道に行つた。

作歌はアララギ六首（これがアララギ発表の最後となつた）、婦人の友一二首、詩と音楽五四首、橄欖五首発表した。文章はアララギに「竹里歌話に就て」「竹乃里歌全集巻末小言」を書いた。『青牛集』には、「帰省」六首、「出羽」一一首、「雉子」一二首、「沼畔雑歌・二」五四首、「市川の一日」五首、「印旛沼吟行集」六首を収めた。

大正十三年（一九二四）三十九歳

四月に日光が創刊された。北原白秋、千樫、土岐善麿、前田夕暮、石原純、釈迢空、川田順、木下利玄、吉植庄亮、四海多実三、三ケ島葭子、森園天涙、矢代東村等が主な同人だ。これが契機となつたわけでもないが、自然と千樫はアララギを離れる結果となつた。

六月に石原純、原阿佐緒、鎌田敬止、萩原羅月等と共に房州富浦の枇杷山に遊び、帰りに印旛沼畔に吉植庄亮を訪うたが、この頃から胸に病を危惧した。

七月三十日の左千夫忌には亀井戸に墓参した。八月二十七日に突然喀血した。麻布区霞町安藤医師の診察を受けて決定的の言葉をきかされた。つひに十月に郷里吉尾村に静養に帰つた。十一月に帰京して病を養ひつつ作つた「稗の穂」の一連は、子規の「行春」、左千夫の「ほろびの光」などが思はれる秀作である。

十二月二十九日斎藤茂吉の青山脳病院が全焼した。茂吉は帰朝の航海中、香港上海間の船上で、平福百穂の打つた無線電信を受けた。

この六月に大熊長次郎（二十四歳）が千樫に入門した。長次郎は印刷局の職工であつたが、昨年の震災以来脚気を病んで無職でゐる。後に水政会の事務員となつた。七月「アララギ叢書」第十五篇『しらみ』（憲吉）が出版された。

作歌は日光九七首、三田歌抄一〇首、現代一一首発表した。文章は日光に「日光室」、三田歌抄に「独行道」、改造に「歌に対する信念」、女性改造に「万葉集に現はれた女性」を書いた。『青牛集』には「苦寒行」一〇首、「井戸替」二〇首、「わが家のまはり」一九首、「新緑」二四首、「田植」一〇首、「沼畔雑歌・二」二四首、「左千夫忌」八首、「稗の穂」一一首、「時雨」五首、「焚火」五首を収めた。

大正十四年（一九二五）四十歳

一月に斎藤茂吉が帰朝した。

二月十五日に木下利玄が四十歳で死んだ。

千樫は病を養ひつつ、自選歌集『川のほとり』を編み、五月に改造社から出版した。『川のほとり』は明治三十七年から大正十三年（十九歳―三十九歳）まで二十一年間の作から四三二首を選んで収めた。この歌集は広く歌壇に迎へられ、日光でも同人達が合評をやり、アララギでも批評した。『屋上の土』は未刊のままである。

病状は一時非常によく、ずつと休んでゐた水難救済会にも十月二十三日に幾月かぶりで出勤した。

八月三日に橋本徳壽（三十二歳）が千樫に入門した。徳壽は社団法人大日本水産会の造船技師だ。

十一月下旬、徳壽の案内で群馬県北甘楽郡の黒滝山に登り、帰途は伊香保に遊んだ。

歳暮には天城山を越したい計画を立てたが、これは実行出来なかつた。

この年の暮近くに東京帝国大学の短歌会に出席して歌評をした。二月「アララギ叢書」第二十篇『ふゆくさ』（土屋文明）、九月第十九篇『翠微』（村上成之）、十一月第二十一篇『万葉集の鑑賞及び其批評』（赤彦）が出版された。

作歌は日光一〇首、婦人の友一二首、現代一二首発表した。文章は日光に「『紅玉』抄」「日光室」、新小説に「長塚節の歌」を書いた。『青牛集』には、「寸歩曲」一二首、「清澄山」一三首、「紅葉」二首、「秋風吟」一三首、「冬来る」二首を収めた。

大正十五年（昭和元年）（一九二六）四十一歳

一月は五日に渋谷道玄坂の上に徳壽を訪ね、中旬には熱海に相坂一郎を訪ねて五泊した。一郎は鉄道工業会社の技師で、当時は丹那トンネルの工事をしてをり、トンネルの入口近くに社宅があつた。

この一月限りで千樫は帝国水難救済会を退職した。足掛十九年の勤めを辞めた千樫には感慨無量のものがあつた。「寒潮」一連の歌はその時の作だ。千樫はどこかの学校の短歌講座のやうな仕事を思つたり、筆跡頒布会のことを考へたりした。

二月七日、徳壽等門人を伴うて田端大龍寺に正岡子規の墓参をし、帰途は岩槻街道へと出た。

二月下旬、夫人の母の葬儀に夫人と共に常陸の下館に行つた。

三月十二日、徳壽と同道して、長い闘病生活の三ケ島葭子を病床に見舞つた。

三月の末、妹のぶの長女きよ子の結婚式に帰省した。その帰省中の三月二十七日に島木赤彦が信濃下諏訪高木の自宅で、五十一歳で死んだ。

古泉千樫筆跡頒布会の企てが歌友の間で進められつつあつたが、四月十九日銀座の森田屋で具体的のことが決められた。当日集つた者は前田夕暮、釈迢空、吉植庄亮、川田順、矢代東村、土岐善麿、村野次郎、古泉千樫、大熊長次郎、橋本徳壽等であつた。

名古屋放送局の「正岡子規に就て」の放送と、名古屋新聞社主催の短歌会に出席する為に、四月二十四日の朝、千樫は名古屋駅に降りた。その途端に喀血した。それを押して放送もやり歌会にも出席し、伴はれて尾山篤二郎、三田澪人等と木曽川に船を浮べ犬山に遊んだ。帰途は沼津に若山牧水を訪ね、共に伊豆の古奈温泉から天城山の湯ケ島温泉まで行つた。

かねて計画中だつた青垣会が結成された。会員は千樫の指名に従つて、千樫のほかに、相坂一郎、安田稔郎、大熊長次郎、信夫美知、安川三郎、鈴木杏村、石塚栄之助、石渡成樹、三ケ島葭子、水町京子、北見志保子、橋本徳壽の十二人である。第一回の集りを五月二日に千樫宅で催し、夜は道玄坂上の「ふたば」で会食した。集る者は一郎、栄之助、京子、志保子、稔郎、三郎、杏村、長次郎、成樹、倉片寛一（葭子の良人）、徳壽等であつた。

五月、筆跡頒布会が愈々はじめられた。

七月、アルスから『長塚節選集』を出版した。

七月三十日に左千夫の墓参をした。師への墓参はこれが最後になつた。七月「アララギ叢書」第三十二篇『柿蔭集』（赤彦）が出版された。

八月、増上寺主催の「山上のつどひ」が箱根山にあり、千樫は参加して、短歌に関する講話をした。

十月、門人たちと雨の奥多摩に遠足した。この頃腹膜炎を病んだが、大したことはなくてすんだ。

十一月の末に亡父の年忌に帰郷し、年末には、草の実や東京帝国大学の歌会に出席した。

作歌は日光九二首、改造五一首、新小説一〇首、アルスグラフ一〇首、波止場一三首、詩歌時代一四首、現代一〇首、婦人の友一〇首、文芸春秋一五首発表した。文章は『長塚節選集』の序文のほかに、日光に「『海やまのあひだ』合評」「『原生林』合評」「日光室」「東歌研究」「アララギ七月号合評」を書き、また新聞に『子規全集』広告文を書いた。『青牛集』には、「黒滝山」三〇首、「八ツ手の花」一四首、「郷土」一〇首、「寒潮」一一首、「早春の一日」一〇首、「冬籠」一〇首、「種畜場」一三首、「柿若葉」一〇首、「足長蜂」一〇首、「嶺岡山」一九首、「山白菊」七首、「羇旅雑歌」一一首、「五月」七首、「秋海棠」一〇首、「夾竹桃」一二首、「箱根山」三〇首を収めた。

昭和二年（一九二七）四十二歳

一月八日に流行感冒で寝込んでから、なかなか起きられず、手足など糸の如くに痩せていつた。三月十一日六十日ぶりで漸く起きあがることが出来、三月三十一日八十幾日ぶりで、こはごは土を踏むことが出来た。子供たちと青山墓地を幾足か歩いた。「病床春光録」はこの時の作である。

この年の初め頃から、青垣創刊の議が起つた。「薄い気持のよいものを出したい、五十人もあればたくさんだ」と千樫は病床で雑誌の体裁などをいろいろと門人たちに話した。

三月二十六日に三ケ島葭子が、麻布谷町五〇の自宅で四十二歳で死んだ。葬儀にも行けない千樫は、病床に起き上つて、新聞に出す記事のことや、雑誌に書く追悼文の筆者に就ていろいろと徳壽に指図をした。

四月にはいつてから千樫は、どこかの海岸に転地したいと思ひ出した。そこが終焉の地となるであらうことを覚悟しての一家の転住である。

五月はやや小康に過ぎた。十五日には下の縁側に炬燵やぐらを出し、それに腰をかけて夫人に髪をつんで貰つた。晴れてゐた空が午後になつてたちまち暗くなり、雷鳴と共に雹まじりの物凄い雨となつた。千樫は二階の布団の上から、この狂暴な荒れ方を眺めながら「あの雨に頭から濡れたらどんなに気持がいいだらうなあ」と言つた。この時作つた「雷雨」二首がつひに絶詠となつた。

門人たちへの歌のことがいよいよ厳しくなつて行つた。

六月にはいつて病状は一段と悪化した。六日には古森亀衛博士の来診を乞うた。咳と痰に眠れぬ夜がつづき、斎藤茂吉に睡眠剤を乞うた。

門人たちの間で千樫の住む小さな家を海岸に建てたい議が進みつつあつたが、今はそれ所ではなく、目前の家計の問題が大きい。

七月一日に茂吉が見舞に来てよく診察してくれた。その容態には茂吉も驚いた。この頃は殆んど誰とも口をきかなくなつた。心臓がひどく衰へて来た。千樫の息のあるうちに何とかして青垣を創刊したいと門人たちはあせつた。七月二十八日その決議をもつて一同病床に千樫を訪うた。千樫は非常に喜んだ。

八月になつた。最早決定的となつた。筆跡頒布会の仕事がまだ片づいてゐないのを気にして、千樫は重態の病床で仰向けで色紙をかき、短冊をかいた。それが八月九日まで続いた。

八月十一日午後五時頃容態が急変した。古森博士が駈けつけ、近親に電報を打つた。斎藤茂吉が従弟の青木義作をつれて来た。診察を終つて茂吉は「すでに絶望に近いが、心臓の方がまだしつかりしてゐるから明朝ぐらゐまではもつだらう」と誰にともなく言つた。一同を階下にやり、残つて貰つた茂吉に「二十年間よく厄介をかけたが、このうへともあとの事は宜しくたのむ」と千樫は言つた。茂吉は立ちあがり乍ら「ぢや古泉、また明日の朝会はう、それにしても少し落ちつかにあいかん」、千樫は茂吉の方へ顔をむけながら「落ちつくよ、だが明日まではもつまい」寂しく笑つて「ありがたう」とはつきり言つた。

十時に四海民蔵が来た。「先生四海です」「落ちついて」千樫はうなづいた。「どうか落ちついて下さい。落ちついて」「む、大おちつきにおちつかうよ……」呼吸困難となり、しばらくして急に「もう駄目だぞ」といふと同時に半睡状態に陥つた。駈けつけた古森博士が注射をしたが反応がない。歪んだ千樫の顔が平静にもどつた。昭和二年八月十一日午後十時三十分。亨年四十二歳。臨終に侍したもの、家族たちのほかに、中島治太郎、石塚栄之助、水町京子、北見志保子、大熊長次郎等の門人と四海民蔵。ややおくれて倉片寛一、弟直次郎、夫人弟、千葉公雄等が来た。この時相坂一郎は熱海にあり、安田稔郎は吉尾村にあり、橋本德壽は遠く岩手県宮古町鍬ケ崎に公務出張中であつた。

十二日は肉親、歌友、門人達で通夜、十三日火葬、十四日朝骨上げ、同日午後三時から青山斎場で葬儀が行はれた。導師は多聞院の千守教荘師、千樫の法名は顕密院千樫道慧居士。アララギ代表斎藤茂吉、日光代表北原白秋、門下総代相坂一郎の弔辞があり参列者二百余名。葬儀万端に斎藤茂吉、土屋文明らは何かと注意をしてくれ、藤沢古実、高田浪吉らはいろいろと手伝つてくれ、中村憲吉は遠く備後から態々来てくれた。遺骨は十月十一日に郷里吉尾村の古泉家墓地に埋められた。

千樫の没後中心を失つた青垣会員たちは途方に暮れたが、涙のなかにも一同奮ひ立つて、十一月に青垣の創刊号を出した。菊判二一八頁、全巻をあげて『古泉千樫追悼号』とした。一般及び歌壇からの寄稿者二十七名、青垣会員は十六名の全部が書いた。

この年の作歌は、「村の道」一〇首、「病床雑詠」七首、「病床壊郷賦」六首、「病床春光録」一五首、「雷雨」二首の四〇首で、日光、近代風景、婦人の友、改造、文芸春秋などに発表された。文章は日光の三ケ島葭子追悼号に「聡明な眼」を書いただけだ。

昭和三年（一九二八）没後一年

五月「アララギ叢書」第三篇として、千樫の遺歌集『屋上の土』が改造社から出版された。九月十七日若山牧水が四十四歳で沼津で死んだ。

昭和四年（一九二九）没後二年

三月、遺族が東京市牛込区早稲田に糸綿店を開業した。

六月、歌集『川のほとり』が改造文庫第二部第五十七篇として出版された。

昭和五年（一九三〇）没後三年

三月、文章の殆んど全部を集めた『随縁鈔』が青垣叢書第十篇として改造社から出版された。

九月、改造社から現代短歌全集第十三巻『古泉千樫集』が出版された。

昭和八年（一九三三）没後六年

一月、大熊長次郎が三十三歳で死んだ。

二月、遺歌集『青牛集』が青垣叢書第六篇として改造社から出版された。

五月、遺族が糸綿店を閉店して、東京市中野区野方町一ノ八八一に転居した。

八月、歌集『屋上の土』が改造文庫第二部第八十七篇として出版された。

十月三十日、平福百穂が秋田県横手町で五十七歳で死んだ。

十一月二十三日、古泉千樫建碑会のもとに、東京市小石川区伝通院の墓所内に墓碑が建てられ、分骨を埋めた。碑面の文字「古泉千樫墓」は釈迢空の書だ。

十一月二十六日伝通院本堂で、七回忌法要が営まれ、歌壇からの参集者六十余名。

昭和九年（一九三四）没後七年

五月五日中村憲吉が、尾道市千光寺公園傍の仮寓で四十六歳で死んだ。

昭和十一年（一九三六）没後九年

六月『青牛集』が改造文庫第二部第二百五十三篇として出版された。

昭和十四年（一九三九）没後十二年

十一月橋本徳壽著『古泉千樫とその歌』が三省堂から出版された。

十一月二十五日午後九時、安房吉尾村の千樫の生家は自宅から失火して全焼した。千樫の老母は安田稔郎が駆けつけた時には、古泉家墓所前の道に蒲団にくるまつて泣いてゐた。

昭和十七年（一九四二）没後十五年

五月二十九日与謝野晶子が六十五歳で、八月二十二日石榑千亦が七十四歳で、十一月二日北原白秋が五十八歳で東京で死んだ。

昭和二十二年（一九四七）没後二十年

一月二十九日石原純が千葉県保田町の自宅で六十六歳で死んだ。

昭和二十三年（一九四八）没後二十一年

一月十五日母きくが吉尾村の自宅で八十一歳で死んだ。五月創元社から創元選書として『古泉千樫歌集』が出版された。斎藤茂吉の命によつて徳壽が選歌編輯をした。

昭和二十六年（一九五一）没後二十四年

九月七日岡麓が長野県会染村で七十五歳で死んだ。

昭和二十八年（一九五三）没後二十六年

二月二十五日斎藤茂吉が東京都新宿区大京町の自宅で七十二歳で死んだ。九月三日釈迢空が東京の慶応病院で六十七歳で死んだ。

昭和三十二年（一九五七）没後三十年

八月十一日千葉県安房郡清澄山の千光山清澄寺で千葉県教育委員会、千葉県歌人クラブ、青垣会共催の古泉千樫顕彰会、追悼会があり土屋文明と徳壽が講演をした。

昭和三十三年（一九五八）没後三十一年

四月二十五日岩波書店から岩波文庫（五四〇八）で『古泉千樫歌集』が出版された。土屋文明と徳壽とで編したもので九八八首を収めた。

昭和三十四年（一九五九）没後三十二年

千樫の墓所である東京小石川伝通院に千樫の歌碑（雑然と鷺は群れつつおのがじしあなやるせなき姿なりけり）が建てられ、八月十一日に除幕式があつた。

解説

加茂信昭

古泉千樫は明治十九年（一八八六）に千葉県安房郡吉尾村細野（現鴨川市細野）に生まれた。吉尾村は太平洋に面する鴨川市街から長狭平野を街道沿いに十キロほど保田方面に入った山間に位置する。北西から南西にかけて千葉県の最高峰の標高四百八メートルの愛宕山を主峰とする嶺岡山系を背負い、その山麓から長狭平野と呼ばれる肥沃な平地にかけて、米作りと共に酪農が盛んであった。

その吉尾村の中位の自作農の家に生まれた千樫は、当時の房州の典型的な村落共同体の中で、幼少年期を過ごしてきた。

勉強が良く出来、毎日農業を手伝ったり、牛の世話もよくした千樫であったが、文学への目覚めは早く、本書の年譜によれば、十四歳で「万朝報」の歌壇に、十七歳で「こころの華」にそれぞれ投稿を始めると共に『万葉代匠記』や『万葉集古義』を読破している。因みに明治三十四年に「こころの華」に古泉幾太郎の本名で投稿した四首を挙げる。

・さまざまにもの思ふ夜は夏の夜の短かくあれど明しかねつも

・水清き池なりながら藻のおひて鮒もかくるる処ありけり

・塵ひとつ草一本もなき庭の教のほどは子等に見えけり

・広き世に出むともせで小さなる山蔭の村に身は老いんとす

明治三十七年（一九〇四）に「馬酔木」に投稿した二十首中次の歌を始めとする十二首が伊藤左千夫に選ばれた。

・わかぐさのツマグロヨコバヒいざなふと山田の神は灯火てらす

・短冊（たんざく）の苗代小田に網もちて立てる少女は虫捕るらしも
・早少女は今日植ゑそめと足引の山田の神にみき奉る
・蓮の花ひらく音すも宿りけむ天つ少女や朝たたすらし
・風吹けば藤の花ぶさゆらゆらにゆらぐ心を吾持たなくに

五首抄出したが、左千夫はこれらの歌を、「一見平淡少しも巧を求めず而して精神自ら新しき所あり。」と評した。この評言は生涯を通じてぶれが殆ど見られなかった千樫の詠風を端的に言い得た至言と言って良い。以後千樫は左千夫門となり、二十二歳で初めて上京して左千夫と会った。千樫がこれを契機に、上京し左千夫の膝下にあって短歌を学びたい心情を募らせていったことは想像に難くない。

その頃千樫は郷里の小学校で代用教員を務めていたが、寄宿先の西福寺の住職の内妻山下きよといつしか相思相愛の仲となり、それが村中に知れ渡ってしまった。千樫ときよの仲は口さがない村人の噂にのぼり、校長からも指弾された。そうして一方では文学への思い止みがたく、明治四十一年（一九〇八）五月、伊藤左千夫を頼り、逃げるように出郷したのであった。千樫時に二十三歳、このときの心境を次のように詠んでいる。

・皐月空（さつきぞら）あかるき国にありかねて吾（あれ）はも去（い）なめ君のかなしも
・背戸の森椎の若葉にあさ日てりひとり悲しも来（こ）し方（かた）おもへば
・椎わか葉にほひ光れりかにかくに吾れ故郷（ふるさと）を去るべかりけり

上京後、まもなく千樫の後を追って出郷したきよと、本所茅場町の左千夫の家の近くの二階屋の一室に間借りした千樫は、左千夫の家を頻繁に訪れて庭の草取りなどを手伝ったりしながら教えを請う日々の中で、十月末には石榑千亦の斡旋で帝国水難救済会に職を得ることが出来た。長塚節、岡麓、斎藤茂吉、島木赤彦ら左千夫を中心とするアララギに拠った歌人を知ったのもこの頃である。

明治四十二年（一九〇九）にはきよと結婚したが（正式にきよが古泉家に入籍したのは大正十三年）、一介の下級事務員に過ぎなかった千樫の生活は決して楽とは言えなかった。それは後年社会的な地位を得た茂吉や赤彦ら他のアララギの歌人達とは決定的に違うところであり、それがまた、一方では千樫の歌風を特徴づけていた。

・いくたびか家は移れる崖（がけ）したの長屋がうちに今日は移れる
・つつましく吾が世生きなむ妻子らをひもじからせじ吾が妻子らを
・な病みそまづしかりともわが妻子米の飯（めし）たべただにすこやかに
・夜寒く帰りて来ればわが妻ら明日（あす）焚かむ米の石ひろひ居（を）り

写実を基盤にしつつ、自らの貧を実直に詠うこれらの歌は、先に挙げたアララギの同世代の歌人の歌には殆どないと言ってよく、もし千樫が長命を保ったならば、これらの歌を軸に新たな歌境を拓いていったかも知れない。

明治四十三年ごろから茂吉や赤彦は新しい歌を模索し始め、師の左千夫としばしば衝突した。いわゆる疾風怒濤の一時期に入ったのである。千樫ももちろんこの二人の影響を受けたが、作品には茂吉や赤彦ほど顕在化はしなかった。

大正二年（一九一三）七月三十日、師の左千夫が脳溢血により急逝した。此に先立つ明治四十一年に蕨真によって創刊された「アララギ」（当時は「阿羅々木」）は、後に左千夫の手により編集発行されることとなったが、千樫はその業務を茂吉と共に手伝い、大正二年六月には発行所が千樫宅に置かれるなど、当時のアララギを主導する人材に成長していた。

大正三年三月にアララギ発行所は千樫宅から茂吉宅に移った。巷間言われる千樫のずぼらさと優柔不断な性格が災いし、「アララギ」の発行が遅延に遅延を重ねたためであった。

この頃の作品を挙げる。

・燭（しょく）の火をきよき指（および）におほひつつ人はゐみけりその束（つか）のまを
・朝なればさやらさやらに君が帯むすぶひびきのかなしかりけり
・ぬばたまの夜の海走る船の上に白きひつぎをいだきわが居り
・しみじみとはじめて吾子（あこ）をいだきたり亡きがらを今しみじみ抱（いだ）きたり

一首目の「人」と二首目の「君」は原阿佐緒で、いずれも阿佐緒との一夜を詠んだものである。千樫と阿佐緒の関係を知り衝撃を受けた妻きよは乳も出なくなり、生まれて間もない次女條子は、大正三年一月にわずか三ヶ月の生涯を閉じた。千樫は我が子が亡くなったのは、自分の不倫が原因であると思い、深く悔いた。「をんなに我が逢ひし時かなし子のたらちねの母の乳は涸れにけり」の一首がある。三、四首目は亡くなった條子を郷里の墓に埋葬するために海路帰郷の途についたときの連作「柩を抱きて」中の歌である。五十七首に及ぶ連作は、茂吉の「死にたまふ母」の影響は見られるものの、その悲痛な心情が胸に深く迫ってくる作品群である。

千樫は確かに「アララギ」の編集発行においてもまた勤務先の水難救済会の上司石榑千亦が「事務に対して頗るずぼらであった」と述べているように、仕事を几帳面に手際よく片付けるという風ではなかった。しかし筆者はここで「アララギ」の発行が遅れた原因として、自らが撒いた種とはいえ、前述したような私生活上の苦悩があったことは指摘しておきたい。

大正四年、千樫は小石川の伊達家の庭の池に鷺が営巣していることを聞き、それを詠むべく連日観察に通った。

・鷺の群かずかぎりなき鷺のむれ騒然（さうぜん）として寂しきものを
・雑然（ざつぜん）と鷺は群れつつおのがじしあなやるせなき姿なりけり

写生を作歌の第一義に置く千樫の作としては主観が勝っていることは否めないが、「寂しきものを」や「やるせなき」の主観句は、写生を突き詰めた結果得た主観なのであり、決して安易に用いた言葉ではない。千樫は晩年にも好んで主観句を用いているが、千樫の作の一つの特徴は主観と客観が渾然と融合一体化しているところにあるのではないか。

本書の年譜等を見るかぎり、千樫は二十三歳で出郷し、四十二歳で亡くなるまでに帰省は十回前後に過ぎず、故郷近くの上総の湊、久留里、鹿野山、安房の富浦、布良に行っても生家に立ち寄ることはなかった。出郷の理由が理由だけにやはり故郷の人々の眼が気になったのであろうか。しかし千樫は終生故郷を思慕し、記憶に残る作を多く遺した。とりわけ故郷で牛を詠んだ歌には秀作が多く、大正六年（一九一七）には六十八首を発表している。

・茱萸（ぐみ）の葉の白くひかれる渚（なぎさ）みち牛ひとつゐて海に向き立つ

・夕なぎさ子牛（こうし）に乳をのませ居（ゐ）る牛の額（ひたひ）のかがやけるかも

・入りつ日の名残さびしく海に照りこの牛ひきに人いまだ来ず

「夕渚」の連作から三首を引いたが、どの歌も重厚にして気品ある牛の姿態が眼前に浮かぶ名品である。とりわけ一首目は郷里の鴨川市、太平洋に注ぐ松崎川の河口に歌碑が建てられており、千樫の代表作品としてよく知られている。

大正十三年（一九二四）「日光」が創刊され、千樫は北原白秋、石原純、釈迢空等と共にその同人となった。それが契機となり島木赤彦らによりアララギを追われることになるのだが、その伏線はあった。当時の新聞を賑わした石原純と原阿佐緒の恋愛問題につき、赤彦等アララギの主なる同人は反対し石原にも何度も別れるように忠告したのだが、赤彦の弟子であり、かつ阿佐緒の親友であった三ヶ島葭子は阿佐緒を弁護する筆を執り、千樫も同様の立場をとった。これが赤彦の怒りを買い、葭子は破門されることになるが、赤彦はアララギの中枢を担う千樫に対し葭子と同じような態度で臨むことは出来なかった。赤彦にとって千樫の「日光」参加は千樫をアララギから追う絶好の機会となったのだ。以後千樫は「日光」を中心に作品を発表することとなった。

同年八月千樫は突然喀血、約一ヶ月故郷で静養し、十一月に帰京した。重篤のため一日中仰臥する日々の中で次の作が生まれた。

・いきのをに息ざし静めこの幾日ひた仰向きに寝ね居る吾れを
・おもてにて遊ぶ子供の声きけば夕かたまけてすずしかるらし
・うつし世のはかなしごとにほれぼれと遊びしことも過ぎにけらしも
・秋空は晴れわたりたりいささかも頭もたげてわが見つるかも
・秋さびしもののともしさひと本の野稗の垂穂瓶にさしたり
・秋の空ふかみゆくらし瓶にさす草稗の穂のさびたる見れば
・充ちわたる空の青さを思ひつつかすかにわれはねむりけらしも

千樫短歌のみならず近代短歌史上でも高峰と認められる「稗の穂」の連作である。橋本徳壽は『古泉千樫とその歌』の中で「ただに千樫作品中の高峰たるのみならず、アルプス連峰にも比すべき、雲表に連亙たる歌壇秀作群の高峰中にあっても、また高く聳立する一つの峰である」と絶賛している。一首一首が共鳴しつつ奏でる哀しくも澄んだ調べは、さながら作中の秋の青空を連想させるが、そこには結核という不治の病に冒された千樫が、生への希望を絶たれた末に至り付いた澄明な心境が投影されている。

　ところでこの連作がつくられた時期については諸説あるが、筆者は静養のために帰郷する前の十月初頭にまず原型が作られたものと考える。掲出歌五首目の「秋さびし」はすっかり秋らしくなったという意で、それは「寂ぶ」や「荒ぶ」にも通じるし、六首目の「秋の空ふかみゆくらし」中の空は初秋のそれではなく、本格的な秋の到来を実感させる九月末から十月初頭の澄んだ空を詠んだとするのが妥当と思われるからだ。そして帰京後に何度も推敲を重ねて翌年の「日光」一月号に発表したのである。橋本德壽が本書の年譜の中で「十一月に帰京して病を養いつつ作った」と述べているのは、こうした経緯を踏まえているものと解釈したい。なお、千樫は帰郷中、歌稿を整理することはなかった。『川のほとり』巻末記には帰郷中「持って行った歌稿の包みもそのまま遂に解かずにしまった」とある。

大正十四年（一九二五）五月自選歌集『川のほとり』を出版した。これが千樫生前唯一の歌集である。早速「日光」では合評が組まれ、「アララギ」でも茂吉が好意的に評するなど、この歌集により千樫の歌人としての評価は定まった。

・みんなみの嶺岡山に焼くる火のこよひも赤く見えにけるかも
・夕山の焼くるあかりに笹の葉の影はうつれり白き障子に
・山焼の火かげ明りてあたたかに曇るこの夜をわがひとり寝む

巻頭を飾る「山焼」の連作五首から三首を引いた。この連作は千樫十九歳から二十二歳の作とされているが、実はこれらの作は『川のほとり』で初めて発表されたものである。万葉集に通う格調の高さ、すきのない緊密な調べはとても二十歳前後で詠まれたものとは思えず、『川のほとり』出版当時の千樫の力量を反映していると見るのが自然であろう。ただ、これらの作の原型が二十歳前後に作られたことは十分に考えられる。「山焼」に限らず、千樫の初期の作品の多くが『川のほとり』に載せるに当たって改作されていることは、杉田博氏が『歌人古泉千樫』の中で実例を挙げて指摘しているところである。千樫は作歌に当たり一語一語にまで完璧を求め、推敲に推敲を重ねなかなか発表しようとはしなかった。『屋上の土』と『青牛集』は周知のように千樫の死後、橋本徳壽、大熊長次郎、相坂一郎等の門人によって編集発行されたものである。

さて千樫は『川のほとり』の長文の「巻末小記」のなかで「歌の道は結局は一人の道である」と述べている。ここには心ならずもアララギとの決別を余儀なくされた寂しさと共に、自らの歌に対する自負と決意が込められている。翌年の十一月に自宅を訪ねた徳壽に、青垣会から雑誌を出すことに話が及ぶと「やるんならたった一人でやる。前には折口さんとならば一緒にやって行けそうな気もしたのだが、もう今では駄目だ。歌なんて結局一人のものだ。僕はもう誰とも妥協は出来ない。」と述べたと言う。

『川のほとり』を出版して以後、病状は一時軽快したものの、昭和二年（一九二七）一月に流行感冒で寝込んでから、殆ど起きられなくなり、三月三十一日に八十幾日ぶりで漸く外に出ることが出来た。この頃を詠んだ歌が「病床春光録」と題する連作である。

・青山どほり歩き来しとてすがやかに汗ふく人を見るがともしさ
・えんがはにわが立ち見れば三月の光あかるく木木ぞうごける
・麻布台とほき木立のあたりにはつばさ光りて鳶の翔れる
・病よりわが起きしかば春のまひるの土に身をする鶏を見にけり

・みなぎらふ光のなかに土ふみてわが歩み来ればわが子らみな来つ
・幾足かわが歩みけむ持ちて来つる瓶の水を飲みにけるかも
・この墓地に今咲く花のくさぐさを子らは折り来ぬわが休み居れば

筆者はこれらの作を読むと、芥川龍之介の遺稿「或旧友へ送る手記」中の「自然の美しいのは、僕の末期の眼に映るからである」の一節を思わないわけにはいかない。千樫は無意識のうちに末期の眼で人を自然を見ていたのではないか。死を目前にした時、眼に見えるものすべてが命の輝きを放っているように見え、それと共に、今まさに生きていること自体を素直に喜び、有り難く思う心情がわき上がってきたのであろう。「病床春光録」こそ千樫の最晩年を飾る絶唱で、かつ近代写実短歌の一つの到達点を示す連作と言って良い。そこには全く構えが見られず、生への執着を断った後の水のように澄んだ心境が窺われるのみである。茂吉はこれらの作を挙げて「人生にあって最も深刻なるべき、死に隣接たる状態にあって、到りついた平淡の歌境であった。」(『作歌実語鈔』)と述べている。

五月十五日病床で次の二首を詠んだが、これが絶詠となった。

・雹まじり苗代小田にふる雨のゆゆしくいたく郷土(くに)をし思ほゆ
・雷雨すぎて街のこひしきに山の手の若葉がうへに月押してれり

千樫は、逃げるように故郷房州を出てきたものの、前述したように生涯望郷の念を持ち続けた。「山の手の若葉がうへ」の月を見つつ、故郷の椎の若葉を照らす月を想起していたことであろう。

千樫が生涯慕い続けた故郷、その故郷房州の風土は千樫の歌風の形成に決定的な影響を及ぼしているように思える。千樫と同郷の筆者は千樫の多くの歌に、房州の風土の香りを感ずる。墓地を詠んだ作にさえ感じられる明るさ、温かさはそのまま千樫が「皐月空(さつきぞら)あかるき国」と詠んだ房州の明るく温和な風土に繋がっているのである。千樫の歌の手に包むような温もりは、厳しい風土の中で育った茂吉や赤彦の歌とは明らかに異なり、温暖で人に優しい房州の風土そのものなのだ。

千樫が亡くなって約三ヶ月後の昭和二年（一九二七）十一月一日、門人の橋本徳壽、大熊長次郎、相坂一郎、安田稔郎等により、「青垣」が「古泉千樫追悼号」として発行された。以来その大半の時期を橋本徳壽が支えてきた「青垣」は今年創刊九十周年を迎えた。

従って、今年は古泉千樫没後九十年の節目の年でもあった。このような記念すべき年に当たり、古泉千樫の教えを継ぐ私たち青垣会の手により『定本　古泉千樫全歌集』を再刊できることは無上の喜びである。実生活を気をてらわず、日本語の調べに乗せて実直に詠んだ千樫の歌は、今でも輝きを失っていない。それどころか百年後の現在を生きる私たちの作歌の指針にもなり得るものだと思う。これを機に折口信夫（釈迢空）が「日本の短歌は、本質に従うて伸びると、千樫の歌になる。」（古泉千樫集追ひ書）と述べた千樫の歌に一人でも多くの人が親しみ作歌の糧としてくれることを願ってやまない。

この解説を執筆するに当たり、橋本徳壽先生の『アララギ交遊編年考・古泉千樫私稿』、

『古泉千樫とその歌』等の労作に多くを依拠させて頂いた。先生が私にとって超え難い存在であることを改めて実感した次第である。また北原由夫氏の『歌人古泉千樫』、上田三四二氏の『鑑賞古泉千樫の秀歌』、杉田博氏の『歌人古泉千樫』の各著作、そして千野明日香氏の近年の論考も大変参考になった。ここに改めて謝意を表したい。

終わりに度重なる校正作業など細かい作業を一手に引き受けて下さった真野少氏を始め現代短歌社のスタッフの皆様に心より御礼申し上げる。

平成二十九年十二月三日

青垣編集発行人

加　茂　信　昭

索引

凡例

一、収録作品の各句を歴史的仮名遣いの平仮名表記に変換し、五十音順に配列した。

二、数字は収載頁を示す。

三、同じ頁内の複数の作品に使用されている句は、その頁を重ねて記載した。

【あ】

ああしうさい 56
あおとつましく 108
あかあかと 85・93・100・105・129・129・160・160・173・173・174・211・211・212・223・236・254・294・311・349・359
あかあかとみゆ 156
あかがりの 41
あかきこがにの 204
あかきこのみを 195・195
あかきじゆくしを 206
あかきつつじの 47
あかきとりゐを 309
あかきはなこそ 343
あかきはなともし 281
あかきひおこす 212
あかきひおこり 212
あかきひの 175
あかきひひとつ 136・198・234
あかきひを 212
あかきぼたんの 291
あかきをさがす 254
あかくあけたる 238
あかくあざれし 125
あかくあらはるる 221
あかくいてれり 329
あかくおこりて 256
あかくさしたる 304
あかくちりたり 232
あかくのこれり 307
あかくみのれる 306
あかくもゆれど 104
あかくをぐらく 147
あかければ 133
あかごなきなく 138
あかつきしづかに 160
あかつきちかく 63・302
あかつきに 341
あかつきの 99・151・227・227・302
あかつきのうみは 138
あかつきのひかり 99
あかつきふかく 329
あかつきを 51
あかつちの 119
あかつちのがけ 346
あかつちはら 212・238
あかつちみちに 214
あかつちみちの 56
あかでんしや 150・150
あかでんしやに 150
あかときつゆに 299
あかときと 274
あかときの 69・73・102・129・152・172・274
あかときもやの 274
あかときを 55
あかにごり 96
あかねさし 116
あかねさす 199
あかねさすなべ 277
あかぼしの 32
あかまつたてり 128
あかまつの 128
あかまつのみきの 128
あからひく 53・97・179・228・276
あからみたりと 23
あかりつきたり 135
あがりながらつまに 291
あかりにほへり 261
あかりぬるみゆ 112
あかりのもとに 244
あかりひとつみゆ 69
あがりゆくみゆ 293
あかるかり 191・273
あかるかりけり 160
あかるきえんに 289
あかるきかげを 290
あかるきくにに 93・311
あかるきたかむら 180
あかるきつちを 289
あかるきとのもを 218
あかるきなかに 210
あかるきなやに 228
あかるきに 93・109・156・291
あかるきは 188
あかるきへやに 120・210・261
あかるきまちを 185
あかるきみづに 254
あかるきむらを 106
あかるきやまの 123
あかるくたてり 214
あかるくてれり 268
あかるくなりけり 162
あがればとほく 119
あかれるふゆの 182
あきあぢくひし 357
あきいへの 310
あきかぜさむし 54
あきかぜすずし 303
あきかぜの 151
あきかぜは 345
あきかぜふくも 304
あきくさのはな 56
あきさびし 298
あきさめさむし 311・349
あきしもに 347
あきすめる 99
あきぞらは 298
あきたけにけり 304
あきたつらむか 341
あきちかきかぜに 341
あきちによりて 103
あきづきて 204・225・232
あきづきにけり 98
あきづくあめの 152
あきづくうみの 60
あきのあめ 304

あきのあらしに 130
あきのあをぞら 299
あきのいなだ 157
あきのうみみゆ 28
あきのうみみる 52
あきのうれひを 39
あきのおほぞら 57
あきのかぜ 173
あきのかぜかも 173
あきのかぜふき 173
あきのさやけさ 205
あきのそら 61・298・304
あきののづらの 64・88
あきののに 204
あきののの 86・204
あきのはの 235
あきのひかりに 214
あきのひの 111
あきのひのさす 109
あきのひもながし 65
あきのまつりの 251
あきのみづ 61
あきのよは 357
あきのよらかも 304
あきのよを 30
あきはきたりぬ 304
あきはきにけり 340・342
あきはぎのはな 204
あきはたつらし 342
あきはるる 157・300
あきばれの 71・110・118・158・299・311・357
あきひあたたかし 234
あきひてる 230
あきびより 39・103
あきふかき 102・311
あきふかきよを 159
あきふかく 235
あきふかみ 100・204・250
あきふかみかも 102
あきふかみけり 157・173
あきもさむくぞ 311・349
あきもやや 346・356
あきやになりて 309
あきやのままに 309
あきらかに 51
あきらかにみゆ 328
あきんどの 49
あきんどやどに 49
あくがれごころ 109
あくばかり 194
あくまでのみし 351
あけしとき 319
あげしほのかぜに 107
あげしほのかの 108・150
あけそめて 23
あけちかからし 118
あけちかみ 126
あけてもらひて 334
あげにけり 280
あけにけるかも 302
あけぬこのよは 276
あけのうみを 139
あけのきりふる 126
あけのくにはら 251
あけのさんもん 229
あけのたかのはら 251
あけのひかりに 116
あけのひかりは 142
あけのひかりを 101
あけはとほかり 126
あけはなちたる 218
あけはなれゆく 125
あけはやく 99・199
あけふかく 198
あけぼのの 37
あけぼのを 35
あけやすきよを 227
あこがあゆむ 142
あこがてを 183
あこがはかに 180
あこがふむ 143
あこがよぶにも 332
あこつれて 269
あこにあしうらを 149
あごのあたりに 280
あこのいきづき 210
あこのせくれし 178
あこのてあしを 211
あこのてをとり 183・262・263
あこをせおひて 181
あこをにふゐん 209
あさあけて 276
あさあけに 52
あさあけにけり 87・350
あさあけの 48・116・172・172・232・260・277・294・296
あさあけのうみのか 139
あさあけのたにに 60
あさあけのひかり 120・139
あさあけわたりて 275
あさあけを 38
あさあさかよふ 204
あさあさの 361
あさあゆみ 195
あさいすらしも 31・339
あさいはしつつ 314
あさおきしなの 149
あさおきて 269
あさかぜかをる 49
あさかぜそよぎ 342
あさかぜに 27・73
あさかぜふきて 220
あさかぜゆるき 37・44
あさかはの 306
あさがはわたる 202
あさかはに 61
あさきじの 276
あさきみどりに 44
あさぎりさむき 232

あさぎりの 53
あさぎりはる 27
あさぐさからす 263
あさぐさかりき 204
あさぐさに 202
あさくれば 26
あさげしをれば 178
あさけすずしく 98
あさげののちの 173
あささえの 120
あさざけさんぼん 354
あささのはなの 296
あさざむの 173
あささむみ 175
あさしづかなり 28
あさじもとけて 179
あさじもの 310
あさすぎて 59
あさすずの 37
あさぞらあかし 172
あさたたすらし 38
あさたちかへる 35
あさぢがはらに 111
あさづくひ 233
あさつゆあがる 247
あさつゆに 28・220・228
あさつゆふみて 67
あさとくさめつ 260
あさとくるきみが 117
あさどこに 310
あさとでて 194
あさとでの 244
あさとではやく 52
あさとはいでつ 190
あさとをあくる 251
あさなあさな 86・328
あさながら 125
あさなさな 45・204・264・289
あさなゆふなに 322
あさなれば 137
あさにはに 203
あさにはの 202
あさのいひはむ 149・326
あさのうみづら 220
あさのうみを 228
あさのえんにたち 181
あさのおほぢ 120
あさのさとわの 273
あさのさむさや 216
あさのしづかさ 289
あさのしめりに 187
あさのたく 167
あさのつゆみてり 328
あさのでんしやに 149・149
あさのには 144
あさののよ 296
あさのはまびに 228
あさのひかりに 244
あさのひかりの 139・173
あさのひの 289
あさのふぶきに 43・45
あさのみなとの 259
あさのをどこに 266
あさはあけたり 252
あさはいでゆく 194
あさはやき 161
あさはやく 195・204・294・326
あさはやし 246
あさはやみ 116・160・172・220・231・232・260・296・309
あさはれて 250
あさばれの 56・124
あさひあかく 296
あさひあかくてり 260
あさひあかるく 161
あさひあかるし 286
あさひいづらし 348
あさひかがやく 168
あさひかがよふ 121
あさひかげ 277
あさひさしたり 233
あさひさしにけり 302
あさひさす 30・267
あさひさせば 260
あさひてり 93・113・128・251・266
あさひてりたり 250
あさひてりつつ 168
あさひてりわたる 321
あさひてる 119・161・274
あさひながらふ 128・179
あさひにてれり 250
あさひにほへり 128・211
あさひの 274
あさひのなか 203
あさひほのぼのと 139
あざぶだい 334
あさぼらけ 102・220
あさみどり 317
あざみのはなに 55
あさもやの 117
あさもやはるる 276
あざやかなるも 288
あざやかに 94・130・250・314
あざやけき 333
あざやけきかちを 332
あさやまに 263
あさやまの 260
あさやまゆけば 34
あさゆいでて 324
あさゆにゆくも 217
あさゆふに 303・357
あさりをり 171
あざれてにほふ 171
あしうらふりて 206
あしきことを 64
あしたあかるし 247
あしたのかげの 72
あしながばちの 251
あしながばちひとつ 319
あしのうみのへに 328

あしのしげみに 282
あしのねがたに 283
あしのはずゑの 294
あしのほばらの 53
あしはらに 282
あしはらの 294
あしびきの 38
あしひたせり 254
あしもすきつつ 62
あしもとの 93
あしをひたすも 260
あしをゆるめて 234
あすかのやまの 314
あすたかむこめの 243
あすとひゆくと 257
あすのしごとは 283
あすのひの 127
あすのぼる 127・240
あすはあすは 121
あせあえて 125
あせじむふくを 194
あせとしいはむ 330
あせながしつつ 147・326
あぜにおくかも 205
あぜにおりたり 240
あぜにかがみて 252
あせにひかれる 278
あぜのうへ 219
あぜのつちくろし 242
あせのにほひす 153
あぜのへに 293
あせはしとどに 62
あせばみて 124
あせばみにけり 239
あせばむかほを 194
あせばめる 221
あせふきにけり 318・330
あせふきをれば 171
あせふくひとを 334
あせふくわれは 171
あせりてもとな 143
あせわくわれを 195
あせをふけり 248
あそばざりけり 318
あそびくるへる 218
あそびけるかも 283
あそびしことも 298
あそびしまきばは 352
あそびたぬしむ 295
あそびにゆかむ 229
あそびふけるか 360
あそびやまぬを 218
あそぶこどもの 298
あそぶといはむ 289
あそぶまも 211
あそぶらん 40
あそぶをみれば 289
あそぶをりにも 58・341
あそべるうまは 279
あそべるつまか 289
あそべるともを 299
あそべるはとを 232
あたたかかりき 41
あたたかき 58・121・347
あたたかきねど 154
あたたかく 179・240・287
あたたかくみゆ 315
あたたかければ 300
あたたかさ 210
あたたかし 267
あたたかしもよ 203
あたたかに 85・123・239
あたたかにみゆ 167
あだにせじながしを 142
あたまいたし 163
あたまおもたき 219
あたまならべ 227
あたまならべて 259
あたまのうへの 226
あたまのうへを 295
あたまはげし 285
あたらくろかみ 29
あたらしいをも 69
あたらしき 27・41・157・322・356
あたらしきいわし 319
あたらしきうた 356
あたらしきとしは 30
あたらしきはかを 230
あたらしく 288・320・352
あたらしらゆき 45
あたらずなりし 306
あたりには 334
あたりみまはす 220
あたりをぐらく 184
あたりをみれば 193
あたりをり 300
あたるあまらの 222
あたるひかげの 359
あぢさゐの 354
あぢさゐのはな 169
あぢよろし 270
あぢをよみ 361
あづかれる 257
あつきひの 88・326・355
あつきまひるの 223
あつきゆを 247
あつくしやさうに 253
あづけたり 272
あつさにうめる 147
あつまりくる 228
あつまりくるも 220
あつまれる 293
あてさびしも 200
あとあたらしき 325
あとかゆし 255
あどけなき 280
あとすさまじき 164
あとどころ 201
あとにやはあらぬ 264
あとのほこりの 189

あとのみえつつ 277
あとよきこゆる 177
あとよりあとより 249
あとをおひ 192
あなあたたかし 154
あなうれしかも 32
あなおびただし 39
あなぐらの 57
あなけうとくも 171
あなたふとわがめに 129
あなにやし 108・351
あなまこと 160
あなやさをどり 276
あなやるせなき 152
あにそひて 117
あにわかれ 188
あねたちはまだ 288
あねなるあこの 210
あねのてをとり 142
あのいへこのいへに 152
あのころの 119
あはあはし 118
あはかづさ 320
あはかへりゆく 260
あはざりにけり 292
あはなくて 132
あはのうらの 70
あははよきくに 58
あはびくふよはを 57
あはひもるひの 102・325
あはむともへや 312
あはゆきの 165
あはゆきは 242
あはゆきふれり 215
あはれさならむ 312
あはれとりさしは 232
あはれなり 171
あはれなりけり 199・223・312
あはれなりけれ 161
あはれなる 124
あはれなるかな 23
あはれなるかも 152
あはれなるすに 153
あはれになりて 105
あはれふたたび 190
あはれまづしも 210
あひあつまりて 348
あひあひしごと 59
あひいそしみて 328
あひさかる 110
あひだにあをき 226
あひつぎて 256
あひともに 115・327・329・355
あひなげきつつ 137
あひなりながら 191
あひにけり 244
あひにけるかも 130
あひぬれば 191
あひぬればこころ 132
あひみつる 190
あひみつるかも 135・190
あひみねば 96・133・343
あひよりて 264・265
あひよれば 136
あひよれりみゆ 293
あひよれる 255
あひるならびて 116
あぶうごめけり 55
あふぎこそみれ 146
あふぎたり 231
あふぎたるかも 258
あふぎつつ 127
あふぎつつゆく 217・229
あふぎみすれば 110
あふぎみる 127
あふぎみるかも 127・304
あふぎみれば 241
あふぎをる 39
あぶくまなるらし 252
あふひともなし 327
あふひのはなを 222・222
あぶひらめきて 254
あふべくは 122
あふむきて 145
あぶらあをなみ 144
あぶらなみ 144
あふれながるる 101・123
あへぎたち 137
あへぐいのちを 146
あへぐこころの 96
あまえなげくも 159
あまえゐる 179
あまきにほひす 134
あまきはなあはれ 168
あまぐもいでぬ 37
あまぐものうへに 237
あまぐもゆ 128
あまけのつくよ 50
あまざかる 42
あまざけやの 358
あましだり 165
あまそそる 308
あまたうましも 306
あまたおちゐる 229
あまたがなか 259
あまたくやしも 68
あまたさかせて 279
あまたさき 140
あまたつちかふ 187
あまたにごれる 286
あまたふらざり 252
あまたもつもる 86
あまたをるべし 302
あまつかぜかも 54
あまつさへ 151
あまづたふ 125
あまつひてれり 308
あまつひは 308
あまつをとめや 38
あまどあかるく 309

あまとあたるも 221
あまとならびて 221
あまどをあけて 230・262
あまねくちりし 235
あまねくみてり 180
あまのがは 295・296・328
あまのがはしろし 328
あまのこら 222
あまのはなのに 40
あまのはら 326
あまのよびごゑ 198
あまみづの 263
あまみづふみて 172
あまもまじれり 105
あまよののぢの 165
あまよのへやに 165
あまらがむれに 105
あまらはだかに 197
あまりにくらう 218
あまりにも 97
あまをとめ 197
あみてかへりつ 120
あみのなかに 282
あみもちて 37
あみよする 199
あみよするらし 198
あみをあげつつ 282
あみをれば 101
あめあがり 47・86・108・114・120・258

あめあがりの 133
あめあとの 234
あめいちはやく 124
あめうちそそぐ 164
あめおほきあきや 272
あめおほみかも 256
あめかもふらむ 358
あめくらき 164・172
あめけぶり 110
あめけぶる 111
あめこぶりになれり 256
あめしづかなり 181
あめしとしとと 181
あめしぶく 262・262
あめそそぐ 164・164
あめちかみかも 46・47
あめつち 66
あめつちに 64・88・351
あめつちの 65
あめとよあがせ 34
あめながら 128・263
あめならむとす 249
あめににごれる 273
あめにぬれて 252・321
あめにほしあり 339
あめのあしみゆ 110
あめのおと 164
あめのおとくらく 262
あめのおとはも 165
あめのしづけき 292

あめのしづけさ 181
あめのため 349
あめのとよみき 351
あめのなか 172
あめのふりつつ 311
あめのふる 256
あめのまち 255
あめのやまぢに 111
あめのよの 156・156・165
あめのよふけて 165
あめのよる 155
あめはあかるく 181
あめはふるらし 128
あめはれし 31・47・128
あめはれにけり 186
あめはれの 173
あめはれむとす 128
あめひとひ 108
あめふりけぶり 246
あめふりけらし 98
あめふりそそぐ 164
あめふりて 251
あめふりやまず 164・262
あめふるおとす 240
あめふるまちの 120
あめふれば 255
あめもふらなくに 55
あめもやうの 31
あめやまず 261
あめやまずふる 246

あめややこぶり 172
あめをふくみ 31・36
あめをみにけり 181
あもゆきにけり 103
あやぎぬの 31・339
あやしかも 32・155
あやしみて 119
あやにあかるく 153
あやになつかし 132
あやぶみしきみ 71
あやめさくみゆ 254
あゆのすし 68
あゆませてみつ 143
あゆみいたらば 239
あゆみいりつつ 248
あゆみいれり 295
あゆみおちつかぬ 231
あゆみかへせば 295
あゆみかへれば 147
あゆみかへれり 225
あゆみきたりつ 301
あゆみきたりて 294・295
あゆみきて 291・301
あゆみきにつつ 108・260・277
あゆみくらしも 108
あゆみくる 206
あゆみくるみゆ 179
あゆみくれば 173
あゆみけり 183
あゆみけるかも 175

あゆみたるらし 309
あゆみつつ 180
あゆみつつをり 289
あゆみつるかも 195
あゆみてかへる 231
あゆみてゆかな 226
あゆみとむれば 166
あゆみもどれば 209
あゆみゆきつつ 176
あゆみゆく 236
あゆみゆくかな 125
あゆみゆくひとの 334
あゆみゆくみゆ 158
あゆみゆくわれは 88
あゆみゐにけり 158
あゆみゐるなり 292
あゆみをかへし 267
あゆみをかへす 346
あゆみをり 210
あゆみをりしか 278
あゆむなり 240
あゆむめきじの 276
あゆめばけふの 300
あゆめりわれは 233
あゆをらぬ 70
あらいへの 285
あらかじめ 100
あらかべの 31
あらくあゆみて 212
あらしあかるき 217
あらしあかるし 323
あらしあめ 134・250
あらしあれし 198
あらしぐも 249・249
あらしすぎて 115
あらしとなりぬ 115
あらしどよもす 131・323
あらしなごりの 231
あらしにゆるる 130
あらしのあと 134・198
あらしのあとの 198・230
あらしのそこに 131
あらしのなか 130・173・230・230
あらしのなかに 144・172・227
あらしのなかの 172
あらしのよを 131
あらしはやみぬ 116
あらしふきあかる 323
あらしふきしく 318
あらしふきて 291
あらしふきみだる 290
あらしふく 231
あらしふくよは 131
あらしめよ 267
あらずともよし 107
あらたまの 43・64・348
あらたまり 60
あらなくに 262
あらのあしはらに 254
あらのきて 253
あらのはら 254
あらはせにけり 314
あらはにあびて 211
あらはにたち 213
あらはにひかる 169
あらはにひにてる 222
あらはれにけり 124
あらひけり 287
あらめども 214
あららまつばら 37
あられたばしる 25
あられふりきぬ 28
ありあけづきよ 100
ありえぬを 96
ありがたきかも 347
ありがてなくに 93・121・132
ありかねて 93
ありけらし 289
ありけるものを 261・264
ありこせと 122
ありしかば 285
ありしとき 158
ありしよのこと 72
ありてよろしも 292
ありといはなくに 184・303
ありとおもへや 291
ありなむを 263
ありへつつ 232
ありもあらずも 122
ありもせなくに 351
ありわびて 216
あるきかへらな 189
あるききて 358
あるきこしとて 334
あるきたき 223
あるきつつ 176
あるきてをれば 189
あるきゆきなむ 189
あるけども 184
あるじとめきちを 358
あるすいでねば 344
あるすはいまだ 344
あるひはひとの 122
あれあとの 229
あれいでし 28
あれがひとよは 111
あれこれと 195
あれしうしおほし 259
あれしくにはら 189
あれたるあとの 271
あれたるうみに 197
あれてまもなき 151
あれにむけつる 108
あれはもいなめ 93
あれましひは 70
あわおほくみゆ 223
あわただし 154
あわただしく 209・222
あわのおと 175
あわをふきつつ 197

あゐうゑをれば 37
あをあざむきて 121
あをあしのはら 278・282
あをあしはらの 278
あをあらしのかぜ 73
あをあをと 183・183・215・281・289
あをあをとはれし 300
あをうなばらゆ 61
あをうみさやに 269
あをうみせまれる 118
あをうみとほく 132
あをうみの 118・145
あをうみみえし 119
あをうみを 119
あをうめはむを 193
あをかしいつぽん 238
あをがやを 258
あをきうしほに 146
あをきがうへに 140
あをきかまきり 151
あをきがもとに 253
あをきくさふめり 320
あをきさびしさ 329
あをきすすきに 196
あをきたたみを 120
あをきにほひの 315
あをきはかげの 170
あをきひろはに 126
あをきまつかさ 157
あをきみほりに 277
あをぎりのはな 327
あをぎるみづは 62
あをきをかけて 42
あをくぐの 281
あをくぐのはら 281
あをくさそよぐ 248
あをくさなびく 248
あをくさに 172・223
あをくさの 202
あをくさのなかに 220
あをくさのびし 168
あをくさのへに 168
あをくさはら 248・277
あをくさはらに 110・128・201・278
あをくひかれり 318
あをぐりのかの 134
あをごけも 287
あをささはらを 330
あをしげやまに 69
あをしといはば 42
あをしばを 87
あをしほに 98
あをしほはしる 343
あをじろく 305
あをじろくして 173
あをじろみ 164
あをすぎの 114
あをぞらの 130
あをぞらのうた 68
あをぞらのひかり 130
あをぞらを 152・292
あをたかひとつ 241
あをだのなかを 275
あをだのひかり 275
あをなみの 132
あをねぎのほに 238
あをばかげ 192・218・324
あをばかぜ 228
あをばがなかに 48
あをばてる 93
あをばのしづく 118
あをばのなかに 260
あをばのはれの 71
あをばのをかや 59
あをばのをむら 26
あをばむらやま 258
あをばもり 152
あをばもるひの 94
あをはらのなかに 277
あをばわかぐに 59
あをばわかば 48
あをばわかばに 110
あをばわかばの 274
あをまつかさの 229
あをまへに 237
あをみづやまを 318
あをみどろ 277
あをものを 252
あをもりの 253
あをやまどほり 334
あをやまどほりに 304
あをやまの 244・330
あをやまのへに 330
あをやまはかはら 231
あをやまぼちの 289
あんりよくのこぬれ 139

【い】

いういうと 57
いうぢよのすがた 116
いうぢよゆくみゆ 117
いうびんだしに 237
いうびんふ 226
いえたるらしき 289
いえましきみ 71
いかだはいりく 157
いかなれば 31・339
いかにしてまし 341
いかにしなるとも 96
いかりあはぬに 346
いかるがの 129・129
いきいきとして 359
いきぐるしき 303
いきざししづめ 298
いきざしやすし 311
いきしづめをり 301
いきするらしも 211
いきたるかにを 230
いきづかひ 311

いきづきにけり 95・121
いきづくと 241
いきづけば 158
いきづみて 184
いきてゆくなり 218
いきどほろしき 112
いきのいのちの 132
いきのかぎり 265
いきのかぎりを 145
いきのちからを 138
いきのにほひの 132
いきのひかり 129
いきのほのほの 129
いきのをに 276・298
いきむいのちを 209
いきむとする 132
いきゐるうをの 170
いきをすらしも 301
いきをひそめて 137
いくあしか 335
いくうねの 250
いくすぢの 189・249
いくたびか 185・237
いくたびわれは 103
いくたりか 329
いくちぢの 39
いくつかめぐる 306
いくつきか 309
いくつきをへし 243
いくつくぐりて 117
いくつもおちゐる 218
いくつもゐるも 204
いくときならむ 134
いくとせの 301
いくとせはへし 166
いくとせを 231・264
いくにちも 310
いくにんならむ 252
いくひすぎけむ 259
いくひとどまる 181
いくひはすぎぬ 264
いくひへし 155・291
いくほどを 183
いくむれの 162・279
いくよしたしく 88
いくよのおやたち 236
いくよわがねし 319
いくらあゆみし 295
いくらのひとか 286
いくるいのちを 264
いけがきに 54・314
いけがきの 70
いけのうをの 132・132
いけのおもてに 124
いけのそこ 329
いけのそこあかし 329
いけのひごひは 124
いけのべに 291
いけのべの 118
いけのべを 117
いけのほとりの 31
いけのもの 33
いこくまい 225
いこひけり 236
いさぎよくして 315
いささかの 103
いささかは 296
いささかも 298・310
いささかもわれに 98
いざなふと 37
いさましき 341
いさりするかも 197
いしいづる 59
いしおこしつつ 196
いしおほき 27・47・243
いしがきかこふ 59
いしだかみちを 59
いしだんの 219
いしとぶや 60
いしなげうたば 57
いしにしづかに 105
いしのおとこそ 336
いしのへに 123
いしひくく 119
いしひろひをり 243
いしみちに 188
いそがしく 106
いそがはしとて 231
いそぎかへりつ 97
いそぎかへれり 141
いそぎきて 135
いそぎつつ 194
いそやまの 56
いだきけり 139
いたきこころを 212
いだきたり 138
いたきひかりの 195
いだきゆく 139
いだきわがをり 137
いたくしもよし 127
いたくふけぬれ 132
いたくやせたる 342
いださせみつれ 244
いだしけむ 297
いただきたかみ 229
いただきちかく 330
いただきに 62
いただきの 241
いただきのみち 56
いただきは 188
いただきひくく 240
いただきゆ 308
いただきより 314
いたづらに 194
いたどりの 324
いたどりのはに 51
いたはりなれて 327
いたはりゆくも 146
いたはれるらし 283
いたもいたも 284

いたやうごかす 286
いたやのうち 285
いたやのうちに 285
いたやもみぢの 255
いちしのはなも 192
いちじゆくの 170
いちじるきかも 276
いちじるく 241・264・270・272・324
いちじるくみゆ 258
いちしろく 59
いちじろく 88・131・191・192・205・277
いちじろくして 113
いちぢさまよひ 72・99
いちにすん 42
いちにちあたる 315
いちにちはれて 192
いちはやく 113
いちはやも 108
いちめんに 137・203・219・248・295・296
いちめんの 172
いちやうに 130・328
いちりのつつみ 56
いちりのなつの 59
いつかあひみむ 255
いつかきにけり 25
いつかけにつつ 103
いつかまた 312
いつかまたふまむ 94
いつかもいでむ 87
いつかわがみむ 68
いつかわすれむ 341
いつくしき 266
いつくしきかも 203
いつくしく 203・248
いつくしくして 199
いつくしくみし 241
いつくしめよと 233
いつくとも 64
いづこへゆかむ 120
いつこゑむこゑ 155
いつさいのもの 136
いつせいに 144・166
いつたりの 28
いつのくろいはの 308
いつのたかいは 308
いつぱいにゐる 161
いつぱいの 204
いつぴきにして 333
いづべにさりし 133
いづべにむかむ 125
いつぽんまつを 258
いつむたり 57
いつもいつも 347
いつもうましも 328
いつもすなほに 142
いでいるいきを 257
いでいるみつつ 268
いできつつ 332
いでこしと 96
いでしをとこ 239
いでたたす 55
いでたつわれは 73
いでたりと 96
いでてきたらむ 96
いでてきつ 266
いでてこころよし 247
いでてこしひとの 292
いでてつみつつ 265
いでてみまくと 106
いでてわがたちし 312
いでにけり 192・240・256
いでにけるかも 241
いでぬかも 344
いてふおちばを 176
いてふくわうらくす 176
いてふのおちば 175
いてふのおほき 46
いてふのもみぢ 53
いてふのは 176
いでゆあみむと 247
いでゆきし 65
いでゆきて 26
いでゆくはみな 316
いでゆになのか 247
いでゆのかはの 247
いでゆのたにの 50
いでゆのなか 102
いでゆのにほひ 248
いでゆのやまの 27
いでゆのゆぶね 246
いでゆをいでて 102
いとうさちをに 314
いとけきはじし 138
いとしごの 64
いとせめて 71
いとどあまねく 148
いとどしき 113
いとどめでたく 56
いとはしく 125
いとほしみつつ 94
いとまある 243・336
いとまあるらし 260
いとまえて 255
いとましあれば 265
いとまなき 251
いとまなし 255
いなぐきに 206
いなげのえきに 159
いなさふき 37
いなだのうへに 118
いなといひにけり 134
いにしへびとの 336
いにしへびとのごを 336
いにつきて 86
いにはのうなぎ 284
いにはのおほぬ 277
いにはのさとの 285
いぬなきたてて 166

いぬなきて 166
いぬのこゑ 184
いぬのながなき 184
いぬのもろごゑ 166
いぬはいぬどち 48
いぬひとつ 156
いぬべくは 175
いぬやまのしろ 353
いぬやまやきの 323
いぬるひちかし 265
いぬるをしみ 165
いねがてにする 286
いねがてぬよの 266
いねかると 52
いねかるは 300
いねてをり 298
いねにけるかも 131
いねむとするを 159
いねをるわれを 298
いのちありて 304
いのちうれしく 145
いのちこそとくれ 130
いのちさびしく 214
いのちさびしも 182
いのちしたしみ 197
いのちしをしも 303
いのちなりけり 298
いのちにうみぬ 125
いのちにぶりて 310
いのちはじかれて 130
いのちひとすぢに 129
いのちまさきく 122
いのちみじかく 257・345
いのちみだるる 163
いのちもしぬに 93
いのちをおもふ 139・211
いはかげの 196
いはかどに 24・189
いはかどのへに 36
いはつばめとぶ 34・38
いはにまくらき 102
いはねしらふぢ 49
いはねふかく 302
いはのへに 221
いはばしりなる 308
いはやまなみの 305
いはやまはたに 306
いはをかきかき 146
いひたべて 134
いひにしちちはも 333
いひのにほひも 125
いひはむ 268
いひをはみつつ 264
いふにいよいよ 357
いふをはばかり 268
いへあらぬらし 188
いへいつぐべき 269
いへいづる 326
いへいづれ 151
いへいづれば 192
いへいでて 230・289・306
いへいでみれば 288
いへいへに 94・305
いへいへの 320
いへうらの 187
いへごとに 59
いへごもり 67・68
いへたつるらし 261
いへなみみつつ 197
いへにおくれる 245
いへにおとなし 268
いへにかはむと 333
いへにかへりて 73・122・261
いへにかへるも 272
いへにかへれば 210
いへにこもるも 268
いへにはゆかね 227
いへにまつ 49
いへにもりつつ 65
いへにゐぬらし 298
いへぬちに 212・315
いへぬちにきて 141
いへのこと 231
いへのことに 186
いへのこひしき 73
いへのさにはの 39
いへのへに 290
いへのまはりを 331
いへのまへの 288
いへのゐど 286
いへはいづ 94
いへはうつれる 185
いへはみえねど 59
いへひとつ 216
いへみなふりて 33
いへめぐる 265
いへもるはの 287
いへゐかなしも 85
いへゐひらけたり 331
いへゐをことに 224
いへをいでつつ 155
いへをいでて 240
いへをみにけり 332
いへをもとめて 184
いへをるや 68
いほしろの 64・88
いぼたのめ 186
いほへなみよる 24
いほへやま 177・352
いほへやまに 352
いほりむすばむ 24
いまあへる 139
いまあみにけり 101
いまあゆみをり 258
いまいでむとす 228・342
いまいりがたの 131
いまうつりたる 293
いまおかれたり 139
いまおごそかに 129
いまかさくらむ 216

いまかへります 106
いまかへりゆく 258
いまここにして 135
いまさうれつの 158
いまさくはなの 335
いまさらさらに 183
いまさらにおもふ 103
いまさらにしも 195
いましいできし 197
いましいでゆく 237
いましいま 175・197
いましがた 106
いましくやしも 97
いましこし 101
いましことごと 148
いましすぎはて 209
いましみし 135
いましわかれむ 59
いますぎけらし 166
いますきみかも 350
いますともへば 340
いまだあはぬに 96・96
いまだあかるし 114
いまだあけずも 126
いまだあをきを 111
いまだいえぬらし 353
いまだいきゐる 230
いまだうつくしも 139
いまだおきをらむ 243
いまだおちゐず 110
いまだかへらず 186・280
いまだくらしも 138
いまだしづけし 116・142
いまたちわたる 30
いまだのびねば 123
いまだはいらね 226
いまだはみえね 88
いまだはみづに 318
いまだふふまね 284
いまだもいでず 160
いまだもきしやは 261
いまだもみえず 271
いまだゆりつつ 286
いまだよぶかき 126
いまつきにけり 242
いまなくは 155
いまにして 122・268・271・297
いまのよにして 66
いまのよの 66
いまはあひみぬ 347
いまはいだけど 138
いまはかなしも 143
いまはかへらく 290
いまはかへれば 155
いまはきこえず 174
いまはさびしも 93
いまはたちちに 231
いまはとほしも 167
いまはなげかじ 191
いまはなたれて 316
いまはひさしき 132
いまはほとほと 159
いまはもかへる 137
いまはもはらに 210
いまはもよ 96・141
いまはやせさす 248
いまはよにまさず 70
いまはれむとす 167
いままうでたり 180
いままはだかに 145
いまみれば 319
いまもあそべり 294
いまやみてゐて 332
いまゆきすぐる 119
いまゆのち 351
いまよみにけり 345
いまよりは 196
いまよりや 73
いまわれは 133・257
いまをわすれて 103
いみじくなりて 115
いみじくも 237
いもうとのこが 331
いもうとは 271
いもうゑてをり 248
いもがいへの 119
いもがいへを 35
いもがいりゆく 30
いもがかどに 25
いもがすがたや 293
いもがすがたを 108
いもとのいへまで 331
いもとふと 31
いもとわれ 31
いもにこひつつ 85
いもにわかれ 26・32
いものめあかく 187
いもはたつづき 52
いもはたの 69
いもほりをれば 46
いももやすめり 123
いもをこひつつ 26
いやあつき 247
いやくらく 273
いやさやに 281
いやしきなけど 38
いやしげく 59
いやすみにつつ 89
いやすみゆけど 64
いやましに 258
いやめづらしき 281
いゆきつつ 97
いゆくまち 222
いゆくをとめに 250
いよよかすけき 295
いよよくらしも 295
いよよひらけり 33
いらだたし 225
いらちつつ 195
いらへかねつも 332

いりがたの 131
いりきしいかだは 157
いりきたり 256
いりきたるみゆ 239
いりきつる 185・236
いりぐちに 95・232
いりたてり 270
いりつひの 201
いりてはがきを 167
いりてみつ 185
いりてゆくかも 95・126
いりにけり 236・263
いりひあかあかと 288・288
いりひさし 50・341
いるるただちに 202
いれるうし 316
いろしうつくし 66
いろづきにけり 46
いろづくみれば 304
いろづける 46
いろにたち 103
いろふかみ 62
いをすくふこの 62
いをねむわれを 261
いをもゐず 61
いんさつじよの 214

【う】

ううるにしあらし 293
ううるひとらの 293
うかびいでつつ 170
うがひするかも 221
うかびたるかな 170
うかびたるかも 100
うがひにたてば 61
うがひのみづの 247
うかぶこがもの 209
うからしづかに 268
うきくさの 23
うきさなへさす 293
うきしまの 29・34
うきてみだるる 114
うきにほふ 118
うぐひすなくも 47・55・86・189
うぐひすのこゑ 35・55・328
うぐひすのなく 35
うぐひすびより 58
うぐひすも 55
うけてのみつも 308
うけひつつ 351
うごかざりけり 276
うごかざるかな 145
うごかざるかも 127
うごかざれば 137
うごかすあしを 124
うごきいでたり 158
うごきけり 270
うごきつつしろし 362
うごきつつみゆ 317
うごきなば 359
うごきにごりて 157
うごきはれゆく 260
うごきやまなく 176
うごきゐる 284
うごくかすかに 267
うごくともせず 346
うごくともみゆれ 170
うごくとりかも 260
うごくなり 304
うごくものもなし 124
うさぎかるをら 35
うしあまたたてり 259
うしあるきいづ 202
うしいれて 202
うしごやの 99
うしさびし 259
うしつなぎ 202
うしにきりやる 204
うしにのまする 200
うしのあおと 202
うしのあゆみの 206
うしのうなじ 203
うしのことふ 104
うしのこの 141
うしのすがたの 206
うしのせなか 203
うしのたちゐる 202
うしのちちので 205
うしのにくの 226
うしのにほひも 99
うしのはなとる 205・205・205
うしのひたひの 201
うしのひたひを 199
うしのふゆげの 199
うしのまなこの 206
うしのみづもち 202
うしのめの 203
うしのゆをわかす 200
うしはおほきく 202
うしはたちをり 201
うしはつのする 206
うしははみたり 201
うしはますぐに 205
うしはむれたり 316
うしひきいでて 141・199
うしひきうつり 205
うしひきて 106・206
うしひさしく 200
うしひとつたてり 203
うしひとつゐて 200
うしべにかひつ 239
うしほにひたる 145
うしほのひかり 145
うしもうまもなし 333
うしやすめあり 294
うしやどに 259
うしろから 307
うしろにおひて 37
うしろにたかき 119

うしろより 293
うしゐてうしの 201
うしをうまをかひて 278
うしをつなげる 201
うしをながめて 202
うしをひきかふ 86
うしをまもり 200
うしをみてをり 199
うしをらぬ 358
うすあかきくきの 140
うすあゐの 126
うすきさびしく 310
うすきしもごえを 314
うすきなる 138
うすきはねおさへ 124
うすきほこりの 125
うすくつつめる 115
うすくにごれり 288
うすぐもり 31・33
うすくれなゐの 325
うすじめり 123
うすづきながら 45・85
うすにごりして 321
うすひてり 182
うすみどり 86
うすゆきさうのはな 330・330
うすらさむけき 51
うすらさむけく 341
うすらにあかき 130
うすらににじみ 162
うすらにほへる 134
うすらひかりて 87
うすらひさせり 112
うそぶけば 38
うたもひながら 30
うたごころ 359
うたによまれざりき 354
うたのことし 42
うたのとも 68
うたのの 339
うたのひとつを 115
うたのみちに 350
うたばひびかむ 61
うたひえぬ 115
うたひけるかも 245
うたひつつかる 70
うたひつつゆかむ 178
うたびとあがえ 33
うたびといます 32
うたびとの 340
うたよましけむ 45
うたよまず 353
うたよむとも 360
うたをうたへり 174
うちあぶす 114
うちあれし 198・271
うちいこはむと 194
うちいでて 198
うちいでてみれば 275
うちかけり 241
うちかぶさる 135
うちかまけつつ 257
うちきほひ 239
うちくらく 248
うちけぶり 235
うちしづみ 112
うちたぎち 258
うちたふれし 197
うちつどひ 194
うちつどふ 254
うちとよみなく 276
うちとよむ 95
うちどよむ 131
うちなげく 191
うちなびき 87
うちなびく 28
うちならび 293
うちひさす 96・103
うちひびき 276
うちまよふ 313
うちみだりつつ 93
うちみつつ 87
うちみれば 277・321
うちゆられをり 146
うちゆるる 111
うちよるなみに 198
うちよろこびて 212
うちわたす 269
うつぎのはなむら 263
うつくしき 303・316
うつくしきおもを 255
うつくしきこに 244
うつくしきだに 93
うつくしきもの 56
うつくしく 255・319
うつくしくして 303・352
うづくまり 193・210
うづくまりをり 230
うつしかりけり 193
うつしきに 114
うつしけらずや 142
うつしみの 238・245・286・291・352
うつしみは 298
うつしみもちて 309
うつしみを 327
うつしよに 97・122
うつしよの 60・72・298
うつしよは 283
うつしわが 117
うつせみの 59・138
うつせみのひとは 266
うつそみに 196
うつそみの 71・71・99・113・262・299
うつそみは 233
うづたかき 187
うづたかく 212・271
うつたへて 138
うつたへに 266・299
うつつなきかも 129

うつつなく 137
うつつなにわが 158
うつとりと 143・146
うづのうまざけ 351
うつぶしに 108
うづまきとほる 184
うづまきひかり 215
うづまくみづに 27
うつむきて 244
うつらあかるく 161
うつらうつら 57・138
うつりかの 165
うつりすみ 151
うつりたりわれは 95
うつりてぞなく 28
うつりてにほふ 325
うつりてわれは 143
うつりてゐたり 140
うつりゆくかも 191
うつりゆくをば 124
うつるべき 184
うつれるかべを 227
うつろなり 257
うでにけり 311
うとくなりゆく 292
うとましきかも 173
うなざかとほく 118
うなじをあげて 202
うなぞこに 145
うなぞこの 145
うなたれて 146
うなばらの 48
うなわくどろを 171
うなゐばなれの 120
うなゐらが 45
うなゐらの 45
うねうねと 219
うねりくるなみ 145
うねりにのせて 145
うねりにのりて 145
うねりやまずも 147
うはごとを 268
うはずむみづに 294
うはぬかりせる 147
うはべすみつつ 288
うばらのはなを 50
うばらはことし 50
うぶぎほしたる 54
うぶすなの 309
うべしこそ 32
うべなひて 264
うへにわがゐて 38
うまいよくして 160
うまいよくせよ 346
うまおひて 352
うまがかじれる 169
うまかじりをり 169
うまきものたべむと 324
うまくだるなり 330
うましいちご 49
うましうましと 243・358
うましえだまめ 311
うましきつかれを 146
うましきに 191
うましきものを 215
うましくしみゆ 311
うましみの 227
うまつなぎ 49
うまとりは 40
うまとりみにと 26
うまのおやこは 280・295
うまのかひばを 283
うまのからだを 296
うまのこの 280
うまのせだけに 60
うまのせの 64
うまのせやま 89
うまのにほひの 283
うまのにほひは 319
うまのはしろく 169
うまのへに 128
うまのゆくみゆ 275
うまはいでゆく 279
うまはひとまち 109
うまやどに 109
うまやに 279
うまやにいりぬ 279
うまやにいれて 316
うまやにたちゐて 331
うまやには 109
うまやにゆくも 181・181
うまやにゐるも 200
うまやのかやり 295
うまやのまへの 202
うまやはあかるく 200
うまやをおほふ 295
うまやより 141・316
うまらにに 226
うまれあひけむ 31・339
うみあけきたり 199
うみあざやかに 52
うみいでて 221
うみかがやけり 177・183
うみかくむ 116
うみかぜに 227
うみきららかに 177
うみくろぐろと 198
うみしづくしを 359
うみたたへゐる 220
うみぢのどけし 167
うみとほくまで 258
うみにあへぐを 275
うみにいづるかも 275
うみにきつ 230
うみにごりたる 230
うみにてり 201
うみにはきつれ 203
うみにはたらき 199
うみにひたりて 146
うみにひたれり 145

うみにむきたつ　200
うみにむきたる　220
うみにむきて　226
うみにゐて　146
うみのうへ　116
うみのおもては　254
うみのかぜ　58
うみのきを　238
うみのさびしさ　167
うみのつかれに　151
うみのひかりに　145
うみのひかりを　177
うみのひびきの　105
うみのへに　35・275
うみのべの　115・158
うみのへのかぜ　105・116
うみのもの　114・114
うみのもは　114
うみのもを　339
うみはうごくも　115
うみはくれて　105
うみはしづめり　115
うみふかぶかし　198
うみべにはかに　115
うみべのどかに　113
うみべのむらを　198
うみべをあるく　198
うみべをよしと　336
うみみむと　230・269
うめがかもちて　32
うめさかりなり　23
うめのはなさく　33
うめのはなさけり　42
うめのはなの　351
うめぼしの　69
うめぼしは　69
うもれたるらし　271
うやうやし　196・243
うらがなし　133・182・187・190
うらがなしかり　123
うらさわぐ　136
うらどほり　150
うらにはの　34
うらのしひもり　59・88
うらのしみづに　50・341
うらのよまつり　58
うらはたに　46
うらやまに　41
うららかに　248
うりあるくなり　307
うりにきにけり　319
うりひやしおく　50・341
うるはしく　259
うるひあまねく　288
うるほひみてる　265
うれしかりける　292
うれしかりけれ　336
うれしことしは　350
うれしといひて　285
うれしみやこの　39
うれしみゆけば　124
うれしもよ　300
うれへおぼゆる　114
うろこのひかり　170
うゑうゑて　293
うゑこみの　112
うゑだのみどり　69
うゑつけの　293
うゑつけまへの　106
うゑつけをせぬ　252
うをかへわがせ　279
うをしにて　170
うをのむれ　170
うをはねし　277

【え】

えいたいばしを　150・175
えぞやまの　255
えだおもく　195
えだまめを　311
えにしつきて　159
えのきのこずゑ　217
えのしりゆ　99
えぼしきるなす　56
えむしほりゐる　171
えむしほりをり　171
えやみありて　63
えんがはに　334・361
えんしふしよしよに　309
えんてんに　225
えんてんの　169
えんにいづれば　101・242
えんにいでたり　240
えんにちの　150・222

【お】

おいしあまの　222
おいせまゐりに　55
おいたるちちの　231
おいたるつまが　291
おいたるははの　286
おいたるみおも　232
おいたるらしも　225
おいづくいのち　245
おいづくつまを　185
おいながら　250
おいにけり　218
おいにけるかも　56
おいびとあはれ　26
おいませる　199・232
おかれたりみゆ　252
おきあがりて　336
おきいでし　267
おきいでて　350
おきいでてひさし　288
おきいでぬべし　289
おきいでぬれば　125
おきおきの　303

おきしこの 136
おきたれば 234
おきつかぜふく 183
おきつたに 326
おきていぬべく 266
おきてかたるを 257
おきてきて 135
おきてこし 29
おきてながめむ 362
おきてゐむ 243
おぎなひぐすり 286
おきなやすらふ 49
おきなをおもふ 58
おきにけるかも 136
おきのすなどりを 275
おきふしにけり 320
おきふすわれは 349
おきべには 198
おきべはくらく 114
おきべはるかに 117
おぎろなき 145
おきゐるらむか 267
おくたまがはの 358
おくたまの 357
おくつきどころ 264
おくつきに 313
おくつきにでし 258
おくつきみちを 269
おくつきを 72
おくつゆさむみ 204
おくのさはべに 87
おくへつづける 130
おくやまより 324
おくりこし 116
おくりてをくれし 263
おくれがちなる 232
おこすといへば 212
おごそかに 100
おこたりおほく 269
おこたりて 360
おこたるなゆめ 360
おしあげにけり 271
おしならび 123
おそきあさげを 310
おそくかげさす 274
おそろしきかも 179
おそろしきまで 257
おたづねすれば 347
おたまじやくしを 244・244・291
おだやかにして 142
おちあひて 27
おぢごころ 132
おちしきり 290
おちつきて 210・223
おちつきてみゆ 318
おちてきにけり 124
おちてこしもの 154
おちてそよげり 102・343
おちてひびくも 116
おちてゆくなり 131
おぢにけむもの 268
おちばかきつめ 235
おちばして 121
おちばたきたる 235
おちばたく 121
おちばのへ 307
おちばふみ 234
おちやまず 264
おちゆくみづの 39
おつるこずゑの 35
おつるゆふひの 52
おとうとと 331
おとうとの 23
おとうとは 265
おとききにけり 165
おとぎばなしを 212
おとさびし 39
おとすなり 266・310
おとぞきこゆる 182
おとたてて 200・235
おとはいつか 36
おとなしき 199
おとなへば 193
おとにくからぬ 334
おとのきこゆも 124
おとのきこゆる 234
おとのさびしさ 270
おとのさむけさ 209
おとのさやけさ 308
おとのしたしさ 241
おとのしづけさ 329
おとのよろしき 282
おとはきこえず 183
おとゆるやかに 180
おどろおどろに 153
おどろきて 239
おどろきぬ 278
おどろしく 154
おどろにひびく 209
おどろによるは 153
おとろへにけり 297
おとをききつつ 235
おとをたてつつ 245
おとをひそむる 144
おとをひびかす 169
おなじこのむらに 31・339
おなじよに 31・339
おにあざみのめ 318
おのおのくらき 134
おのがからだを 233
おのがじし 152・153・264・276
おのがなかまの 316
おのがままなる 253
おのづから 66・102・105・110・119・127・147・159・166・173・179・199・260・267・283・311・327・328・355
おのづからおもふ 117
おのづからさき 24
おのづからちる 24
おのづからなる 41・159・166

おのづからひらく 233
おのづまつれて 276
おのもおのも 256
おのれかうべを 160
おのれみづからを 297
おひかぜうけて 98
おひかぜに 343
おひしげりたり 352
おひすゑいはふ 48
おびただしきを 243
おびただしく 70
おびただしくも 170
おひろまの 160
おびをきものを 67
おへんとすらん 41
おほあさま 57
おほあめかぜの 230
おほいなる 48
おほいはのうへに 221
おほうみを 69・272
おほえどの 58
おほえのあかつき 99
おほえのふちの 99
おほおやがみの 66
おほかはぎしに 312
おほかはぐち 147・313
おほかはじり 171
おほかはに 233
おほかはの 73・95・99・174・175・215・233・285・312
おほかはのあをさ 312
おほかはのくちに 95
おほかはのなみ 257
おほかはのべに 99
おほかはばたに 215・215
おほかはばたを 236
おほからなくに 257
おほきあきいへを 185
おほきあし 313
おほきあをすぎ 308
おほきいけ 329
おほきいのちし 297
おほきいへいへ 224
おほきいへたてり 270
おほきいへの 186
おほきうし 202
おほきうしたてり 144・203
おほきうまふたつ 294
おほきうまやに 200・316
おほきうまやの 333・358
おほきかきのみ 311
おほきかに 230
おほきかは 150
おほきかぶにじ 237・237
おほきかまどに 111・309
おほきからすの 219
おほきかりけり 294
おほきくあかしも 87
おほきくさがる 93
おほきくちあき 198
おほきくも 294
おほきくもかげ 219
おほきくもひとつ 230
おほきくろしべ 225
おほきこうぢやう 95
おほきことひ 316
おほきこひ 275・282
おほきさびしさ 307
おほきしろうし 204
おほきすゐくわを 328
おほきせなかに 200
おほきたにの 274
おほきたねうし 316・316
おほきつばき 286
おほきてら 242
おほきとほりを 255
おほきながれぎ 258
おほきなる 88・140・181・196・202・221・225
おほきなるうし 144
おほきなゐの 286
おほきのうろに 251
おほきのかへで 52
おほきのこずゑ 261
おほきのしづく 264
おほきのまつの 273
おほきのもとに 236
おほきのもりに 276
おほきはたごや 54
おほきはな 190・225
おほきはなゆらぐ 255
おほきはんだいを 307
おほきひしやくに 221
おほきひじりを 54
おほきふじのね 127
おほきふるいへに 130
おほきぼたゆき 215
おほきぼへうを 230
おほきまごひの 309
おほきまりはな 354
おほきみき 255
おほきみの 340
おほきみやこに 98
おほきみやこの 95
おほきゆきだるま 239
おほきゆふひの 117
おほくして 197
おほくまちやうじらう 353
おほしまちかし 198
おほしまの 34
おほしもふりて 310
おほすぎの 43・45・302
おほたきの 38
おほちちに 179
おほぢはしろく 192
おぼつかな 136・152・183
おほづつの 25
おほでらの 176
おほどかにひびく 200
おほどほり 224

おほとりの 332
おほどをなして 126
おほにあかるき 283
おほにあかるし 247
おほにいりにし 104
おほにきこゆる 217
おほにくもりて 315
おほにくれしを 104
おほにこもれり 114
おほにしいたし 211
おほにしたがひ 97
おほにはするな 340
おほにはの 106
おほのがなかを 186
おほののみどり 103
おほばしづかに 159
おほひかぶさる 235
おほひくる 272
おほひけるかも 273
おほひつつ 132・273
おほひにおくれ 356
おほひにふるへ 357
おほひゆくかも 127
おほへるくろくも 249
おほへるそこより 249
おぼほしく 112・182・182・258・270・270・277・283・285・295
おほみづに 271・271
おほやしま 70
おほやしまのへに 24
おほやなぎ 282
おぼろおぼろに 188
おぼろかに 98・102
おぼろげにみゆ 40
おぼろづきのわ 33
おぼろなるかなと 97
おぼろよの 331
おもあげて 37
おもおもし 95
おもかげのみに 255
おもきひばしを 234
おもきやまひ 266
おもきやまひに 71
おもしりそめし 105
おもしろき 285
おもしろくして 283・284・345
おもしろくなし 65
おもしろと 362
おもたきはおと 249
おもちやをかひきつ 222
おもちやをもちて 210
おもてとざせる 224
おもてにて 298
おもてをあげて 189
おもにあひにけり 277
おもにさびしも 175
おもはざらめや 187
おもはずけり 163
おもはずも 29
おもひありしが 313
おもひいでつも 332
おもひうかべつ 122
おもひかね 97
おもひきりて 291
おもひけり 137・166
おもひけるかな 343
おもひこひにし 101
おもひさだめて 96
おもひすくはれぬ 322
おもひたぎつも 72
おもひたち 103
おもひたへなくに 152
おもひたらはし 351
おもひつつ 121・159・190・243・299・330
おもひつつあはれ 315
おもひつつゆく 239・358
おもひてありしか 122
おもひわがをり 144
おもひわく 98
おもひゐつる 345
おもひをりにし 133
おもふことおほし 216
おもふしづけさ 330
おもふとき 297
おもふどち 348・351
おもへども 97・320・324・336
おもへばすべて 59
おもへるものを 96・133
おもへるわれに 351
おもへるわれは 32
おもへれば 340
おもほえて 266
おもほえば 249・268
おもほすならむ 245
おもほゆべしも 357
おもほゆらくに 135・227
おもほゆるかも 28・118・132・152・155・232・245・268・282・288・297・351・357
おもむろに 102・157・282・325
おもわあぐれば 158
おもをゆるべて 237
おやうまの 280
おやうまも 279・280
おやこのうまの 295
おやとこと 131
おやにそひつつ 294
おやにそひて 280
おやにもともにも 232
おやのかたへに 280
おやはうごかず 201
おやまはしづか 128
おやもこうまも 279
およぎてありけり 116
およぎをりみゆ 209
おりがてなくに 161
おりきつつ 303
おりたちて 109・293・315・326・331・347・359

おりたちにけり 175・287
おりたてば 180
おりたるひと 252
おりてしづけし 229
おりむとしつつ 161
おりゆきにけり 296
おりゆくさきの 250
おりゐるしらくも 60
おろしたりけり 307
おろそかにせし 298
おろそかにみし 310
おんじきのときも 314

【か】

かあをきこけに 34
かいきにひたり 238
かいくわういたし 183
がいじゆのかはを 169
がいじゆのもみぢ 266・266・267
がいじゆゆすりて 266
かいだうすぢを 275
かいだうとほく 183
かいだうを 252
かいだうをゆく 186
がいとうに 169
がいろあかるき 266
がいろじゆの 255
がいろじゆを 169
がうのはらに 172
がうのみづの 258
かうかうと 233
かうぐわいに 121・155
かうぐわいの 155・155・155
かうぐわいのいへの 314
かうしんかうに 319
かうせいもいでず 213
かうちせいりの 331
かうのにほひの 193
かうべあぐれば 156
かうべあげ 171
かうへいと 332
かうべをあげず 162
かうべをあげて 173
かうべをあげぬ 146
かうむりてねる 256
かうるゐのはな 216
かかはりはなし 98
かかぶりて 342
かかへしまま 222
かかむとす 167
かがやかに 265・317・323・349
かがやきに 114
かがやきにほふ 318
かがやきやまず 144
かがやきよする 144
かがやくあをなみ 145・145・145
かがやくうみに 145
かがやくまみを 108・135
かがやけり 190・269・288・288
かがやけりけり 304
かがやけりみゆ 100
かがやけるかな 121
かがやけるかも 201
かがよふみれば 61
かがよふよるの 121
かかりてあるかも 126
かがりのおきの 254
かがりびたけど 254
かきあかき 102
かきいだき 43
かきいだきつつ 263
かきがねはづし 220
かきしてがみは 253
かきぞひの 30
かきたうべをり 198
かきつたに 33
かきておくらむ 71
かきておこせぬ 23
かきにけるかも 199
かきねのももは 331
かきねみち 335
かきのあき 73
かきのきたかし 306
かきのきに 103・119
かきのきのしたに 311
かきのきより 311
かきのこずゑに 46
かきのこぬれに 591
かきのみあかく 205
かきのわかばの 317
かきみだし 172
かきもみぢ 303
かきやれば 199
かぎりたつ 114
かぎろひて 117
かぎろひの 106・107・109・114・119・206
かぎろひのたつ 31・34
かきわかば 317・317・317・317・318
かきわかばせり 318
かきをへし 191
かきをもぎつつ 311
がくかうゐんの 303
かくしたへぬに 251
かくしつつ 108・181・361
かくしにほへり 274
かくすところなし 179
かくだにも 278
かくてけふあゆむ 335
かくてひにひに 300
かくてふたりの 339
かくてわがさる 94
かくてわかるる 94
かくのごと 131・197
かくのみに 261・266
かくべかるらし 323
かくむもの 142
かぐろあつはの 141
かぐろくなりて 324

かぐろくひかる 257
かぐろさびたれ 140
かぐろなみがた 311
かぐろにすめり 203
かぐろにひかり 282・286
かぐろはら 44
かげあらずけり 278
かげおほきには 106
かげおほし 313
かけかふる 313
かげくらく 124
かげくらしもよ 119
かげくろし 195
がけしたの 185
かげしなつかし 114
がけたかみ 183
かけつらねたる 305
かげともあかし 241
かげのあり 148
がけのかげ 175
かけのかそけく 99
かげのさやけく 334
かげのさやらに 32
がけのへの 183・196
がけのへのみち 183・183
かけのぼるみゆ 217
かげはうつれり 85
かけはしりつつ 62・280
かげはみえけり 154
かけひのみづの 306
かげふかく 147
かげふかみ 106
かけほすにはに 307
かげみえず 278
かげもかなしく 120
かけるたかの 241
かげれるいろを 346
かげろふぬまに 346
かげろふのたつ 108
かごおきてあり 229
かごにうまきぬ 58
かごにかごに 58
かごにして 329
かごのへゆ 43
かこはれし 211
かごひとつ 329
かざあかりする 178
かざあかりふき 228
かさかしげ 186
かささしわたる 31
かさなりくらき 192
かざにごりして 282
かさにひびかふ 165
かさぬぎて 205
かざりていづる 34
かさをしとりて 205
かじかなく 102・324・325
かしこき 255
かしなきときし 67
かしのおほきに 106
かしふあむことの 345
かしやもとめて 310
かしらもたげて 298
かじりをる 169
かじんはものを 136
かずかぎりなき 152
かすかなる 154
かすかなれ 148
かすかにうごく 112
かすかにきこゆ 238
かすかにしほを 312
かすかにぬまは 278
かすかにわれは 299
がすたんく 149
かすみたなびき 188
かすみたなびく 31
かすみのとばり 31・339
かすれかすれの 225
かずをかぞへて 243
かぜありて 228
かぜあれど 233
かぜいづと 139
かぜいでにけり 156・322
かぜいにて 147
かぜおちきたり 124
かぜかをる 278
かぜここちよき 48
かぜさえわたり 184
かぜさむみ 286
かぜさやぎ 218
かぜさやぐ 228・330
かぜさやに 329
かぜさわやかに 245
かぜしづまれる 291
かぜすがすがし 284
かぜそよぎ 157
かぜたちて 241
かぜたてば 290
かぜつよみ 323
かぜとよむ 242
かぜとよもすも 101
かぜなまぬるし 46・47
かぜにかも 360
かぜにさやげり 324
かぜにさわぐ 112
かぜにただよふ 23
かぜにひかりて 284
かぜにまかせぬ 46
かぜにむかひ 189
かぜにゆれたつ 67
かぜのあと 94
かぜのおとひたと 215
かぜのなか 292
かぜのなかに 292
かぜはだにふく 150
かぜはほのかに 141
かぜはればれし 217
かぜひかざらむ 312
かぜひきて 360
かぜひけば 346

かぜふきあぐる 226
かぜふきしかば 146
かぜふきすさぶ 315
かぜふきて 183・183・257
かぜふきとほり 160
かぜふきなびく 219
かぜふきにけり 318
かぜふきやまず 183
かぜふきやみ 156
かぜふくおとす 229
かぜふけば 38
かぜもよろしく 39
かぜわたるなり 187・201・219
かぜわたるらし 317
かそかなる 118
かそけきほりに 209
かそけくきこゆ 48
かそけくそよぐ 116
かそけくも 299
かぞへならべぬ 242
かたあかり 38
かたあかりせり 254
かたがはしろし 43・45
かたきかふらを 197
かたきくさのは 204
かたきちじやうに 147
かたきつぬのね 203
かたきてざはり 199
かたきふとんの 327
かたきむらさき 215
かたくこえつつ 204
かたくりのはな 189
かたすみに 333・358
かたせのはまに 347
かただくろぬる 108
かたてさしいれ 205
かたなびきすも 51
かたにはに 47
かたにはの 36
かたのくびねの 147
かたはらに 141・263
かたむきにけり 313
かたむきゆるる 233
かたよりに 126・259
かたよれるきりの 127
かたらはましを 214
かたらひかはす 33
かたらふひまも 186
かたりけらしも 242
かたりつつ 327
かたりつつゐる 354
かたりてゐるも 227
かたるこゑきこゆ 164
かたるもうれし 46
かちゆかむとす 176
かちゆけば 173
かつあわだちて 288
かつがつにほふ 254
かづきして 197
かづきねしもの 256
かつぎゆく 265
かつぎゆくみゆ 294
かつくろみけり 299
かつこぼれちる 56
かつこぼれつつ 65
かつさけりみゆ 216
かづさのくにや 70
かづさをのこら 70
かつとして 171
かつながれゆく 36
かつぱもぐのはな 296・296
がてうのむれ 296
がてうのむれは 296
がてうはすぐに 296
がてうはほりに 296
かどすずみ 48
かどたのうゑた 294
かどづけふたり 150
かどにさにはに 326
かどのこみちに 299
かどのそばはたに 311
かどはたの 181
かどばたの 299
かどみちに 279
かどみちを 279
かどをまがれば 230
かないそろひて 289
かなかななけり 133
かなかなのこゑ 151・152
かなかなはなく 133
かなぐしもちて 199
かなしかりけり 106・116・132・137・142
かなしかりとも 97
かなしかるかな 131
かなしかれども 141
かなしきおもひ 191
かなしきおもわ 122
かなしきかもよ 144・330
かなしきことは 181
かなしきことら 72
かなしきつみに 113
かなしきに 108
かなしきひかり 139
かなしきひとは 136
かなしきひとを 159
かなしきまみの 135
かなしきむねに 113
かなしきものか 174
かなしきものを 94・140・174・222・233・343
かなしきやどに 158
かなしきを 133
かなしきをんな 137
かなしくしたし 267
かなしくとほる 276
かなしくも 269
かなしけれ 140
かなしこの 137・138
かなしごのため 49

かなしこは 141
かなしこひゆゑ 111
かなしごを 132・135
かなしみにけり 165
かなしみわくも 121
かなしもよ 151
かなめわかばの 192
かなやのむらは 59
かならずうをの 302
かならずさけを 257・345
かならずつまを 196
かならずや 348
かにうりつづき 230
かにかくに 65・93・227・262
かにのぬけがら 196
かにふたつ 197
かにもかくにも 209・297
かにをとらふる 196
かねておもほえ 139
かのいはかげは 113
かののみやまを 273
かのもりの 122
かのやまかげに 176
かのやまかげは 177
かのやまこのをか 59
かのやまの 240
かのやまのゆき 240
かのやまみちの 242
かのゆふだちに 302
かのよきうたを 178
かのをかに 59
かはかみに 71・258
かはかみの 302
かはかみみれば 323
かはがりに 49
かはぐちに 144・309
かはぐちの 171・225・227・312・315
かはぐちわたる 247
かはぐちを 256
かはくまに 282
かはくまの 107・282
かはじりの 53・174
かはすぢに 280
かはせのたぎち 274
かわそひの 41
かはぞひの 35・46・52
かはぞひのみち 27
かはぞひみちを 26
かはづがあまた 254
かはづかつなく 188
かはづがなけば 245
かはづなきたつ 319
かはづなくなり 31・36
かはづなくなる 73
かはづのこゑ 293
かはづのこゑの 217
かはづのこゑは 217
がはとびをれり 223
かはなかに 144・204
かはながら 311
かはにうつりみゆ 102・325
かはのあなたに 252
かはのおと 271・308
かはのつつみの 186
かはのなかに 316
がはのびやうしやら 255
かはのみづ 321
かはのむかひに 182
かはのもを 112
かはびにいでぬ 112
かはひろひをり 50
かはべのやどに 68
かはべゆきつつ 186
かはべりくれば 32
かはまくは 269
かはみづの 350
かはむかひ 182
かはらやの 42
かひてかへれる 304
かひにけり 272
かひにけるかも 333・358
かびはえにけり 321
かひばのわらを 200
かひばもあらず 109
かぶにじたてり 237
かぶりけるかも 204
かへしあしもと 187
かへしたまはめ 65
かへしゐどみづ 288
かへたての 288
かへでのもみぢ 307
かべにのこれる 238
かべのいろ 131
かべのくづれに 124
かへらざるべき 250
かへらむとする 260
かへりいゆきて 285
かへりおそきに 104
かへりかへらず 266
かへりきたらず 43
かへりきたり 301・311
かへりきたれば 355
かへりきたれる 213・296
かへりきて 106・165・206・230・258・263・269・272・274・285・287・301・322
かへりきにけり 98・212・297
かへりくるこゑ 94
かへりくるさぎ 153
かへりけるかも 136・189
かへりたり 202
かへりつつ 121
かへりてあれば 311
かへりてくれば 212・243
かへりはてたる 154
かへりみすれば 43・73・339
かへりみち 155
かへりみにけり 124
かへりみる 58・114・241
かへりみれば 177

かへりゆきなむ 322
かへりゆく 178・271
かへりゆくみゆ 150
かへりをはりしと 249
かへりをり 295
かへるなり 154
かへるなりけり 140・146
かへるにも 106
かへるべかりしを 109
かへるまで 274
かへるみち 45・85
かへれるそのよ 60・88
かほあかくみゆ 295
かほあらふかも 167・274・303・328
かほおほふ 49
かぼちやはなさく 151
かほのたふとさ 199
かほはあらはな 288
かほふりにけり 133
かほみあはせぬ 151
かほをあげたり 219
かほをふきつつ 197
かまぞめすると 41
かまとぎて 252
かまとぎをり 252
かまとぐからに 109
かまとげば 52
かまどにひとり 200
かまのたぎちの 59
かまのゆわきて 229
かまよくきれむ 251
かみいでましぬ 34
かみうらめしも 339
かみしうらめし 31
かみすぎのかげに 241
かみつけの 350
かみつつあれば 324
かみつふさ 317
かみてぞみつる 111
かみなりの 336
かみなりわたる 55
かみにいのる 341
かみにけるかも 138
かみにそなへぬ 41
かみのおほすぎ 43・45
かみのきの 41
かみのこと 40・58・341
かみのとりゐに 49
かみのみいけの 62
かみのみくらに 58・341
かみのみこころ 66
かみのめぐみ 62
かみのやまの 275
かみのわざかも 64
かみふさの 357
かみもみまさば 65
かめにさしたり 298
かめにさしたる 354
かめにさす 298
かめのなかに 291
かめふかく 96
かめゐどの 88・297・297・327・355
かもうちむれて 161
かもこがも 209
かもなくきこゆ 161・161
かものみづかき 161
かものゐる 305
かもはしづけし 161
かもはむれゐる 161
かもむれて 161・161
かもゐるほりを 160
かもをらざらむ 354
かやうきゆらぐ 225
かやのなかにして 36
かやのやま 226
かやばのや 193
かやはらに 67
かやはらの 32
かやぶきのいへ 23
かややまなかの 51
かやりしてやる 295
かやりびの 295
かやをつりゐる 261
かゆきかくゆき 97
かよふはたての 147
かよりかくより 146
かよわかる 217
からかささして 181・247
からかさしろし 271
からからと 182
からすうづまき 162
からすうりのはな 302
からすおへど 176
からすきにおりて 175
がらすこうぢやうの 156
がらすこまどの 28
からすぢざうを 58
がらすどごしに 45
からすなきたち 342
からすなきわたり 342
からすはとばず 176
からすむらがり 162・162
からすむれきぬ 162
からすゐるみゆ 194
からだかすかに 214
からだかよわき 225
からだしづかに 310
からたちがき 216
からたちの 292
からだはほてる 240
からだふきつつ 221
からだをぬぐふ 328
からだをひたす 221
からまつの 128
かりおくべみと 109
かりくさの 109
かりそめの 97
かりそめのものに 289
かりたかへすと 205
かりたすく 206・206

かりたのおもを 54
かりどこのうへに 193
かりなきわたる 52
かりばしを 313
かりをだに 205
かるあさぐさは 204
かれきにとまる 163
かれきみな 301
かれくさの 179
かれさやのたれて 301
かれしばに 314
かれすすき 235
かれのはら 25
かれはてにもむ 211
かれはをおとす 266
かろきがごとし 306
かろきすがたの 95
かわきゆくころの 123
かわきゆくのに 123
かをやくわれは 51
かをりあやしみ 23
かをりのなかに 140
かをれるあさの 117
かんあけて 314
かんがへざるべからず 134
かんぎくのおつ 46
かんぎくのさく 42
かんじつつ 198
がんじゆざん 252
かんじゐるかも 323
かんてらともり 174
かんてらの 174
かんのひのてる 239
かんのみづに 315
かんぱんのへの 167

【き】

きいちごたうべし 333
きいちごとりに 269
きいちごの 111・269
きいろきひかげ 238
きいろなる 140
きうかいだうを 328
きうなんじよの 215
ぎうばをらぬ 333
きえがてぬかも 209
きえしたか 241
きえにけるかも 241
きえゆくかげの 244
きえゆくものを 249
きかいのおとに 73
きぎくしらぎく 45
きぎししまらく 276
きぎしなきたつ 34
きぎしなきとよみ 276
きぎしのこゑ 276
きぎしはきつつ 121
きぎしはなけり 277
きぎしひかりて 276
きぎぞうごける 334
きぎぞゆらげる 361
ききつつあゆむ 234
ききつつぞこし 308
ききつつともし 86
ききつつゆくも 234
ききてゐにけり 165
きぎにかがやく 179
ききにけり 155
ききにけるかも 180
ききにしをかに 24
きぎのあをばの 111・120
きぎのめは 190
きぎのわかばは 265
きぎのわかめに 289
ききまもりつつ 257
きぎもみぢせり 55
ききわけにつつ 121
ききゐたり 326
きくとだに 159
きくひともなし 339
きくひともなみ 38
きくむしのこゑ 57
きけるかも 122
きけるとき 156
きこえくるかも 180
きこえくるなれ 178
きこえけり 251
きこえざりけり 217
きこゆなり 180・181・184・234
きさいのみや 70
きさらぎの 184・185・185・301・340
きさらづのさと 340
きしにさがりみゆ 180
きしにたちて 37・44
きしのこぶねに 175
きじのこゑ 276
きしのへの 353
きしのをざさに 123
きじのをながし 178
きしべにわがたつ 123
きしやいりたらし 251
きしやおりて 114
きしやにそひて 275
きしやにのり 158・158
きしやにのりたれ 158
きしやはしりつつ 251
きしやはしれり 253
きしやをおりて 267
きずをおひて 142
きそがはの 323・323・323・323
きそがはのみづ 323
きそがはは 353
きそのひに 288
きたなきことら 66
きたのうみの 24・356
きたのうみべの 354
きたののに 34
きたやまの 70
きたらねば 268

きたりおよげり 157
きたりけらしも 276
きたりけり 195・263・269
きたりけるかも 329
きたりみれば 312
きたるこどもの 224
きたれるからに 181
きたれるともか 299
きたれるものを 194
きちかうのはな 102
きちがひら 134
きつつともしも 179
きてきしよはうに 147
きてこうゑんに 236
きてみれば 23・313
きてをとまれる 124
きなるがなかに 103
きにあかるき 141
きにおびただし 175
きにかがやけり 327
きにてりて 358
きにてりにけり 301
きにのぼり 202
きぬがはの 186・186
きぬがはわたりぬ 185
きぬがはを 185
きぬのかはべを 186
きぬのながれは 186
きのうへに 229
きのうれに 179
きのかはにほふ 157
きのこかりに 250
きのことごとに 153
きのしもしづれ 112
きのふみしびはの 228
きのまもる 72
きはだのにほひ 165
きはまれる 138
きばみにほへる 158
きはやかに 127
きびすかへせば 105
きほひどよめく 98
きほひとよもす 276
きみがあたりを 117
きみがいのちを 187
きみがいへべに 308
きみがうた 356・357・359
きみがうたをし 356
きみがおそきに 108
きみがおび 137
きみがおもわを 254
きみがかかれる 360
きみがこば 357
きみがたびし 360
きみがため 339
きみがてに 234
きみがまにまに 29・69
きみがみこゑ 341
きみがみすがた 341
きみがめを 94
きみがやすみと 233
きみがをるひの 360
きみこしと 97
きみこぬがをしも 357
きみこふらしも 66
きみししぬばゆ 185
きみしたふとし 66
きみとあそばむ 357
きみとかたれば 71
きみとつぎきて 255
きみとふたりし 224
きみとわかれの 50
きみにあはむと 340
きみにしあるを 59
きみにみせざりし 349
きみにみせずして 68
きみのいひしを 107
きみのかなしも 93
きみのをるかに 166
きみはあるらむ 96
きみはうせにし 30
きみまつつまぞ 65
きみもかなしく 96
きみもたしかに 96
きみもひたすらに 350
きみやみこもり 214
きみゆきて 186
きみゆゑに 34
きみゐたり 136
きみをおきては 96
きみをこひまつ 68
きみをひとりおきて 136
きみをまちつつ 96
きみをかざさず 66
きものはたきて 239
きもむかふわが 145
きやうじんの 135
きやうじんのかほ 134
きやうぢよは 134
きやうぢよひたりて 134
きやうぢよひとり 134
きよきおよびに 136
きよきけだかき 32
きよきこのよを 60
きよきすなはま 347
きよきながれを 357
きよきまみづを 177
きよきもの 60
きよすみに 342
きよすみの 55・61
きよすみのやま 342
きよすみのやまの 326
きよすみやまに 302・302
きよすみやまは 57・342
きよらけき 48
きよらにめぐる 314
きらきらし 211
きらきらと 361
きらめきたつも 189
きりうごくみゆ 126

きりうすき 61
きりこめて 154
きりしむかしの 43
きりただにしろし 263
きりただよひて 154
きりとびわたる 69
きりながれつつ 325
きりにけり 200
きりにけるかも 316
きりのなかなる 58
きりのなかに 155
きりのにほひも 126
きりはるる 126
きりはれて 325
きりふかみかも 155
きりわらの 202
きゐるしらくも 104
きをこるすがた 188
きんいろの 173
きんこをとりて 221
ぎんざどほりの 125
ぎんびやうに 44

【く】

くいざらめやも 262
くいつつもとな 231・257
くうきのかわく 169
くうきのよき 336
くきほそぼそと 333
くきをさきつつ 281
くきをしきりに 141
くぐなびき 281
くぐもるちから 142
くぐりけるかも 283・309
くぐりたる 313
くぐわつとなりぬ 304
くさがくれ 39
くさかりて 293
くさかりに 204
くさかりにゆく 251
くさかりの 94
くさかるひとら 251
くさきあひてり 269
くさきさながら 121
くさきずさへに 295
くさきてる 268
くさぐさを 335
くさしきて 158・281
くさとりをへて 72・99
くさとると 72・98
くさなぎの 34
くさにあそべる 280
くさにしたたる 252
くさにすわりて 278
くさのあめのおと 110
くさのいほりに 55
くさのうへに 180・229・252
くさのしげりや 280
くさのそよぎの 278
くさのにほひを 278
くさのはあつく 86
くさのはかたく 204
くさのはの 317
くさのはら 201・295
くさはなあかく 160
くさばなを 355
くさはみあそぶ 280
くさはらなかの 157
くさはらに 201・279・280
くさはらの 294
くさはらのへに 109
くさはらのそら 295
くさはらや 278
くさはらゆ 202
くさはらを 279・294・294・295
くさびえのほの 298
くさひかるみゆ 85
くさふかき 59
くさふみには 330
くさふみにけり 121
くさふみゆくも 102
くさまくら 281
くさむらに 158
くさもえて 123
くさやまに 316
くさやまの 87・333
くさやまのへに 61・316
くさりつきたる 163
くさわけて 276
くさをかるおと 249
くさをつみたる 330
くさをはなれて 221
くさをふむ 320
くじふくたにに 241・249
くすしがいへの 27
くすしがり 97
くすしよびにゆく 51
くすのおちばに 219
くすのきの 214
くすのこずゑの 292
くずのつる 123
くすのはたかく 215
くずのはの 196
くずもちかひて 297
くすゆあみをり 101
くすりがみもて 24
くすりのほかに 41
くすりもかはず 41
くすわかば 290
くだかけの 30
くだらむとする 206
くだりきて 229・258
くだりけるかも 241
くだりさかぢの 110
くだりゆく 218
くちすすぐかも 286
くちつくるなり 258
くちつけて 221
くちにかみたり 243

くちにふるらく 351
くちびるに 168
くちびるふるふ 168
くちふりにけり 138
ぐつとたわむる 229
くづれむとすも 162
くづれゐしかば 302
くにちかみ 249
くににいらぬかも 261
くににゆくみち 250
くにのとほきに 255
くにはなれ 311
くにはらに 251
くにはらの 275
くにはらひろき 219
くにへかへらず 250
くにをしおもほゆ 335
くぬぎかれはに 258
くぬぎのはやし 188
くぬぎのわかば 86
くはのきはたに 41
くはのみの 94
くはのめの 44
くははたの 84・320
くははらの 322・322
くひたかりけり 324
くびだすうしの 104
くひなのひなの 117
くびのばしたり 202
くびむけにけり 202
くぼちのまちの 162
くまばちの 93
くみおける 287
くみかへし 246
くみかへにけり 246
くみくみて 287
くみたらはせる 236
くみたるみづの 96
くみてのみけり 51
くみにけらずや 236
ぐみのはつみて 220
ぐみのはな 323
ぐみのはの 200
ぐみのはを 220
くむちちの 237
くもあしの 110
くもうごき 246
くもきれゆきて 128
くもせめくる 61
くもぞねたまる 60
くもただにくらし 186
くもたちぬれば 124
くもたちわたる 124
くもにかぜあり 50
くものうた 68
くものすがたは 273
くものそうあつし 273
くもはうごかず 225
くもめぐりつつ 127
くもゆきはやし 231
くもゆくなべに 184・292
くもりいやしづむ 112
くもりけおもく 281
くもりけぶれり 235
くもりけり 278
くもりしづけき 270
くもりてしろし 137
くもりのそこに 143
くもりはふかし 270
くもりびの 191・192
くもりふき 340
くもりほうけし 112
くもりまちを 112
くもりゆらぎて 112
くもるこのよを 85
くもゐなる 58・341
くゆるおもひも 215
くらかげに 175・187
くらきうみべに 115
くらきがなかに 140
くらききうだう 329・356
くらきよみちを 165
くらきをみつつ 136
くらくあかるく 292
くらくれわたり 240
くらくさびしき 175
くらくさびしく 119
くらくさびしも 206
くらくさむけし 113
くらくしづけき 291
くらくしみくも 162
くらくたちたる 175
くらくなびかふ 135
くらくなりたれど 240
くらければ 117
くらしかぬる 256
くらしたに 205
くらとれば 206
くらみあかるみ 110
くりおちば 307
くりかへしつつ 245
くりかへしみる 71
くりかへしよむも 51
くりくりと 142
くりやくわれは 311・349
くるしきに 345
くるひとは 164
くるまあらねば 176
くるまなくて 176
くるまのおとの 177
くるまのへに 139
くるまをたのみ 178
くるるうみの 119
くるるのの 109
くるわさびしも 116
くるわのうらの 116
くるわのひ 117
くるわまち 116
くれおそき 218
くれがてに 162

くれがてにけり 147
くれかぬるかも 153
くれたるふじを 129
くれてすべなし 87
くれてともさぬ 187
くれなゐくもり 143
くれなゐくろく 327
くれなゐしづむ 143
くれなゐに 304
くれなゐにじみ 167
くれなゐにみゆ 161
くれなゐの 54・67・192・222・232・291
くれにけり 264
くれのこる 104
くれはてて 188
くれゆきにけり 198
くれゆくとしも 340
くろうしのすがた 206
くろかみのかの 136
くろかみを 136
くろきありはへり 218
くろきからすの 249
くろきけむしの 218
くろきごくかな 58
くろきぢめんを 83
くろきつばさの 162
くろきとりひとつ 254
くろきもぐさの 270
くろくしづみぬ 114
くろくひかりみゆ 139
くろくもながれ 32
くろぐもなびき 272
くろぐろと 129・146・162・164・171・249
くろしほよ 113
くろたきの 308・308
くろぬりしかば 108
くろのべの 108
くろほぬきをり 219
くろまつのこだち 284
ぐわいかいしろく 197
くわいじんにほふ 135
くわいじんの 135
くわいじんのなか 136
くわいじんのなかに 135
ぐわいやうあをく 183
くわうみやうだうを 149
くわじあとの 162
ぐわんじつの 213・237

【け】

けいとうのはな 233
けいとうのはなに 233
けおもきいのち 125
けがれみづ 171
けこみより 165
けさなかりけり 228
けさのあさ 255
けさのあさけの 55
けさのあさけや 299
けさのあさは 324
けさのあゆみか 190
けさのうみ 113
けさのこころか 196
けさのしづけさ 297
けさのゆきに 45
けさはあさげす 289
けさはたまれる 288
けさははれたり 250
けさよりのあめに 321
げざんのひとの 128
けしきかはらぬ 23
けしきなりけり 86
けしてあゆめば 126
げたのおとかるく 142
げたのおとかるし 143
げたはきあゆむ 255
げたもておとす 45
けだものの 142・200
けなみよろしき 199
けならべて 152・184・345
げにうつくしく 304
けふあたたかし 314
けふあたり 210
けふあゆみをる 301
けふいちはやく 194
けふいでたつも 67
けふいとまあり 255
けふうるかも 293
けふうゑそめと 38
けふからの 301
けふこよひ 331
けふさらむとす 183
けふしいへをり 112
けふしのみゐを 287
けふしもよ 286
けふしんねんに 42
けふぞたちいづる 73
けふちくたうの 232・327
けふちくたうのはな 232
けふならし 34
けふのあきばれに 349
けふのあきよろし 358
けふのあさけに 94
けふのうれしさ 298
けふのかなしさ 125
けふのきにちに 327
けふのきにちの 326
けふのさびしさ 109
けふのたびかも 317
けふのひとひや 245
けふのひながく 288
けふのひの 222
けふのみとも 260
けふのゆふひに 266
けふのゆふひの 87・358
けふはあひより 265
けふはあゆめり 300

けふはいでたち 265
けふはうつれる 185
けふはかたらず 181
けふはしづかに 321
けふはたうべつ 243
けふはまゐりぬ 297
けふはもや 289
けふひとひ 210・229
けふみたりけり 193
けふみつるかも 245・352
けふもあつしも 296
けふもあゆめる 190
けふもかも 244・311・349
けふもきたれり 112
けふもくらしつ 67
けふもはれかも 52
けふもひねもす 347
けふもまつかも 96
けふよくあれよ 210
けふよみにけり 345
けぶりはなびく 295
けぶりよどめる 130
けふわがゆくと 252
けふをよきひと 73
けむりおぼほしく 254
けむりかすかに 254
けむりたつ 50
けむりながるる 233
けむりはきえず 180
けむりはみえず 121
けやきしたみち 234
けやきのき 217・234・289
けやきのこぬれ 152
けやきのわかば 349

【こ】

こいしみち 28
こいとのさくの 317
こいへにし 187
こうしあそべり 274
こうしいで 201
こうしにちちを 201
こうしはかける 269
こうしひきいで 269
こうしひきつつ 182
ごうちくらしぬ 26
こうぢのおくに 185
こうちやをのむも 252
こうぢをひとり 97
ごうとして 124
こうばいちれる 31
こうばいの 26・34
こうばいのやど 44
こうふのむれは 117
こうふらのをり 147
こうまあそべり 279
こうまとかほを 280
こうまのかほを 280
こうまはちちを 279
こうまもかほを 280
こうをむれよる 52
こえこしやまやま 274
こえにけるかも 86・204
こえゆくきみが 272
こえゆくひとは 329
こおひいをのむ 158・167
ごかいほりつつ 174・174
ごかいほる 174
ごかいをほれり 174・175・175
こかげさやぎて 156
こがにのむれの 51
こがひのかみに 323
こがらしの 315
こがらしのかぜ 184
こがらしのふく 32
こがらしふくも 32
こがらしやみて 286
こがらしわたる 35
こきつつもとな 86
ごくねつの 146
こくびやくの 203
ごぐわついちじつ 318・324
ごぐわつのくさはら 278
ごぐわつのひ 268
ここしひかりを 289
ここだくに 342
ここだもわれは 309
ここだわらはば 346
ここにあらたに 63
ここにありし 319
ここにありつつ 113
ここにいくべし 255
ここにかしこに 51
ここにきこゆる 179
ここにきて 118・159・187・213
ここにきにけり 159
ここにくらせる 331
ここにこしとも 237
ここにこもれる 269
ここにして 28・54・96・99・100・155・176・227・240・255・256・262・263・312・320
ここにぬるよの 215
ここにねむれる 180
ここにはきつる 237
ここにふらぬか 273
ここにまうでし 314
ここにみづわく 62
ここにみる 294
ここにわがたつ 113
ここにゐる 145
ここのあきち 218
ごごのきてきの 171
ここのこみちに 178
ごごのすさびに 72
ごごのひてれり 171・177
ごごのひは 253
ここのみなとに 263
ここはをぐらき 110

ここまでを 261
こころあかるき 317
こころあたらし 205
こころあやしく 111
こころいざよふ 104
こころいたしも 266
こころいらちて 144
こころうごき 104
こころうごけど 65
こころうれしくも 88
こころうれしも 87
こころおちゐず 192・360
こころおもむろに 259
こころかすかに 285
こころかなしく 191
こころかなしも 250
こころぐき 190
こころぐし 107・186・253
こころくばらす 186
こころこほしみ 288
こころさびしく 115
こころさびしみ 189
こころさびしも 73・176
こころさやぎて 97・158
こころさわがしく 194
こころさわやかに 303
こころしきりなり 357
こころしきりに 158
こころしたしも 301
こころして 312
こころすがしも 173
こころすがすがし 326
こころすこやかに 328
こころすずしく 329・355
こころすなほに 233
こころそぞろに 103・107
こころたへがたし 131
こころたもちて 267
こころたらはし 351
こころだらひに 226
こころつつましく 127
こころづま 163
こころともしき 244
こころともしも 216
こころながく 107
こころなごみ 315
こころにさだめ 252
こころにしみぬ 299
こころになりて 223
こころにはかに 213
こころのいたさ 145
こころのはずみ 256
こころのみだれ 143・182
こころはあせり 149
こころはいそぐ 263
こころはさびし 175・268・272
こころはすがしも 109
こころはとみに 87
こころははりつつ 98
こころはまけて 137
こころはもとな 108・225
こころはゆくも 71
こころはをどる 100
こころひそかに 213
こころひそけさ 325
こころひらきて 351
こころほがらかに 318
こころみに 57
こころもしぬに 114
こころもて 107
こころゆたかなり 60
こころゆらぐも 292
こころよき 330
こころよきかな 190
こころよきかも 280・281
こころよく 169・326・328
こころよくして 204
こころよし 248
こころよしいまは 147
こころより 291
こころをかんじ 142
こころをなごみ 112
こころをのきて 137
こころをもちて 251
こしかたおもへば 93
こしかたに 267・346
こしかたの 105
こしきかはりめを 111
こしひとの 310
こしをおろして 158
ごしんえいを 322
こすりてやるも 296
こずゑはなるる 235
ごぜんのひかげ 314
こぞのなつばうの 244
こそばゆきかな 206
こぞもことしも 261
ごだいりきせん 313
こだかくしげく 264
こだちかぐろし 240
こだちにむれて 237
こだちのうへに 126
こたつにねてをり 347
こたへあらねば 95
こだまさびしく 192
こだまみだりぬ 166
ごちそうあまた 357
こちにしにふく 32
こちふきて 27
こちふりむかず 260
こつじきのこの 150
こづみうごきて 321
ことごころ 65
ことごとく 296・306
ことさらびたる 182
ことしのあつさ 326
ことしのはるも 353
ことしはよきとし 213
ことしまたあふぐ 304
ことしもくれぬ 41

ことしもすくふ 268
ことたえて 297
ことだまの 71
ことなうれひそ 285
ことのしたしも 128
ことのよろしさ 212
ことばかけ 250
ことばすくなき 187
ことばもしらず 43
ことひうし 204
こどもあつまり 218
こともかけえず 255
こどもこわだかに 193
こともつげなく 64
こどものおほき 271
こどももなくて 122
こどもらの 242
こどもらは 243・310
こどもをのせて 275
ことらわすれて 60
ことりきてなく 54
ことりことりと 126
ことりこもりて 158
ことりなきよる 30
ことりなく 139
ことりはなくも 93
ことをおしふる 44
こなきひとの 62
こにすけさせて 248
こにつくと 305
こぬまおほしも 296
こぬれあかるく 110
こぬれかすかに 130
こぬれこまかに 211
こぬれのそらは 114
こぬれより 232
このあかつき 219・221
このあかつきを 220・227
このあかときを 111・251
このあきの 256
このあきを 303
このあさあけに 274
このあさあけを 128・220
このあさの 128・172・205・289
このあさのあめに 320
このあさのまも 267
このあさや 134
このあした 113・168・173・181・216・244・269・288・299・311・326
このあしはらの 278
このあたり 228・252・254・296・302
このあめに 263・305
このあめの 321
このいくひ 298
このいけの 244
このいただきに 290
このいちにちを 245
このいでゆ 246
このいへに 50・266
このいへにして 264
このいへの 235・350
このいへもりて 274
このいへを 274・279
このいほに 87・88
このうしひきに 201
このうつしよの 159
このうみに 238
このうみの 222・226・275
このうみのべに 227
このうらに 239
このえきに 252
このおくつきに 160・297
このおほいけに 329
このおほきいへに 131
このおほきぼたん 291
このおほゆきに 362
このかいだうを 258
このかしに 312・312
このかなしく 112
このかはぐちに 225・258
このかはぐちの 313
このきぬきせむ 44
このきぬを 44
このくさはらを 201
このくにつち 265
このくにに 255
このくににあれし 275
このくにの 94・177・177・318
このくにはらの 251
このくにびとの 254
このくにびとら 99
このぐわんじつの 237
このこころ 257
このごろの 233・299・303
このこゑきかで 166
このさきに 188
このさきの 250
このさとに 111・307
このさとの 284
このさとのもの 339
このさびしさに 153
このざんぎやくの 147
このさんじやうの 242
このしけのなかに 230
このしたしさの 301
このしたやみに 194
このしづけき 113
このしののめの 126
このしましくを 211
このしんけうの 313
このしんや 174
このたいぜいの 293
このたかき 290
このたそがれの 218
このたにの 325
このたびは 354
このつちの 142
このつゆどきに 286
このてらにいでぬ 313
このてらのゐに 220

このときのまを 266
このとしは 350
このとれる 282
このなげき 191
このにちえうの 217
このにはに 279
このにはにして 98
このにはの 87・98・306・318
このぬまに 270
このぬまのへに 270
このぬまのほとり 296
このねぬる 273
こののをめぐり 184
このはかはらに 192
このはかはらの 301
このはしの 321
このはちるなり 54
このはなはの 199
このはのあをの 134
このはのながれ 113
このはふきまく 29
このはみだれて 41
このはらなかに 165
このはらなかの 157
このはらの 184・281・281・289
このはらを 184
このはるさめに 317・320・352
このはるも 87
このひごろ 105
このひそやかの 132
このひとよ 159
このふねの 167
このふねのうへに 167
このふゆを 305・315
このふるいへに 274
このふるいへの 130
このふるさとに 238・287・311・319
このふるさとの 131・320
このふるさとを 321
このぼちに 335
このほりばたの 223
このましき 324
このましみづに 258
このまちかげに 166
このまちかげの 166
このまちの 137・224・224・256
このまちのへに 149
このまちゆ 252
このまひる 217・318
このままに 138・292
このまよなかに 174・174
このみおつるおと 113
このみかまへに 261
このみちいそぐ 226
このみちいるか 176
このみちに 178・306
このみちの 184
このみちのべに 306
このみちゆきて 302
このみちを 189・235・237・321・332
このみついばむ 178
このみてきたる 44
このみはかべに 72
このみゆる 226
このみんなみを 113
このむらの 265・323・331
このむらのみちを 317
このむらびとに 264
このむらびとを 283
このもとに 193
このもりに 153
このもりのうへに 152
このもりのふかく 112
このもんは 285
このやすけさを 179
このやすらかに 190
このやどに 262
このやまかげに 24
このやまくだる 250
このやまさかを 111
このやまなかの 329
このやまの 110・249・290・300・302・302・307・308
このやまのうへに 300
このやまのさはに 269
このやまのへの 229
このやまび 121
このやまみちに 330
このやまみちの 240
このやみのなかに 262
このゆきに 239・239・239
このゆたけき 278
このゆふあかり 202
このゆふぐれの 155
このゆふぞらの 122・162
このゆふだちに 273
このゆふはまの 105
このゆふべ 85・132・182・182・212・237・259・292・319・327
このようめにる 103
このよごろ 151・152・242・266
このよごろかも 351
このよしづかに 128
このよのあめに 127
このよのそらの 132
このよのゆきに 132
このよひは 293
このよふけつつ 148
このよみち 164
このよもつまを 151
このよらを 131
このわがいへに 268
このわがいへの 286
このわがともは 101
このわがへやに 291
このわがめひは 331
このゐどの 220・287
このゐのみづの 236
このをかの 115・179・267・267・346
こはいくひきの 171

こはだかあをく 169
こはるびに 307
こはるびの 121・121・238
こひあみはれり 282
こひくれば 307
こひごころ 117
こひしきときは 71
こひしくもあるか 278
こひなげく 64
こひならず 29
こひにつつ 224
こひのすどころ 282
こひのぼり 73
こひのぼりたつ 73
こひもありぬべし 44
こひをさかなに 282
こぶししらはな 186
こぶしはなちる 33
こぶねにおりつ 139
こぶねにのりて 185
こぶねひとつら 199
こぶねみつみゆ 168
こほりもとめに 222
こぼるるまつば 49
こぼれけらずや 265
こぼれけるかも 179
こぼれなのはに 26
こぼれむとすも 141
こぼれるたいき 166
こぼれるゆきを 346
こぼれをり 259
こほろぎきこゆ 156
こほろぎなくも 88・131
こほろぎなけり 156
こほろぎの 63
こほろぎのこゑ 63・64・64・88・89・111・152・175
こほろぎのなく 63・63
こほろぎは 131・148
こまかにひびく 142
こまつがうれに 339
こまつをうつる 26
こまにのりて 28
こまのたづなを 29
こみちまがりて 258
こめかふぜにを 231
こめたかき 224
こめのいし 243
こめのいしの 243
こめのいしをば 244
こめのめしたべ 226
こめをはみつつ 243
こもごも 230
こもらふらしも 277
こもりすぐせり 229
こもりてをれば 360
こもりのみ 111
こもりゐて 268
こもりをりとも 281
こもるしめりを 120
こもれびの 158
こやぶのなかの 52
こゆるすそのの 28
こよひうましも 361
こよひとおもへ 295
こよひのうちに 262
こよひのさけの 282
こよひのそらに 296
こよひのやどり 115
こよひのゆき 216
こよひはいねむ 158
こよひははやく 272
こよひははやし 243
こよひはや 132
こよひはやすく 222
こよひひとりねの 148
こよひもあかく 85
こよひもおそく 317
こよひもふけて 88・266
こよひわがねむ 302
こらがいふゆゑ 230
こらがおもわを 243
こらがため 50・341
こらがとりきし 324
こらとたうべむ 226
こらとともにする 245
こらとひろへる 243
こらなつかしむ 103
こらはおよぎを 157
こらはこのふゆ 243
こらはさわぐも 230
こらはすくふも 170
こらはひそかに 157
こらはをりきぬ 335
こらへかねたる 140
こらをおもへり 225
こりかがやきて 141
これのいたやに 285
これのいでゆに 101
これのたうげに 263
これのたを 293
これのふとんを 256・256
これのもりかげ 114
これをもとめたる 291
ころぶしにけり 87
ころもはぬぎて 221
ころころころ 188・245
こわだかに 71
こゑあげて 346
こゑきくなべに 357
こゑきけば 298
こゑきこえつつ 180
こゑきこゆなり 226
こゑくさるらし 38
こゑちかく 278
こゑとほくなく 50・341
こゑなかず 162
こゑなつかしみ 50
こゑのかなしさ 276
こゑのきこゆる 196

こゑのしたしさ　237
こゑはいづらや　102・325
こゑひびくなり　318
こゑまさりつつ　317・319
こゑめづらしく　318
こをあげて　56
こをいだく　122
ごをくづすおとの　48
こをこふおもひ　62
こをつれて　176・180
こをどるわれは　32
ごをならべをり　336
こをねかせをり　248
こんげつの　344
こんにやくいも　333
こんにやくだま　306・307
こんにやくだまの　305
こんにやくだまは　306
こんにやくだまを　305・305・306
こんにやくどころの　307
こんろのひ　256

【さ】

さあをきみれば　86
さあをながらに　310
さあをなる　276
さあをのにほひ　200
さいとうもきち　223・275
さいなまれつつ　169
さいにうれしき　319
さいはうに　100
ざいもくいかだ　157
ざいもくぼりの　157・157
さうぐやの　162
さうさうと　100
さうさうとして　183
さうしゆんの　165・313
さうぜんとして　152
さうぶのはさき　117
ざうわうの　159
さえさえと　210
さかえくるかも　69
さかききりきて　41
さがしつつはむ　206
さかづきおきて　159
さかなかば　166
さかにわがみる　106
さかのうへ　206
さかのたをりゆ　241
さかのへに　318
さかひぎに　229
さかみちながし　260
さかみちを　166
さがりたりみゆ　232
さかりをれば　264
さかをおほひて　190
さきうのかげに　105
さぎごけの　70
さぎこそむるれ　153
さきさかりたり　289
さきざきの　246
さぎさわぐ　154
さぎさわぐなり　153
さきそめにけり　331
さきつづきたる　173
さきつづくみち　56
さきてひさしき　194
さきてるみちを　322
さぎとびわたり　154
さきにけるかも　50・204
さきにたたせて　143
さきにゆきたる　330
さぎねもて　283
さぎのこぼれば　154
さきのこる　55
さぎのこゑ　153
さぎのすあまた　153
さぎのすのみゆ　153
さぎのとぶおと　295
さぎのにほひの　154
さきのへの　250
さぎのむれ　152・152
さぎのゐる　153
さきはひのよき　348
さぎはむれつつ　152
さぎはむれをり　153
さきみだりみゆ　290
さきみちて　296
さきみちてみゆ　296
さきみつる　222
さぎむれすくふ　152
さぎりきいろく　154
さぎりしみふる　126
さぎりのなかに　58
さぎりのにはに　102
さぎりはひをり　54
さぎりふきながす　52
さぎりふり　126
さくらだの　223
さくらだのほり　161
さくらどり　253
さくらどりのこゑ　253
さくらばな　24・290
さくらはの　211
さくらもみぢ　56・65・303
さくらもみぢの　303
さくらもみぢば　211
さくらをみたり　289
さけおもほゆる　351
さけくまむ　115
さけくみさわぐ　57
さけくみにけり　250
さけさめきつつ　163
さけすごさじと　351
さけすこし　292
さげてわがあゆむ　236
さけのうへいひて　104
さけのみすぎ　219
さけのみて　159・233

さけのみにけり 115
さけのみをれば 215・284
さけひえはてて 50
さけびてをみつ 71
さけやめて 351
さけるれんげう 335
さけをのみ 233
ささげつつ 139
ささげまつると 313
さざなみあかし 198
さざなみに 170
さざなみゆるれば 118
さざなみよする 293
ささにごりみゆ 167
ささのはの 85・242
ささのはのへに 328
ささはらに 290
ささふがなかゆ 201
ささやきに 36
ささやくがごと 39
さざれなみ 143
さざんくわびより 54
さざんくわの 30・122
さざんくわのちる 30
さしいれり 253
さしきせし 50
さしそめて 24
さしなみの 309・334
さすしほの 147
さそはれてちる 36
さだまらなくに 314
さだまりにけり 297
さちをのきにち 326
さつきあさかぜ 168
さつきあめ 51・263
さつきあをくさ 281
さつきあをしほの 221
さつきぞら 93・168・221
さつきのしほに 221
さつきのの 94・278・279
さつきのひるの 221
さつきのほりの 168
さつきのぼりの 94
さつきのをぬの 281
さつきまひる 221
さつきまひるの 219
さつきもや 117・117
ざつさうがなかに 333
ざつぜんと 152
さつぽろの 255
さとかはの 341
さとなれにけり 317
さとにつかはし 65
さとびとは 67
さながらに 297
さながらにして 163
さにづらひ 143
さにづらふ 30
さにはべに 200
さぬつとり 276
さはがにの 197
さはのたちきは 250
さびさびと 112・266
さびしかり 214
さびしかりけり 273・327
さびしかりとも 191・255
さびしかるらし 333
さびしかれども 217
さびしきあしおと 234
さびしきこころ 141
さびしきことは 231
さびしきこのみち 184
さびしきこひも 96
さびしきすがた 245
さびしきまちを 253
さびしきみちを 271
さびしきものを 141・152・155・159・166・214・344
さびしきわれに 311
さびしきを 141
さびしく 189
さびしくありけり 186
さびしくおよぐ 223
さびしくしあれば 238
さびしくたちゐる 195
さびしくはあらず 301
さびしくも 153・170・231
さびしくもあるか 153
さびしけれ 243
さびしけれども 185・188
さびしければなほ 148
さびしさに 220
さびしさや 65
さびしといはめや 212
さびしみと 189
さびしみにけり 185
さびしみにつつ 202
さびしみわくも 166
さびしめりたる 267
さびしめるこの 143
さびたるはなの 347
さびたるみれば 298
さびにけるかも 100
さびみづの 157
ざふきはら 235・235
ざふにをしをれば 237
ざふぼくりんに 186
ざふぼくりんの 234・235
さほのひめかみ 31
さみせんひける 135
さみだれの 120・246・246・275
さみだれのあめ 49
さみだれは 192・246
さみだれやまず 246
さみどりに 168
さみどりにみゆ 320
さみもてり 150
さむきこのごろ 86
さむきしほなみ 312
さむきつきよに 342

さむきみづくみて 312
さむきをどこに 286
さむくてりながら 312
さむくひかれり 212
さむくふけつつ 209
さむければ 314
さむさはしるし 285
さむざむし 236
さむざむと 162・206・213・270
さむざむとよは 184
さむざむふれば 205
さもにたらずや 43
さやかにあり 247
さやかにしろし 295・296
さやかにふける 173
さやぎしづまり 152
さやぎなりつつ 214
さやぐおもひの 242
さやけくぬれて 314
さやげども 158・215・329
さやさやし 218
さやさやに 72
さやながら 245
さやにあらひて 287
さやにうつれり 168
さやにおこれり 99
さやににほへり 168
さやらさやらに 137
さやをむきつつ 245
さゆるつきよを 35
さゆれつつ 107
さよかはを 30・35
さよくだちつつ 89
さよしぐれ 299
さよしほみつれ 150
さよのなみのおと 159
さよのまち 223
さよはくだちぬ 64
さよはふけつつ 188
さよふかく 107・132・210
さよふかみ 103・136・150・163・166・175・222
さよふかみかも 175
さよふけて 63
さよふけにけり 104・165・355
さよふけにつつ 103・285
さよふけぬ 253
さよふけぬれば 53
さよふけの 59・175
さらさらと 177・199・308
さらしるに 288
さらひけるかも 287
さりがてに 297
さるすべり 194
さるすべりなり 279
さるすべりに 194
さるすべりのはな 153・193・194
さるべかりけり 93
ざわうざんみゆ 275
さわぎあそべり 296
さわぎひろがれり 224
さわぐこおきて 192
さわぐなべ 166
さわさわに 113
さわだつを 213
さわめきて 115
さわやかなり 302
さわやかに 220・275・308
さわやけき 304
さわらびのめの 123
さわらびは 123
さをとめならべり 293
さをとめは 38
さをとめら 293
さんかくへうの 320・352
さんぐわつしぐわつを 356
さんぐわつの 334・334・361
さんじやうの 160
さんじやうは 128
さんちやうに 126
さんちやうの 128
さんとして 132
さんないに 229
さんにんの 317
さんばうに 220
さんぽにいづれば 328
さんぽになれし 301
さんまずし 358

【し】

しうかいだう 325
しうかいだうのはな 102・102・325・325・325・325・325・325・326・326
しがおやに 279
しかしてひとり 94
しかすがに 113・116・133・143・153・158・245・301
しかすがにひかる 149
しかのまみこそ 303
しかのゆきし 325
しがほうきんは 257
しかもつたなく 232
しかもひもじく 146
しからずあらむ 196
しかりつつ 151
しかりとて 29
しかれども 177・194
しきこじの 244
しきたへの 97
しきなくいちは 172
しきならべ 228
しきみのはなも 335
しぎよかたよりて 170
しきりにわれに 135
しきりにをるる 310
しきりひらめく 250・273
しきりをりはむ 296

しきわらのうへに 86
しくしくと 209
しくしくとこは 177
しぐるるそらに 182
しぐれのあめ 205
しぐれのあめに 205
しぐれのあめの 235・235・270
しぐれのあめは 206
しぐれはふれり 270
しぐれはれ 205・205
しぐれふり 206
しぐれふりつつ 270
しぐれふりゆく 270
しぐれふる 271
しぐれふるかも 205
しぐれもよほせり 270
しげきこだちの 302
しけはれし 259
しげみにこもり 94
しげりかぶさる 282
しげりけるかも 319
しげりたつ 324
しけりちの 254
しげりふかき 302
しげりゆたけき 278
しげるがなかに 281
しげるすぎやま 319
しげるたにの 325
しこぐさかると 34
しこけきおもひ 71
しごとせはしく 245
しごとはをへむ 206
しごともとめ 98
ししにしみいり 148
したがひて 88
したくさそよぎ 94
したごころ 96
したしかりけり 315
したしがりつつ 213・214
したしきものか 269
したしきものを 192
したしきよらと 234
したしくありけり 213
したしくおもほゆ 119
したしくて 279
しだしげるもりを 253
したしみあゆむ 346
したしみがたき 149
したたかに 306
しただりの 35
したてるみづの 143
したとほみ 103
したにまちつつ 233
したのたに 293
したはらいたみ 209
したびあかるく 229
しちがふめの 129
しちぐわつまひる 169
しづかならむと 128
しづかなり 180・265
しづかなりけり 276・279
しづかなる 224・267・307
しづかなるかも 137・282
しづかなるこそ 161
しづかにあめの 127
しづかにあらむ 210
しづかにいきむ 211
しづかにいひを 134
しづかにきこゆ 247
しづかにくみて 288
しづかにたてり 279
しづかにて 301
しづかにてりて 308
しづかになりて 298
しづかにぬるる 321
しづかにひたす 315
しづかにふけぬ 33
しづかにふりて 354
しづかにふれり 246
しづかにみちて 259
しづかにむねに 128
しづかにもちて 297
しづかにもゆる 129
しづかにゆきの 132
しづかにゆれをり 121
しづかにわれは 300
しづがやの 54
しづくこぼれて 46
しづくさびしく 205
しづくながるるを 321
しづくながれて 255
しづくのおとの 181・360
しづくのこりて 61
しづくのたまと 70
しづくのひかり 255
しづけかりけり 358・359
しづけかるらし 316
しづけきどての 173
しづけきみづを 353
しづけきものを 134
しづけくさけり 330
しづけくしみゆ 240
しづけくなりて 313
しづけくもあるか 328
しづごころなけれ 189
じつしうのやま 63
しづしづと 127・308
じつとして 201
じつとひたれり 145
じつともえをり 129
しつとりと 168・246
じつぱうじやうど 160
しづまりかへる 238
しづまりて 63
しづまりにけり 278
しづみきらずも 219
しづみたるみゆ 143
しづみてをみゆ 184
しづみゆくみゆ 117
しづもりたてり 149

しづるおとす 239
じどうしやの 189
じどうしやをまつ 321
しとどあせばみ 169
しとどおくなべ 86
しとどつめたき 220
しとどにひかる 148
しとどまぶれし 127
しなのからきし 307
しなののみその 361
しなひにほへる 108
しにたるうをを 170・170
しぬといふことの 113
しぬといへど 113
しぬばるるかも 43
しぬびさびしも 189
しぬびたへずも 187
しぬびつつ 233
しぬぶわが 54
しのきみの 51
しのびつつ 159
しはうにとほる 289
しはうゆおこる 184
しばしあゆまむ 247
しばしあゆむも 287
しばしばも 262・267・286・347
しはぶきのこゑ 164
しばふのうへの 256
しばふみち 56
しばらくのあひだ 300
しばらくみねば 360
しばらくを 51
しばりてかへる 196
しひけやき 106
しひたけの 187
しひていぬらく 286
しひのおほきの 124・124
しひのかげの 125
しひのかれは 272
しひのこかげに 157
しひのこかげの 107・247
しひのはに 246
しひのわかばに 60・88・93
しひのわかばの 93
しひられにけり 134
しひわかば 93
じふいちぐわつごうに 356・356・357
じふいちぐわつの 317・322
しぶきにぬれて 34・38
しぶきふる 262
しぶきをあぐる 230
じふごにならば 333
じふごろくにん 293
しべくろぐろと 225
しへたげきつる 245
しべのねしろく 140
しほあみきつつ 221
しほいりがはの 203
しほかつぎつつ 222
しほさしくれば 198
しほざゐさむし 313
しほざゐひかる 183
しほすぢの 113
しほたひらかに 70
しほづけかみて 354
しほながら 146
しほにがく 170
しほのにほひの 312
しほのひかりに 225
しほのひかりの 225
しほはくぬがに 171
しほはさむしと 222
しほはみちくも 157
しほはゆき 147
しほひきて 221
しほひれば 174
しほみちきたる 157
しほみつらしも 150
しぼられにけり 316
しほをむすびて 221
しましたちみつ 188
しましたちみよ 177
しまじまの 348
しまにもゆかず 347
しまびとが 52
しまひとつ 167
しまびより 52
しまひをり 136
しまやまの 167
しまやまみちの 39
しまやまを 168
しみおふる 328
しみじみいだきたり 138
しみじみと 138・146・186
しみじみとして 148
しみじみみるも 217
しみづつめたく 287
しみてれる 111
しみとほりくる 238
しみとほる 238
しみみあかるき 278
しみみうごける 282
しみみにぎはし 165
しみみにけぶる 263
しみみふる 126
じむしつにゐて 171
しめきりし 309
しめすむらびと 319
しめやかに 191
しめりくるかも 114
しめりともしみ 119
しめりみち 334
しもいちじろく 111
しもぎやうゆけば 39
しもぐもり 35
しもけぶり 64・89
しもけぶる 103
しもしろくおく 26
しもどけこみち 30

しもどけし 189
しもなぎの 238
しものしづくの 176
しものつよきに 45
しもばれの 120・175・176
しもふさの 163・219
しもふりにけり 310
しもべがともに 186
しもべらは 186
しもよいねたる 342
しもよふけ 213
しやうかのあかり 188・188
じやうぐちきよく 320
しやうじあかるく 193・304
しやうじあくれば 227
しやうじあけ 65
しやうじあけて 291
しやうじがみをば 304
しやうじしめきりし 268
しやうじのうち 315
しやうじのそとに 115
しやうじをみつつ 97
しやうぶふく 94
しやうぶゆあませ 48
しやうゆぐらのすみの 240
しやうゆだる 241
しやうゆのゆるる 241
しやうゆもとめて 178
しやがのひろはは 54
しやくなげの 34・38
しやくばかりなる 291
しやみのねきこゆ 216
しやみのねひびく 169
しやみもひきつつ 283
しゆうでんしや 166・209
じゆうのおとこそ 172
じゆうわうむげの 164
しゆくのなか 188
しゆくはづれ 188
しゆろのきの 265
しゆろのこかげは 140
じゆんさいの 292
じゆんさいのかを 292
しようろとよぶを 70
しよくだうにきて 158
しよくにんたちと 233
しよくのひを 136
しよくをつぐとて 136
しよとうのてらに 176
しよとうのやまを 307
じよやのかね 258
しよよめど 65
しらうめのはな 122・163・185
しらぎくのはな 39
しらくもがわく 60
しらくもさやに 304
しらくもの 61・70・72
しらくもひとつ 60
しらくもみつつ 60
しらけさく 185
しらさぎの 152
しらしらと 127・199
しらじらと 150・201
しらしらに 49・63
しらせえて 32
しらたまつばき 55・55
しらつゆに 148
しらつゆの 86
しらぬひ 163
しらねども 32
しらほはゆけど 73
しらほむしろほ 339
しらみゆく 251
しらゆきの 46
しらゆりのはな 27・293
じりじりと 147
しりにきわれは 118
しりにけるかも 152
しりをふりつつ 204
しるすくなき 240
しるすひにけり 327
しるひとしらぬひと 33
しるほどの 94
しるゆゑに 233
しろあとと 24
しろあとの 273
しろうしひとつ 203
しろかきけらし 294
しろがねの 45・124
しろがねのゆき 100
しろきあかるみ 112
しろきいひはむ 199
しろきうしひき 248
しろきうみどり 246
しろきこはなの 216
しろきこめ 243・243
しろきこめに 243
しろきしやうじに 85・179
しろきそともを 310
しろきただむき 131
しろきてふ 169
しろきてふとべり 221
しろきにうまは 271
しろきはか 193
しろきひかりに 174
しろきひかりの 137
しろきひつぎを 137
しろきほこりたつ 305
しろきみの 98
しろきむすびを 322
しろきむなさき 203
しろきむなぢの 122
しろくうきさく 118
しろくおほきく 126
しろくおりゐて 246
しろくかがやき 190
しろくかがやく 191
しろくかづける 185
しろくかなしも 203
しろくかわきて 205

しろくさゆらぐ 263
しろくたつみゆ 254
しろくとびつつ 335
しろくともしく 202
しろくなづさふ 260
しろくひかりて 186
しろくひかれり 170
しろくひかれる 200
しろくふるへり 120
しろくみえつつ 196
しろくめにしむ 128
しろくもえつつ 124
しろじろと 268・280
しろみわたれる 169
しんかんと 139
しんじつに 331
しんしんとして 150
しんだうをかへる 329・356
しんちゆうの 234・234
しんでんの 270
しんとしづめる 147
しんとして 164・165・169
しんねんの 43
しんやのうみの 132
しんやのしほの 150
しんわらの 88

【す】

すあしにて 287
すあしになりて 320
すあしにふみて 87
すあしをぬらす 198
すがしこころは 72・99
すがしきこゑに 324
すがすがし 50・281
すがたしおもほゆ 117
すがたなりけり 152
すがたをみたり 330
すがのねの 26
すかもあるらし 292
すがやかに 334
すがらまくすも 111
すがれてあかき 197
すかんぽの 140・141・223
すかんぽをりて 223
すぎうつくしく 319
すぎおほき 236
すぎおほくして 236
すぎがきの 289
すきかへしつつ 205
すきかへしゐる 268
すぎきつつ 149
すぎこしかたの 117
すぎしあと 115
すぎしかば 253
すぎしひおもへば 168
すぎしまさごぢ 51
すぎたちしげる 269
すぎたらば 305
すぎてひさしも 192
すきてれりみゆ 203
すきとほりみゆ 101
すぎなみき 329・356
すぎなへかくり 34
すぎにけらしも 298・315
すぎにけり 33
すぎにけるかも 194・261
すぎにしことは 191
すぎのこぬれに 250
すぎのこぬれの 61
すぎのこぬれは 148
すぎのこぬれを 102・343
すぎのしたくさ 70
すぎのたまめの 289
すぎのほぬれの 130
すきばかりなる 154
すぎばやし 130・130・140
すぎひのき 352
すぎむらがくれ 35
すぎむらさして 249
すぎむらたにの 52
すぎむらに 50
すぎむらの 102・325・342
すぎむらを 342
すぎやまの 130
すぎやまふかく 264
すぐしけり 247
すくすくたてる 128
すくなきみづを 196
すくなくも 351
すくなければ 359・360
すぐにきをこる 188
すぐにすふかも 231
すくひをるどうじ 291
すぐれたる 198
すげがさを 37
すげのをがさに 49
すこしのむらし 279
すこやかさ 289
すこやかに 256・292・303・321・324
すこやかにあらむ 350
すこやかにあり 243・303
すこやかにありし 288
すこやかにして 299・322・331・352
すこやけきこを 281
すこやけく 330
すさまじきかも 152
すさまじくして 201
すずかけの 169・189
すずきかる 52
すずききやうそんと 354
すすきにしばり 197
すすきにはへる 196
すすきのかげに 303
すすきのなか 235
すすきのほさき 241
すずしかぜ 69
すずしかるらし 293・298
すずしきかぜに 37

すずしきかぜの 150
すずしきつきに 48
すずしきほどに 326
すずしくうつる 203
すずみしをれば 28
すすみたり 350
すずめおりくる 223
すずめきてをり 93
すずめさんば 240
すずめよりつつ 172
すずりいし 315
すずりにくみて 43
すそきよく 316
すそのいへいへ 305
すそののうみに 127
すそののよらは 126
すそのはら 128
すそのべの 126・126・126
すそのべを 179
すそはらや 127
すそはらゆ 127
すでにいくひを 194
すでにかげれり 177
すでにかかるくは 303
すでにたかけれ 127
すでにのみぬ 354
すでにもぎたる 228
すなあぶらしも 121
すなけぶり 290
すなしめり 204
すなにゐて 105
すなのうへ 230
すなのぬくもりを 105
すなはたの 86
すなはちきしやは 158
すなはちさむし 254
すなはちせきて 359
すなはちたてり 311
すなはちみゆる 193
すなはちわれら 151
すなはまおほに 105
すなはまに 221
すなほなり 232
すなほのこころを 233
すなをしきたる 320・352
すねのけに 342
すのさきは 70
すはだともしき 216
すはだなる 145
すばやきうごき 178
すばらしき 326
すひかづら 168
ずぶぬれにつつ 120
すべきしごとに 195
すべてすぎぬと 190
すべてのまどは 261
すべてはいまは 261
すべてをひたす 259
すべなかるらし 269
すべなきものか 108
すべなきものを 189・281
すべもすべなき 67
すべもすべなく 135
すべもすべなさ 214
すべもすべなし 268
すべをなみ 214
すまうがたりに 332
すまうのはなしを 332
すままくはせず 59
すみえざるかに 97
すみきはまれる 141
すみたぎちくる 323
すみたるみづの 235
すみつぎにけり 286
すみつくらむか 299
すみてぬるけれ 246
すみとほり 152
すみとほりたる 61
すみとほる 146・148・267
すみとりいでて 165
すみひびく 156
すみふりしいへ 152
すみれのはなを 320・352
すみわたるそらの 103
すみわびて 231
すむきなからし 310
すむなべに 227
すむべかりける 278
すめるひとみを 142
すめろぎの 29
すももはなさけり 114
すもりのはちの 228
すやきのいろを 323
すやすやに 142
すらくともしも 286
ずらせばゆげの 238
するどきひかり 190
すわらむとすも 156
すわりけるかも 308
すゐがうの 117
すゐくわのつるの 86
すゐくわをくひて 342
すゐしやごやのへ 305
すゐせんの 32・140・140
すゐせんのはな 140
すゐせんのはを 140
すゐだうの 302
すゐだうのくち 302
すゐちゆうに 203
すゐなんきうさいじよの 215
すゐれんの 118
すゐれんのはな 118
すゑぶろの 42・51
すをいでて 93

【せ】

せいじゆがうたし 357
せいせいと 168
せうこうゑんに 232

せうこうゑんの 232
せうどのほこり 285
せうばうの 309
せおひたる 302
せがまれて 67
せきいでむとす 332
せきすなり 151
せきにけるかも 151・158
せきのくすりを 310
せきらんのはな 61
せぐすべしらず 62
せしことを 332
せしめけり 209
せしめけるかも 218
せちにかんずる 146
せちにして 292
せちぶんのよの 242
せつなさは 96
せつぶんの 242・315・315・315
せつぶんのまめを 242
せとのうみの 167
せどのかき 23
せどのもり 93
せどやまに 26
せどやまの 35
せなにおひゆく 241
ぜにいれに 217
せにのらむとす 316
ぜにをもらひたる 231
せのおとはとほく 100
せはしかるべし 250
せはしなく 249・249
せまりかがやく 144
せまりさく 50
せみなきしきる 52
せみのもろごゑ 325
せむすべの 98
せむすべもなし 97
せめくるしらくも 61
せをきよみ 62
せをすりにけり 296
せんごひやつぱの 342
ぜんこんの 159
せんさうの 58
せんしつに 167
せんせいのゐちよ 160
せんだんのきに 178
せんだんのみの 179・358
せんだんのみは 301
せんちやうあをだを 51
ぜんにむかへば 292

【そ】

そこあらはなる 329
そこなふなかれ 233
そこはかとなき 182
そこりてあるかも 174
そこりのうへに 174・174
そこりのうへの 175
そこりのどろの 171
そこりのにほひ 175
そしるらく 58
そせんのはかに 139
そせんのはかの 141
そそぐなりけり 130
そそりたつ 57・260・342・349
そぞろありく 303
そぞろきて 192・260
そだてしちごの 27
そでかへるみゆ 27
そでにうけて 36
そとうみの 144
そとがはまなる 253
そとにいで 213
そとにいでて 231
そとにでてみれば 85
そとふろに 85
そとぶろの 233
そともしづかに 57
そともはあをく 241
そとをあゆみきつ 291
そのあさぐさを 204
そのあまがきを 311
そのあをがやを 226
そのいてふのは 176
そのうしのゆを 200
そのうつろひを 211
そのうまやべを 295
そのおほきいへを 185
そのかのやどに 159
そのかみの 54
そのかみを 59・189
そのかれしばに 161
そのくさはらに 279
そのこのあねと 180
そのこひあみを 282
そのさけのあぢ 351
そのさざなみを 198
そのすひかづら 168
そのたてしなを 68
そのたまゆらを 280・351
そのつかのまを 136
そのつまを 122
そのなまごめを 243
そのはうじりも 203
そのはいまは 107
そのはばたきを 276
そのひとえだを 229
そのひとときを 114
そのびはぶねに 228
そのほそみちを 278
そのまちかげに 260
そのみそまめを 309
そのゆきうさぎ 45
そのゆきばかま 101
そのゆふはたを 108
そのよきうしを 248
そのわかみづを 236
そばかりをれば 52

そばだてりけり 126
そばのしろはな 299
そばはたに 52
そばふしらじら 52
そびえたつ 308
そひつつゆかむ 273
そびゆるやまを 273
そぼそぼとして 126
そむくことおほし 232
そめしひのみはた 39
そめものあらふ 36
そよぎさびしき 280
そよぎゐるかも 292
そよげりひとり 148
そよらにそよぐ 341
そよりとかぜは 140
そらあかり 182
そらあをみ 133
そらおぼほしく 153
そらかがやけり 214
そらくもりつつ 280
そらくらく 124
そらしぐれつつ 182
そらしぬぐ 190
そらすさまじく 237
そらたかみ 304
そらにみちうごき 123
そらのあをさを 299
そらのまばゆき 146
そらのみどり 69
そらはあかるし 93
そらははれたり 210
そらははれつつ 134・229
そらはれて 348
そらはれわたり 43
そらまめの 47・245
そらまめのはたを 117
そらまめのはな 116
そらゆくさぎの 153
そらをおほひて 285・290
そらをみつ 300
そろひいまして 55
そろひきぬ 224

【た】

たいきのなかに 267
たいこににたり 342
たいこのひびき 251
だいこんたねまく 52
だいこんのはたけ 235
だいこんをおひて 235
だいしんりんに 57
たいせつにせよ 345
だいだいのはの 257
だいちの 101
たいぢゆうに 169
たいのとがりの 199
たいひのにほひ 187
たいぼくの 197
たいぼくは 279
たいまつのひの 51
たいやうは 127・141
たいやうはおつ 285
たいやうゆ 36
たいりんの 291
たいをはしるも 166
たうげぢゆ 73
たうげにかかる 59
たうげのいへの 248
たうげのうへ 248
たうげのうへに 248
たうげのうへの 248
たうげのえきに 274・274
たうげのはたに 248
たうげのまつに 248
たうげのまひる 247
たうげのみち 248
たうげみち 322
たうげをおりる 248
たうげをこえて 329
たうじひの 294
たうべつつ 361
たうべてきたれ 210
たうべはじめて 243
たうもろこしを 256
たうゐびと 293
たえにしひとに 347
たえまなく 244・360
たえまなくして 302
たかがきのうへに 277
たかきあをぞら 60
たかききに 121
たかききを 94
たかきこずゑを 334
たかきこぬれの 362
たかきざしきに 247・284
たかきしやめんの 226
たかきにみれば 290
たかきまどひとつ 163
たかきむらはは 214
たかきよぞらに 148
たかきをしめて 276
たかぐさのなかに 295
たかぐさのはら 295
たかぐさはら 295
たかくさを 70
たかくすみたる 61
たかくぬきたつ 270
たかくはれたり 304
たかしはかなし 163
たかしをひさに 163
たかだかと 95・188・221・234・308
たかだかとさく 193
たかだかに 46・100・145・145・284・289・330・353・358
たかどにし 276
たかなくこゑに 30
たかなみの 145
たかねももはず 72

たかはなめに 241
たかはらの 318
たかはらひろく 253
たかひむがしに 241
たかむらいでて 240
たかむらかくり 35
たかむらつづく 186
たかむらにいりぬ 180
たかむらふきて 58
たがやすみれば 272
たかやまの 61
たきおちにけり 308
たきぎひろひて 231
たきすてし 254
たぎちおつる 172
たぎちたにみづ 263
たぎちながるる 275
たぎちのにほひ 323
たぎちのみづを 323
たぎちみなぎり 323
たぎちやまずも 186
たぎつおもひを 59
たきつくる 111
たきつけたらし 233
たきつけて 309
たきつせの 34・38
たきのみづ 308・308
たきのゆの 101
たきびいやたく 222
たきびして 222
たきびしてをり 35・197・300
たきびする 105
たきびするみゆ 32
たきびするらし 310
たきびにあたる 197・221
たくちまはりの 234
たけがしの 119
たけたかき 140・234・292
たけになれゐる 72
たけのかれはの 258
たけのくに 58
たけのさとびと 45
たけのねあまた 180
たけのねもとに 36
たけのはやしの 182
たけのはやしを 46・187
たけのみどりの 119
たけやまゆ 182
たけよりたかき 295
たけをかつぎて 182
たけをたばぬる 182
たこあぐる 103
たこもあげず 42
だすべきにあらず 253
たそがるる 106・162・162
たそがれを 182
ただいそぎゆく 343
ただいちは 161
ただいりぬ 301
たたかひの 32
たたかひは 33
ただくいなげき 160
ただくるくると 156
たたずみて 193
たたずむものは 161
たたずめば 223
たたずめり 223
ただちにかへる 224
たたなづく 144・352
たたなはりみゆる 258
たたなはる 101・262
たたなはるなみの 313
ただにあひて 118
ただにいそげり 239
ただにかけゆき 218
ただにかへらせり 231
ただにかへりし 261
ただにきえつつ 242・262
ただにきたする 252
ただにきたゆく 252
ただにこほしく 98
ただにしあらめや 113
ただにしたしく 214・267
ただにしづけき 280
ただにしづけし 224
ただにすこやかに 226
ただにつかれぬ 185
ただになまけて 273
ただにのどめる 167
ただにはせきて 122
ただにはふむる 263
ただにひくらし 306
ただにまゐゆく 269
ただにめにつける 254
ただひとつ 186・261
ただひとつありし 217
ただひとひ 71
ただひとり 43・63・65・94・105・210・271・342
ただふたりして 46
ただふたりをり 271
たたふをまてり 246
たたへゐる 101・113
たたへゐるかも 289
たたみあかるし 156
たたみにうつる 156
たたみにさし 173
たたみにのべし 124
たたみのうへに 109・218・308・335
たちいづる 125
たちうごく 274
たちきはまり 148
たちしおもかげ 117
たちしかば 227
たちつづくなり 193
たちてうごかず 203
たちてこそみれ 160
たちてながむる 108
たちてひさしき 204
たちてをゆかな 97

たちとまり 95
たちなげくかも 94
たちにけり 290
たちにけるかも 97・214・248・249・290・314
たちにしが 355
たちのさびしさ 219
たちのぼる 54
たちほくるなり 153
たちまじり 283・285
たちまち 62
たちまちきえし 138
たちまちすぎぬ 235
たちみつるかも 115・323
たちみるわれは 161
たちみれば 216
たちやまいまだ 332
たちゐつつ 164・166
たちゐむわれを 266
たちゐると 97
たちをりわれは 213
たちをるに 110
たちをれば 216
たつかきの 69
たつがともしさ 221
たづきもとむと 72・99
たつさぎら 153
たづさはり 34
たづたづくれば 112
たつなべに 170
たつにじの 182
たづねこむ 332
たつふゆき 267
たてかくるきの 156
たてしなの 101・101
たてしなやまの 102
たてにけり 230
たてりけり 225・237
たてりけるかも 164・316
たてるさびしさ 333
たてるやなぎの 280
たてるわがつま 218
たてるをとめは 37
たどきもしらに 135
たどきをしらに 98
たなかのもりに 52
たなごころ 281
たなそこに 195
たなつもの 163
たなびくくもの 126
たなひらに 242
たにあひの 302
たにあひふかく 249
たにかぜの 23
たにがはの 38・196・197・316・325
たにがはのべの 325
たにがはのみづの 325
たにしなくよの 33
たにせまるところ 23
たにのそこ 62
たにのながれの 27
たにのひとむら 33
たにのべに 325
たにのゆかはに 260
たにふかきそらに 241
たにふかく 62
たにふかみ 326
たにまのつきの 103
たにをゆく 36
たぬしきろかも 55
たねふきおとす 229
たねまくひとあり 271
たのくさの 67
たのくろまめの 311・311
たのどてさやに 293
たのどてに 206
たばこかひとり 231
たばこすはむと 192
たばこすひつつ 231
たばこよくのみ 58
たばこをかひて 188
たばこをかふも 154
たはたのあきに 73
たびこのみます 51
たびこのむわれ 51
たびごろも 357
たびとわれ 72
たびなれば 227
たびにいたたす 55
たびにして 35
たびにつく 123
たびにはあらず 253
たびにはきつれ 242
たびにはゆくと 266
たびにもゆかず 67
たびにもわれは 194
たびのかたみに 344
たびのこころに 115
たびのさびしさ 147
たびのたよりす 259
たびびとわれ 235
たびものがたり 51
たびゆくと 168・267
たびゆくわれを 253
たひらなれば 222
たびをこひつつ 176
たびをしおもほゆ 357
たふとかり 257・345
たふとかりけり 310・359
たふときちもて 39
たふときものぞ 69
だぶりだぶりと 282
たふるこころも 273
たふれぎいよよ 197
たふれぎおほし 264
たふれぎの 251
たふれむとすも 137
たへがてに 190
たへがてぬかも 170
たへかねて 153

たべすぎぬらし 310
たへつつおもふ 216
たへていそしむ 196
たべむとはすれ 225
たまきはる 138・145・257・345
たまくしげ 107
たまさかに 217
たまたま 292
たまたまおちて 31
たまたまに 142・151・175・185・193
・215・281・287・304・310・312
たまつばき 31・33・44
たまなすみづの 36
たまのさかづき 351
たまもなす 146
たまゆらつまの 144
たまゆらに 108・138・154・286・289
たまゆらにして 252
たまらふみづの 288
たまらふみづを 288
だまりとびつく 246
ためらはれぬる 106
たもちかあらむ 274
たもちつつ 310
たもとなびかす 54
たもとにいれて 140・320
たもとぬらしぬ 339
たもとのみせに 154
たもとほりつつ 191
たもとほる 107
たもとほるみゆ 29
たもとをさぐる 192
たゆかへりしと 106
たゆさこらへて 149
たゆさたへなくに 149
たよりせず 223
たよりだにせぬ 96
たよりつきたり 39
たよりわがせむ 98
たらちねの 142・196・196
たらちねのははの 138
たらひたり 160
たらひたるらし 202・279
たらひのみづに 287
たりらりら 351
たるきまつばら 27
たるひのごとく 126
たるみしからだ 222
たれかしらむも 281
たれにかあらむ 300
たれにかも 44
たわたわに 220
たわやめの 346
たをみまはるも 264
たんざくの 37
だんだんをだを 205

【ち】

ちかくきこゆる 39
ちかくきて 278
ちかくみえ 167
ちかしとおもひ 188
ちかづきぬらし 308
ちかづくよらの 253
ちかづくらしき 235
ちかめのめがね 340
ちからづきゆく 361
ちからのなしも 95
ちからみちたる 198
ちからをかんず 164
ちぐさくしくも 100
ちぐささく 43
ちくりんの 187
ちごがおもかげ 40
ちさきあかりに 126
ちさきいけ 157・157
ちさきちさきこゑ 339
ちさきはし 117
ちさきひつぎに 139
ちさきひつぎの 141
ちさきひつぎは 139
ちさきよきいへ 184
ちさくのこりて 135
ちじやうのもの 225
ちじやうをてらす 289
ちしるのにほひ 142
ちちあらぬいへに 264
ちちうしの 199・203
ちちうへの 104・104・104・181
ちちがうまれし 177
ちちがおくれる 243・243
ちちがふみたる 265
ちちしにしかも 263
ちちしぼり 181
ちちしぼるべき 316
ちちとこしへに 269
ちちとてをとり 178
ちちとわがこと 179
ちぢにくだけぬ 33
ちちにしあらし 106
ちちにせまりて 231
ちちにてみゆ 263
ちちによりそひ 131・199
ちちのあらなくに 268
ちちのいのちの 262
ちちのいのちは 262
ちちのおくつきの 272
ちちのおもわ 199
ちちのかたはらに 261
ちちのかなしさ 130
ちちのきませる 202
ちちのこころの 232
ちちのしぬばゆ 264
ちちのにほひの 168
ちちのはたらきし 264
ちちのひつぎを 265
ちちのまなごの 264
ちちのまむとす 201
ちちのみの 181・262・264

ちちのみゆ 262
ちちのよきさが 268
ちちはいまあらぬ 263
ちちはうまやに 181
ちちはたたせり 202
ちちはのらせり 233
ちちははあはれ 120
ちちははと 178・237
ちちははの 41・227・231
ちちははのいへ 227
ちちははのてに 111
ちちははは 245
ちちははも 55
ちちははをおきて 120
ちちはをいたり 248
ちちひとり 263
ちぢみざさ 325
ちちもあも 205
ちちゆきて 271・286
ちちをおくりて 231
ちちをしぞおもふ 49
ちちをしなしめ 268
ちちをしぬばく 264
ちちをのまする 280
ちちをはふりまつる 264
ぢつとうごかず 141
ぢつとめをとぢ 158
ちではあらなくに 44
ちどりなきたつ 35
ちどりなくなり 30
ちにあをし 231
ちのなやましさ 144
ちはかれにけり 138
ちはらあしはら 281
ちひさきはかを 194
ちふねももふね 34
ちふのやけはら 44
ちほこかみすぎ 57・342
ちまたにたかき 162
ちまたにわれは 96
ちまたゆき 146
ちまたゆく 147
ちまたをかへる 224
ちまたをひとり 190
ちまたをゆくも 146
ちやうじやうの 241
ちやうちんに 104
ちやうちんの 126
ちやうちんのひの 319
ちやうちんのひを 319
ちやうちんひとつ 164
ちやうちんもちて 328
ちやうちんをさげて 103
ちやにやすむらし 293
ちやわんをあらふ 272
ちやをいただけり 88
ちやをつみにけり 265・265
ちやをつむに 265
ちやをのみてをり 270
ちやをほうじをり 216
ちやをもちゆくも 272
ちやをもとめけり 291
ちゆうしやして 210
ちりけむる 96
ちりこぼれつつ 327
ちりしきし 192
ちりしくには 272
ちりしける 258・310
ちりてたまれる 211
ちりてつきたる 47
ちりにけり 133
ちりにしか 343
ちりのこる 211
ちりのこるはの 121
ちれりけり 272
ぢんちやうげ 165

【つ】

ついたちは 233
つかずのかねの 41
つかひめの 66
つがりしあとの 316
つがるのうみは 253
つかれけるかも 151
つかれたる 343
つかれたるらし 284
つかれにぶりて 225
つかれぬほどに 301
つかれはてし 59
つかれやすき 225
つきあかく 131
つきおしてり 106
つきおしてれり 60・64・88・88・335
つきかたぶきぬ 64・89
つきかたぶけり 61
つきさむく 53・183・184
つきしろく 184
つきしろの 105
つぎつぎかへる 220
つぎつぎちちを 316
つぎつぎに 154・205・266・272・296
つきてこし 321・352
つきてりわたり 254
つきてるうみに 254
つきてれり 159
つきてゐるらし 306
つきにひかれる 163
つきにむかひ 103
つきのいろあかし 131
つきのうさぎの 32
つきのきの 211
つきのしたを 184
つきのでがはり 39
つきののぼりを 38
つきのひかりに 131
つきのぼるみゆ 188
つきはいでたり 178・178
つきはのぼれり 48

つきひとをとこ 31
つきひんがしに 150
つきもいでたり 48
つきやまをいづ 68
つきよあらしの 233
つきよこのくれ 106
つきよぶろ 57
つきよみは 42・51・85
つきよよみ 88
つきをへにけり 71
つぐおとうとの 274
つくしつむこの 27
つくしにいゆき 163
つくづくと 161・272
つくづくとりは 283
つくづくに 268
つくづくみるも 227
つくづくみれば 214・318
つくばしげやま 188
つくばねに 31
つくばねの 188
つくばのあたり 186
つくばのやまの 294
つくばのやまは 46
つくばやま 188
つくばをとめら 188
つぐべくもあらず 168
つぐべくもなし 237
つくよみの 60
つくりてくれし 234
つくれるうさぎ 45
つくれるはたの 252
つくゑをきよめ 217
つげもこぬかも 214
つげやらむ 252
つげやるべくは 159
つじまちしやふ 165
つたひくるかな 128
つちあかき 248
つちあらたなる 109
つちあらはなる 183
つちがへる 317
つちくづしつつ 206
つちくれのおと 265
つちごもり 54
つちしらけみゆ 166
つちだかうへいに 198
つちにあまねき 152
つちにうつれる 284
つちにかすかに 291
つちにさきみてる 322
つちにしたしや 284
つちにたちゐる 195
つちにはなあり 339
つちにみをする 334
つちにむかひて 195
つちのうへに 267
つちのかをこふ 72
つちのしづけさ 288
つちのつづける 184
つちのふくれの 123
つちのへに 211・288
つちのへの 164
つちふかく 265
つちふかくほる 123
つちふみきます 262
つちふみて 211・335
つちふみならす 230
つちふみゆくも 322
つちふむうれし 72・98
つちふむなべに 315
つちふむべくも 361
つちふむわれに 114
つちふめば 185
つちぼこり 185
つちもふまねば 359
つちゆてりさく 322
つちをひたせる 266
つちをふみきつ 244
つちをふみつつ 304
つちをふみゆく 267
つちをゆすりて 262
つつがあらすな 198
つつがあらぬか 233
つつがなくして 305
つづきつつ 266
つつきてゐたり 124
つづきゆくみゆ 227
つづけてきこゆ 164
つつじはなさく 339
つつじをきりて 308
つつましきかも 87
つつましく 140・141・196・228・233
つつましくして 160・347
つつみてぞゆく 49
つつみのすすき 341
つつみのみちの 278
つつみはなれて 186
つつみゆく 27
つとうねるなみの 139
つとめけり 256
つとめして 256
つとめますます 33
つとめゐてだに 256
つとめを 189
つとめをへて 224
つないつぱいに 201
つながれし 201
つなぎけるかも 157
つなぎたり 199
つなぎたる 202
つなげるうし 259
つなげるうしの 200
つなげるうしを 201
つなげるふねみな 259
つなはつながず 279
つぬのねの 203
つねにさやけく 350
つねにすなほに 264
つねにつねに 297

つねやはらかき 196
つばきがもとゆ 287
つばきさく 236
つばきのねろの 287
つばきはに 142
つばきはの 141
つばくらの 141
つばくらのこは 123
つばくらめ 268
つばさきらめく 144
つばさひかりて 334
つばなほけたつ 201
つばめひとつきて 329
つばらにわれに 319
つひにいできつ 120
つひにきたらず 190
つひにさびしも 248
つひにみじかしと 330
つひにみやこに 97
つぶせしありの 218
つぼみひらきて 361
つまがおごりの 291
つまがたもとを 151
つまかもやめる 360
つまがよぶこゑに 222
つまぐろよこばひ 37
つまこともなひ 289
つまこのかほを 225
つまこふらむか 356
つまこもろともに 290
つまこらと 261
つまこらを 196・233
つまとあゆめり 184
つまとちやをのむ 218
つまとならびて 245
つまとふたりし 111
つまにいひ 243
つまにいひて 314
つまにつげやらむ 196
つまにやさしき 222
つまのこひしき 299
つまのみなりの 210
つまのよろしさ 291
つまはいま 298
つまはしらぬを 190
つまはねなくに 244
つまはまだこず 65
つまはも 290
つままかずゆきし 163
つまもみそぢを 33
つまよゆふげを 210
つまをすて 64
つまをはなりて 151
つまをめとりて 56
つみこむらしも 227
つみてかなしき 228
つみてかなしも 189
つみにけり 265
つめたきたにの 316
つめたきとこに 26
つめたきに 136
つめたきみづに 167・328
つめたきみづは 221
つめたきみづを 204・301
つめたきをほりす 247
つめたくおぼゆ 236
つめるしらゆき 45
つもりたりみゆ 131
つもるざふきの 307
つもるやまぢを 307
つもるらむ 132
つやつやひかり 108
つゆあかりして 247
つゆおきみてる 302
つゆおちて 28
つゆおぼおぼし 247
つゆかすかなり 219
つゆくさのはな 37
つゆぐもは 123
つゆけきつちを 94
つゆけぶる 247
つゆしとどなり 325
つゆじめる 234
つゆしろく 88
つゆながら 247
つゆにごり 287
つゆにしめれる 133
つゆににほへる 325
つゆにぬれたり 102・325
つゆにぬれたる 246
つゆのあめ 354
つゆのいろ 302
つゆのおと 302
つゆのおとこそ 148
つゆのくも 246
つゆのしづくの 302
つゆはおきたり 133
つゆはひかれり 94・238
つゆはれて 286・294
つゆはれにけり 70・286
つゆばれの 38・60・69・69・247・247・274・275・295・296
つゆひかり 117・128
つゆふかき 263
つゆふみて 99
つゆもやしろく 222
つゆもやの 223
つよくとびくる 253
つらなりならぶ 161
つらなるやしま 113
つりするなつと 48
つりするひとは 260
つるぎとりもち 34
つるくさはなさく 62
つるなきわたる 23
つるめるあぶの 218
つるをたぐれば 196
つるをりやりぬ 24
つれだちし 178・239・240
つれだてる 188・239

つれづれに 39
つれになりたる 178
つれはあるらし 164
つゐにくれたり 308
つゐにつきつつ 308

【て】

ていこがかぎを 345・345
ていしやばすぎて 275
ていしやばに 126
ていしやばの 158
ていしやばのまへの 239
てうかいざんに 275
てうせんまい 243
てうせんまいを 243
てうれんの 164
てごたへの 282
てすりによれり 204
てつくわんつみて 171
てつけうみえて 95
てつだひの 268
てつのにほひの 95
てつぱうやまに 290
てつぱうやまの 290
てつびんの 212
ててのびはおき 229
てとりたすけて 39
てにあまりたり 290
てにかきまはす 200
てにここちよし 204
てにさげてゐる 178
てにつかみ 221
てにつぶしつつ 94
てにつみて 215
てにつみにけり 116
てにつめば 215
てにとらへたり 275
てにとれば 140・154・244・283
てになでにけり 195
てになでぬれば 203
てにはがすだに 197
てにはつみつつ 140
てにふりかねつ 118
てにもてあそぶ 105
てぬぐひにのこる 248
てのひらにのせ 217
てのひらを 165
でふねまちつつ 253
でみづのあとの 271
でみづのどろは 271
てもとをぐらく 64・89・104
でゆのやまみち 38・38
てらにきたれり 176
てらのかど 291
てらのかどみちの 291
てらのけいだいに 308
てらのそう 308
てらのぢぢ 328
てらのゐどみづ 313
てりかへり 52
てりぐはし 318・330
てりそめぬれば 131
てりそよぐ 278
てりつくるひの 127
てりてさびしも 188
てりなびく 248
てりにほふ 317
てりのゆたかさ 291
てりひかり 170・253
てりまばゆき 267
てりみつる 221
てりゆらぎつつ 277
てりわたりたり 348
てれるひかげの 177
てをかけて 297
てをかざし 105
てをかざしつつ 104・300
てをさはりみむ 289
てをとりあゆむ 177
てをとりにつつ 108
てをのべて 214
てをはなし 143
てをひける 151
てんきよろしく 65
てんじやうの 247・284
てんじやうのほこり 290
でんしやつづきて 277
でんしやにのらず 173
でんしやにのりて 161
でんしやのおとの 174
でんしやのりかふる 160
でんしやはいまだ 161
でんしやゆくおと 171
でんしやより 229
でんしやをおり 223
てんたかく 173
でんとうあかき 155
でんとうのたまを 272
てんとはるひと 328
てんにもろむき 190
てんぴはこりて 147
でんゐむの 333

【と】

とあみたづさへ 49
といしはしろく 252
とうきやうに 292・360
とうじの 309
どうじひとり 198
とうはまの 319
どうぶつゐんに 195
とがかへの 43・45
とがまづきに 32
とがりすと 34
ときすぎにけり 295
ときたちにけり 192・252
ときにごじつしゆひやくしゆ 359
ときにはなりぬ 266・316

ときのちそくも 180
ときはうつりぬ 312
ときはぎに 139
とぎれとぎれに 131
ときをさだめて 303
どくあるよかな 56
とぐそのにほひ 252
とけそめて 289
とけつつあらむ 240
とけつつあるなり 164
とげのごと 125
とごころもなく 232
とことはに 339
とこなめごけに 31
とこぬちに 63・216
とこのうへに 238
とこのへに 135・257・334
とこぶしはめり 146
ところどころ 339
どざうづくり 312
とざんのこころ 128
としうへのこの 131
としおいし 316
としくれにけり 286
としこえて 312
としごろの 257
としすぎにけり 238・273
としたちわたる 24
としながく 287・322
としにしあるべし 348
としのくれの 178
としのはじめに 348
としのはつひは 342
としのほぎざけ 237
としはへにけり 286
としはへにつつ 311
としはみのとし 43
としひさに 101・313・347
としふりにけり 269
としまねく 261
どじやうゆたかに 265
としをむかへたり 238
とちぎおほにしき 332
どぢやうより 307・307
どぢやううるをぢ 307
どぢやうになひて 307
どぢやうやきたりぬ 307
とつぎしとしに 50
とつぎゆきて 271
とつぐといへば 331
とつていのうち 198
どつぽがはかに 192
どておりにけり 294
どてこえて 270
どてしたの 270
どてつくる 117
どてのしやめんに 140・168
どてのひとすみ 173
どてのへに 276
どてのへの 276
どてのへを 294
どてのぼりゆく 277
どてのまつ 157
どてらをとこが 57
どてをわたれば 173
とどとして 262
ととのふる 328
とどまらなくに 244・332・359
とどまるでんしや 96・96
とどめかねつも 263
とどろなみ 144
とどろなるなべ 336
となりぐに 307
となりのいへの 334
となりのいへは 309
となりのにはに 310
となりやに 45・85
となりやの 73
とにいでたてり 230
とにいでて 300・300
とにいでにけり 191
とにたてば 111・131
とのぐもる 143
とのさまがへる 317
とのもみれば 159
とのゆにあれば 42・51
とのゐかなしも 256
とのゐして 174・215・257
とのゐするよを 215
とのゐのふとん 256
とのゐのへやの 174
とばざりにけり 281
とはにたへつつ 191
とはにながるる 113
とはにゐてなけ 72
とはのへだたり 97
とびかける 269
とびかへり 162
とびかへりつつ 161
とひくるひとら 333
とびさりにけり 329
とびてきにけり 319
とびてゆくかも 218
とびのかけれる 334
とびゆくさぎ 153
とびゆくさぎの 154
とぶつばめ 95
とぶとりの 62
とぶとりみれば 361
とぶはちの 144
とぶはみなくに 278
とほきくものね 145
とほきこだちの 334
とほきよをおもふ 73・99
とほくあそび 232
とほくあそべる 264
とほくかすみて 70
とほくきえけり 166
とほくきこゆる 127
とほくきつ 322

とほくきにけり 195
とほくこひをり 133・343
とほくさかりて 71
とほくすみつつ 231
とほくとどろに 270
とほくなりにけり 313
とほくはてらず 155
とほくひかれる 235
とほくひびかふ 101
とほくひらけず 254
とほくまどかに 130
とほくやみつつ 163
とほくゆかむを 138
とほくゆく 50
とほくよりきこゆ 293
とほくよりみえし 279
とほくれなゐの 143
とほくゐて 262
とほくゐる 223
とほじろくみゆ 274
とほつあふみ 33
とほつおやの 129
とほつくにはらに 99
とほつみおやの 129
とほどほに 209
とほながき 105
とほにてるのに 143
とほひかりつつ 132
とほひよどりの 359
とほひらけ 299

とほまちの 209
とほまはりくる 235
とほやまかすむ 339
とほよのそこゆ 101
とほりけり 161
とほりすがへど 329
とほりたり 275
とほりてひびく 178
とほりゆくかも 219
とほるこゑすも 99
とほるなり 213・230
とほれども 277
とまぶねの 216
とまりたりみゆ 162
とまりたる 303・315
とまりゐる 312
ともがみのかさの 128
ともしあかるし 115
ともしうつしく 104
ともしかり 269
ともしきおもひ 191
ともしきに 115・215
ともしくたてる 56
ともしくなれる 227
ともしさよかぜ 118
ともしのぼりく 101
ともしびしろく 44・162
ともしびてらす 37
ともしびてれり 242
ともしひとつみゆ 262

ともしびの 121・132・261・304
ともしびのかげに 331
ともしびみゆれ 100
ともしびもちて 51・164
ともしびを 126
ともしまなびや 55・55
ともしみえこし 100・103
ともしみすれど 168
ともしみにけり 120・120
ともしみにしか 257
ともしみゐつつ 104
ともしめど 118
ともしもよ 176
ともしらにさく 47
ともとかたるも 240
ともなはれつつ 88・279
ともなひて 314
ともなへば 160
ともにあそびし 59
ともにかこみて 167
ともにさやぎゐる 218
ともにしあるらし 101
とももさめをり 227
とももしづけく 314
ともるひみれば 324
ともをみかへり 110
とやをいでたる 296
どようしじみの 327
とよくさはらに 279
どよみかがよへり 277

とよみくる 95
とよみしこころ 103
とらへたり 196
とりかぶと 56
とりけだものも 195
とりさしの 232
とりたるざこの 270
とりつつあゆむ 183
とりのこゑ 23・24
とりのこゑかも 253
とりのむれ 296
とりまへりけり 130
とりもちて 351
とりゐのおくの 114
とりゐのしづく 116
とりゐるまひる 224
とりゐをいでて 114
とりをみにけり 334
どろのへに 171
どろのへの 172
どろのへを 171・171
とをいでて 235
とをうかがへば 127
とをかすぎなば 361
とをひきて 54
とをみれば 195
とんぼうの 124
とんぼがひとつ 124

【な】

ないそぎそ 128
なうびやうゐんの 238
ながあるを 138
ながかほみれば 58
ながきいのちを 351
ながきしやめんに 168
ながきつりざを 294
ながきてがみを 191
ながきはるひを 26
ながきひげあり 280
ながきひや 58
ながきよの 160
ながくしまさむ 196
ながくなりたる 357
ながくのびにし 197
ながくひきたり 259
ながくまつべみ 107
ながくゆりつつ 115
ながこころを 343
ながこしかたの 133
ながさがは 62・321
ながさきの 223
ながさのさくの 299
ながさほそのの 333・333
ながしにがほの 139
ながしれる 178
なかぞらに 141・254
なかつえに 330
ながつかの 163
なかつべは 288
なかつみち 278
ながなくこゑを 138
ながなくなべに 254
なかにたちゐる 221
なかにはの 160
なかばかれけり 54
ながはまの 27
なかむらけんきち 223
ながめけるかも 211・252・353
ながめつつ 324・354
ながめてあれば 244
ながめゐる 249
ながめゐるかも 218
ながめをるらし 109
ながやがうちに 185
ながらふえんに 117
ながらふなかに 116
ながらふる 93・116・139
ながらふるなり 139
なかりけり 355
ながるるあせの 248
ながるるあわを 301
ながるるごとし 114
ながるるはやし 271
ながるるみづを 323・353・353
ながるるみをの 62
ながるるものを 140
ながれくるかも 150
ながれくるみゆ 321
ながれけらずや 135
ながれたり 142・247
ながれたるかな 127
ながれたるかも 95・317
ながれのきしの 323
ながれはいまだ 323
ながれふさがる 309
ながればし 138
ながれめだてり 321
なかをゆかむと 294
ながをるみれば 104
なきあこいだきて 138
なきあこの 142
なきいでにけり 177
なきがらまもり 263
なきがらをいま 138
なきこあはれ 142
なぎさのみづに 115
なぎさべに 144
なぎさみち 200・201
なきしせみ 28
なきしひぐらし 133
なぎしひととき 230
なきたちて 342
なきたつる 166
なきちちの 278
なきてありけり 131
なきてゐにけり 123・318
なきにけらずや 293
なきにけるかも 276
なきのさやけき 178
なきのひさしも 186
なきひとの 297
なきふけり 148
なきふすははを 43
なきほそりたる 63
なきやめば 278
なくかはづ 144・254・317・318・318・319
なくきぎし 276
なくきじの 276
なくことりかも 237
なくこまどりの 330
なくこゑきけば 254・359
なくこゑきこゆ 155
なくこゑさやかに 251
なぐさむと 24
なぐさめむ 43
なくなりし 141・233
なくなりにけり 320・352
なくなりにつつ 256
なくにしあるらし 276
なくねさぶしく 63
なくねわくまで 317
なくほととぎす 27・38・38・49
なくやあさかぜ 50
なくやこほろぎ 54・107・107・111・131

なくやよしきり 278
なくよしきりの 278
なげきすぎなむ 111
なげきはやめむ 347
なげきもうまし 191
なげくかに 122
なげくだに 187
なごのみてらに 58
なごみくらしも 128
なごみにほへる 130
なごりこひしき 191
なごりこほしみ 229
なごりさびしく 201
なごりのなゐの 286
なごりのみづの 271
なしといはなくに 242
なしのきに 47
なしのこかげに 202
なしのはなさく 47・86
なたねさく 34
なだのよふねに 33
なつかしおやに 59
なつかしき 30・311
なつかしきかな 125・200
なつかしきかも 97・123・180・197・215・347
なつかしさ 128
なつかしの 59
なつかしみ 323
なつかたまけて 125

なづさひはへり 260
なつさりにけり 190・291
なつちかづけり 202
なつちかみかも 36
なつによきくに 58
なつのあめさむき 255
なつのひてれる 169
なつのひの 146
なつのやすみは 194
なつのよの 125
なつのよは 132
なつのよを 150
なつばうしかな 149
なつはきむかふ 277
なつまひる 146
なづみゆく 241
なつやすみ 67・194・194
なつやすみを 229
なつやせの 342
なつやまの 48・60
なでしこのはな 39
なでてかなしも 160
ななつをいきて 163
ななまがる 38
ななめおりくる 152
ななめかりがね 53
ななやまかけて 38
ななよはいねて 183
なにかなげかむ 159
なにしかも 251

なにしつつ 96
なにともなしに 71
なにねらえぬ 107
なにをかおもひし 136
なのかあひみぬ 326
なのかすぐしつ 329・355
なのはなに 46・47
なのはなばたけ 31
なのみそと 351
なはしろぐみを 87
なはしろの 264
なはしろをだに 37・335
なはしろをだの 219
なはしろをだは 271
なばたのなかを 29
なはなひにけり 281
なべてなつかし 339
なべてねたまる 60
なべてのものら 300
なへどこに 187
なへはてけらし 195
なほあさりつつ 172
なほいくひらの 213
なほいくよねむ 151
なほおほよそに 133・343
なほくれきらず 162
なほしかすがに 104
なほしまたれて 97
なほすこやけき 326
なほのこりをり 110

なほのぼりゆく 129
なほはたらけり 117
なほはたをうつ 104
なほみゆるかも 51
なまがはら 42
なまくろの 108
なまけてありし 297
なまづつるらし 294
なまめきし 44
なみあれんとす 60
なみうちぎはに 198
なみうつなして 162
なみきのひまに 52
なみさへたたず 167
なみだあふれて 263
なみだいでくも 97
なみだうましも 110
なみだぐましも 119
なみだたまるも 157
なみだちてれる 278
なみだつふるぬま 270
なみだながして 139
なみだながせり 143
なみだながれぬ 98・268
なみだなるかも 140
なみだをながす 159
なみにくちふり 145
なみのうねり 147
なみのおと 39・238
なみのおときつつ 356

なみのおとひびく 262
なみのとどろき 262
なみよするみゆ 105
なむやには 226
なめらかに 73・99
なめらけき 128
なもしらぬ 66
なやのうしろの 228
なやましさ 149
なやみせつなく 267
なやみそ 226
なやみながらに 131
ならびたてども 225
ならびてありし 312
ならびとまれる 216
ならびねてゐる 134
ならびゆき 185・232
ならべつつ 336
ならべほしたる 42
ならべほす 240
ならべるはかに 119
ならむとおもふ 213
ならむとすらむ 158
ならやまがくり 55・86
ならやまの 339
なりたりとおもふ 324
なりたるる 195
なりていでたつ 331
なりていぬらく 298
なりていよいよ 303
なりてくるかも 125
なりてひびかふ 306
なりてゐるなり 258
なりといふ 128
なりなむものを 305
なりにけらしも 122・302・311
なりにけらずや 48
なりにけり 163・176・234・245・258・264・345
なりにける 311・349
なりにけるかも 303・330
なりはひの 72・99
なりひびきつつ 306
なりもならずも 29
なりわたり 192
なりわたるなり 115
なるおとの 350
なれにはわかじ 96
なれなれしくひとを 133
なれりけり 149
なれるあらしに 131
なれるこうまか 294
なれるみづはな 61
なをおもふ 191
なんぞあかるき 261
なんぞうれしき 291
なんぞかなしき 136
なんぞしづけき 277
なんぞすみやけき 262
なんてんいれし 45
なんもくがはの 306・350

【に】

にかいに 291
にかいのえんに 216・216・218
にかいのともし 218
にかいのへや 217
にかいのまど 238
にかいをおり 218
にきかきぬわれは 43
にぎはしき 58
にぎはしくして 272
にぎびまがなし 253
にくからなくに 295
にくしんの 245
にくみしはたぞ 138
にぐるまに 178
にぐるまのおと 127
にぐわつの 314
にごりうづまき 275
にごりうづまく 258
にごりがはの 123
にごりそめたる 321
にごりぞら 162
にごりどよみて 168
にごりなみ 170・230
にごりひかれり 277
にごりみづ 123・172・258
にごりみづに 149
にごるせの 301
にさんにん 135
にしあかり 295
にじきえむとす 182
にしすこしあかく 105
にじたちて 182・238
にじたちわたり 182
にじたちわたる 38
にじたてりみゆ 182
にじつとうばかり 316
にしにわたりて 185
にしのくにに 32
にしはれて 61
にしびきららぐ 114
にじみみえこし 164
にたるこの 29
にちえうの 217
にちにちの 314
にちやうのしやみせん 169
にちりんは 225
につくわうすみて 173
につくわうにみねば 356
につくわうの 356・356
につくわうのなか 140
にとうのうしの 199
にとうのうしは 141
になひゆくみづ 249
にのくさすぎて 67
にはあたたかに 42
にはいしの 31

にはかにさむく 285
にはかにせまる 127
にはきにさわぐ 253
にはきまぶしく 211
にはくさのはなに 102・343
にはさきに 251
にはさきの 69
にはつちの 200
にはとこのめの 86
にはとりのなく 41
にはにおりたつ 251
にはにきてをり 246
にはにつなげり 141
にはにねころびて 296
にはのあをばの 133・133
にはのおちばの 112
にはのくさを 319
にはのこだちに 28
にはのしばふに 70
にはのやつでの 310
にはのわかばの 291
にひくらみえて 31
にひだたみ 318
にひづまを 65
にひばりの 44・55・86
にひみどり 87・353
にひめだつ 190
にひめひにてる 189
にひゆどの 47・86
にひをけに 236
にぶきひかりの 137
にぶくともれり 162
にぶくなりにけり 206
にぶりはてしも 107
にふゐんせしめ 209
にふゐんのことを 144
にほのなくこゑ 282
にほはしく 128
にほひあかるき 317
にほひあたらしく 318
にほひうらてる 68
にほひかなしき 190
にほひかなしみ 141
にほひかなしも 134・199・200・201
にほひけり 169
にほひさびしく 305
にほひさびしも 187・244
にほひさびたる 287
にほひさゆらぐ 107
にほひしみ 142
にほひしみくも 121
にほひしみちに 278
にほひすがしき 318
にほひすずしも 272
にほひするどし 215
にほひただよふ 105・117・223
にほひたちて 125
にほひたらへり 228
にほひてあらむ 147
にほひてありけり 186
にほひとよめる 260
にほひはうせて 192
にほひひかれり 93
にほひひややかに 88
にほひふくらむ 219
にほひまがなし 132・197・251・287
にほひよろしき 358
にほひよろしく 246
にほひよろしみ 30・222
にほひわきたつ 132
にほふかはびの 108
にほふくさはら 157
にほふこじまも 167
にほふなりけり 129・148
にほふみつつ 326
にほへばかなし 165
にほへるいもを 339
にほへるかげに 87
にほへるごとし 211
にほへるほりに 168
にほやかさ 238
にほやかに 143
にるひともなし 96
にれがみたてる 203
にんげんのこゑ 198
にんぷらは 266

【ぬ】

ぬかにゆびする 146
ぬがんとするも 194
ぬかるみを 120
ぬかれるどろの 120
ぬぎしきみかも 71
ぬきてあつめし 241
ぬきておよげり 145
ぬきんずる 46
ぬきんでて 48
ぬくきかれはを 211
ぬけいでて 58
ぬばたまの 46・71・101・103・118・118・137・151・164・164・165・165・174・175・198・257・261
ぬばたまのよの 164
ぬまあかりして 188
ぬまいまだみえず 270
ぬまかぜの 281
ぬまがはを 281
ぬまごとに 296
ぬまじりの 282・283
ぬまなみの 282
ぬまにそひて 270
ぬまにそふ 267
ぬまにはゆかず 267
ぬまのかの 278
ぬまのつつみに 271
ぬまのへに 266
ぬまのみづ 277
ぬまのみづの 277
ぬまはかれたり 270

ぬまはひかれり 267
ぬまひやひやに 69
ぬるまゆに 134
ぬれおもき 231
ぬれがやけり 308
ぬれかへりくる 172
ぬれしたたる 231
ぬれそぼち 205
ぬれたてるらし 127
ぬれたるつちに 124
ぬれたるふとづな 259
ぬれたるやまを 317
ぬれたるらしも 273
ぬれたるをみむ 273
ぬれつつもかりし 302
ぬれつつゆかく 110
ぬれてしづかに 211
ぬれてをり 246
ぬれにけるかも 320・352
ぬれひかりけれ 172
ぬれひかりみゆ 119
ぬれわたりたる 321・327
ぬれわたる 167

【ね】

ねあせをふくも 298
ねいりたまひし 51
ねぎのばうずの 219
ねぎのはな 219
ねこぎたふれし 197
ねこのぬけげの 335
ねざめては 142
ねずみけうとく 172
ねずみちろちろ 171
ねずみなるらむ 171
ねずみのさわぎ 63
ねぜりをつむと 339
ねたましくさへ 133
ねたみけるかも 214
ねたるおと 200
ねたるよの 342
ねつもやうやく 222
ねてくらしたり 347
ねてゐたるあとの 200
ねてをられなくに 290
ねてをれば 319
ねなしごころを 69
ねにはしほりて 276
ねぶたまつり 253・253
ねむといへども 244
ねむのきのはな 107
ねむのこずゑに 301
ねむのにほひの 108
ねむのはな 107・107・108
ねむのはなちる 27
ねむのはなの 108
ねむはやさしく 147
ねむらせにけり 141
ねむらむとすも 263
ねむらむわれも 210
ねむりいりなむ 257
ねむりいるかも 121
ねむりけらしも 299
ねむりたらひし 179
ねむりてをり 210
ねむりなきとりの 153
ねむりにいりし 138
ねむりふかからし 198
ねむりもよほす 57
ねむりゐる 210
ねむりゐるらし 329
ねむりをさまし 73
ねむるおもわも 137
ねむるたびとの 49
ねむるなりけり 136
ねむるをだにも 268
ねむれるあこを 263
ねむれるおもを 142
ねむれるらしも 107
ねもごろに 148・163・199・204・283・293・346・351
ねもごろにして 285
ねをさむみ 54
ねをたえて 23

【の】

のあざみのはな 281
のいばらのはな 49
のうじをこのみて 331
のうむのなかに 126
のきかげに 93
のぎくのはなは 98
のきくらく 305
のきしたに 63
のきなみくらし 327
のきにかけほす 306
のきにさす 117
のきのしやうぶに 94
のきのはに 46
のきひくき 259
のきやみに 106
のこぎりのおと 156
のこぎりやまは 45
のこらずかれぬ 45
のこらずをれぬ 310
のこりゐるかもの 223
のこるみかんを 179
のこれるかもの 223
のぞきみつつ 142
のぞみといひて 41
のぞみのぞみ 41
のぞみのままに 41
のぞむまどみな 253
のちもしのばむ 63
のぢゆけば 269
のつぱらはいま 149
のどかなる 43
のどかわきたり 358

のどにあゆむも 188
のどにほりすも 177
のどのかわき 62
のどのどと 247
のどぶとの 149
のどゐごくして 315
のなかのてらに 176
のにいそしむと 110
のにいづるみちの 110
のにいでて 280
のにしいでゆく 195
のにひとり 109
のにみちひびく 164
のにやまに 65
ののいけの 244
ののこうゐんに 236
ののこうゐんの 236
ののはかはらの 119
ののひとつやを 239
ののほらあなの 172
ののみづの 234
ののをかの 346
のはくれて 187
のはくれむとす 201
のはしづみゆく 109
のびあがりて 278
のびえのたりほ 298
のびけらし 224
のびすぎしちやを 265
のびたるつめを 316
のびにけるかも 216・224
のびのすがしさ 86
のびのびと 181
のぼりきたりて 328
のぼりきて 248
のぼりくる 101
のぼりくるからす 249
のぼりけらしも 103
のぼりこし 330
のぼりたるらし 150
のぼりみむ 290
のぼりゆく 39・190・219
のぼりゆくかも 128
のぼるとみさん 62
のませゐる 201
のまねばやせつ 351
のままくは 351
のまむとするも 220
のみたきものを 348
のみちにたてる 173
のみにけるかも 221・301・335
のみもしらみも 354
のみゐどの 287
のみゐどのふなの 287
のむひともなし 62
のむべかりけり 351
のむべくは 351
のめどあかなく 285
のりあひて 33
のりてこし 246
のるところ 149・149
のわきのかぜの 85
のをいづるひの 116
のをおもふこころ 110
のをすぎて 28
のをたどりきつ 114
のをとほく 236
のをまがなしみ 176

【は】

はいでらの 41
はいやむひとの 256
はいりけるかも 155
ばうしをぬぎて 248
はうのおと 270
はうひやくり 57
ばうふううのあと 198
はうらゆするる 125
はえにけらずや 162
はおとひそかに 223
はおとやさしく 232
はかいしすりつつ 244
はかがはの 257
はがきかきしか 327
はかげのはなよ 122
はかなかる 191
はかなきものか 298
はかなきものを 283
はかなしごとに 298
はかにたちけり 139
はかはらきつつ 193
はかはらに 193・230・335
はかはらの 192・289・292・304
はかはらのつちに 192
はかはらのはかを 244
はかはらや 301
はかはらを 192
はかまをつけて 322
はかゆくものを 283
はかれたりけり 320
はぎがはなさく 29
はぎわかば 86
はくいきの 128
はくしうのかほ 278
はくじつの 195
はくどうくわ 217
はげいとうに 65
はげしきこきふに 183
はげしくせきを 151
はごとにむすぶ 28
はこねくさやま 324・354
はこねぢの 329・355
はこねやま 328・328・356
はこのそこに 228
はごもりえだに 194
はざまのをだに 300
はさまれる 270
はさみふとき 196
はしあしのひの 174

はしきともが 68
はしけのふねに 95
はしけやし 67・165・210
はしこえて 240
はししたに 204
はししたの 204
はしのかげ 203・203
はしのたもとの 225
はしのはしらの 61
はしのへに 39・45・227・321
はしのべに 306
はしのへの 150
はしのへを 171
はじまれりちふ 32
はじめて 314
はじめてあこを 138
はじめてあひし 135
はじめてあひて 179
はじめてつまに 259
はじめての 59
はじめてめにいる 63
はじめてわがこに 157
ばしやうまの 213
ばしやおりて 226
ばしやはしきりに 252
はしりきぬ 96
はしりけり 150
はしりつつ 274
はしるほの 98
はしれども 137

はしわたり 165
はしをおほふ 52
はしをゆく 174
はしをわたりし 313
はすのはな 38・279
ばすゑのよせに 155
ばせうのまきは 289
ばせうばの 310
ばせうばは 310
はぜもみぢかも 56
はたうちの 104
はたうちや 104
はたうちを 104
はたうつひとに 104
はだかながらに 246
はだかにて 287
はだかになりて 327
はたきつつ 151
はたけつづきの 34
はたけのすみに 265
はたこのたびも 250
はたごやの 26
はださむし 238
はだしにて 94
はだしになりて 321
はたすそに 108
はたつもののこと 163
はたてのそらよ 120
はたとせの 41
はたとせぶりに 311

はたとせをへし 314
はだにしみくも 154
はだにともしき 151
はだによろしく 173
はたのあぜみち 31
はたのうへのつき 109
はだのかなしき 143
はだのかなしさ 136
はたのそらまめ 55・86
はたはたあがる 73
はだはもまれつ 146
はたはらしろく 159
はたはらの 238
はだへつめたく 177・345
はたみちの 116
はためくよぞら 115
はたもちあそぶ 42
はたらきて 245
はたらきています 274
はたらくか 198
はたらくらしも 106・268・273
はちなくなべに 70
はちのすに 228
はちのすの 93
はちまんのまつり 224
はちわうじは 358
はつかのこれる 109
はつこひの 131
はつぜみのなく 248
はづなとかまく 202

はつのをのこの 48
はつひいでて 342
はつひかげ 24
はつひさしくる 236
はつひのひかり 350
はつひをみむと 342
はつものの 292
はつものみえて 292
はてしなく 184
はてたるあとの 150
はとのおりこし 232
はとをさしたり 232
はなあやめ 254
はないちりん 291
はなうつしをれば 66
はなおほくなりぬ 361
はなかげに 46
はなかつちらふ 34
はなぐきの 310
はなこごりさけり 196
はなさかりなり 321
はなさきいでて 47
はなさきて 55・86
はなさきにけり 335
はなさくかげに 190・194
はなさくかげの 236
はなさくかどに 294
はなさくまたに 34・38
はなさくまどに 26
はなさはにさく 68

はなざをの 205・205
はなさんごじゆに 70
はなしかくるも 135
はなしろくして 70
はなすぎし 310
はなたれて 279・316
はなちけり 287
はなちたる 36
はなちりかかる 27
はなちりすぎて 292
はなつくりめら 66
はなづなを 202
はなづなをながく 201
はなづなをひく 202
はなどりしつつ 205・206
はなどるや 205
はなのいろの 327
はなははらに 265
はなはひらくも 118
はなびあがりぬ 46・46
はなまさかりの 322
はなみにきつれ 344
はなもさゆらぐ 118
はなりしさぎり 126
はなれざりけり 127
はなればなれに 131
はなれゐて 280
はなをうつして 66
はなをめで 66
はねきらきらと 93
はねつきにけり 213
はねもおふべく 28
ははうへを 195
ははうまと 280
ははがたたすに 106
ははがます 59
ははがゆけば 103
ははといもうとと 266・271
ははとじは 186
ははとじひとり 186
ははとりをれば 319
ははにいひやりし 163
ははにみせつつ 230
ははのいのちは 196
ははのことばを 196
ははのちしるの 142
ははのみことば 233
はははえだまめを 311
はははかへらす 265
はははつけてくれぬ 319
はははなげかす 104
ははひとり 274
ばばひとりゐて 248
ははぶりを 122
ははもあも 104・181
ははやこふらむ 58
はひいろぞらに 186
はひぐろく 127
はひじろに 123
はひのうへに 234
はひのにほひの 162
はひればうまやに 279
はふりだせし 136
はふりのひとら 231
はふりはてけり 141
はへたたきゐる 39
はへひとつとぶ 174
はへふたつみつ 109
はへもめにつく 109
はまちかき 219
はまのはたけの 219
はまばたけ 219
はまびきて 247
はまびにあかく 105
はみつつゆくも 226
はやおきの 334
はやくあけなと 159
はやくいねながら 304
はやくおきいでて 328
はやくかへりて 212
はやくかへると 65
はやくきたりて 244
はやくしにたり 257
はやくねにけり 131
はやくもわれの 151
はやさきにけり 98
はやしのうへ 130
はやしのかげを 267
はやしをいれば 121
はやてふきたち 185
はやもつげやる 226
はやもとつぐかも 331
はやもゑひませり 237
はややめにけり 157
はやりけらしも 151
はやりのかぜに 233
はらすかずあはれ 346
はらすくらむに 346
はらなかを 158
はらのあたり 222
はらのあなたの 184
はらのおほだを 293
ばらのはなさきぬ 36
はらのひえより 342
はらはぬゐどの 287
はらひをへたり 287
はらへりにけり 322
はらをとほれり 217
はりたての 304
はりたるこころ 343
はるあさき 215
はるあさみ 86・314
はるあたたかき 120
はるあたたかみ 108
はるおそき 217
はるかなり 239
はるかなるかも 210・330
はるかはの 36
はるがみなりの 115
はるきたるらし 163

はるぐもれり 108
はるくるなり 223
はるけきものか 190
はるけくしよし 278
はるけくよしも 105
はるさむき 186・186
はるさむみ 187
はるさめに 33・321・321・321
はるさめのなかを 167
はるさめのふる 44・69
はるたけにけり 361
はるたつらしも 31・113
はるの 167
はるのあさなり 284・334
はるのあさの 288
はるのあめ 58・167・167・167・320
はるのあめふる 47・70
はるのあらし 319
はるのうみ 116
はるのおほゆき 362
はるのかはの 62
はるのかみ 115・115
はるのきむかふ 300
はるのくさだに 36
はるのくにべは 116
はるのくもりに 143
はるのさむきに 185
はるのしづよを 115
はるのつきてれり 188
はるのとりなく 34
はるののの 186
はるののみちを 114
はるのはなさき 34
はるのひかりは 114
はるのひながき 58
はるのひの 114・116・116・284
はるのひよりなり 333
はるのほこりの 189
はるのほこりは 185
はるのまひるの 334
はるのみちしほ 119
はるのやまみち 43
はるのゆき 119
はるのゆふべの 186・201
はるのゆふべを 31・223
はるのよの 115・115・115・116
はるのよを 27
はるのをやまだ 87
はるはきたれり 113
はるはやき 351
はるばると 135・299
はるひあかるく 187
はるひあび 361
はるひきらへり 352
はるひさす 301・334
はるひてる 114・334・352
はるひてるなべ 108
はるひながらふ 116
はるひはたかく 116
はるふかき 218・223
はるふかみ 87・87・216
はるふかみかも 223
はるふけにけり 223・289
はるまひる 114
はるをゆりくる 113
はれたるそらに 211
はれてすがしき 134
はれにけるかも 53
はればれしけれ 144
はれわたり 183
はれわたりたり 298
はれわたりみゆ 46・269
はれわたる 221・322
はれわたるかも 70
はろけきかもよ 113
ばんしゆんの 218
はんどんの 194
はんにちにして 189

【ひ】

ひあかるき 161
ひあたりみちに 55
ひあふぎの 68・68
びいふすていきを 324
ひえびえと 126・139・173・214・221
ひえびえとつゆの 121
ひえんなくとも 149
ひおもてに 199
ひかがやく 168
ひかげあかるし 229
ひかげうすれて 124
ひかげうつりをり 109
ひかげうつろふ 211
ひかげかげれり 257
ひかげさしとほる 56
ひかげはすでに 306
ひかげはふかく 173
ひがしすれば 34
ひがしのうみ 118
ひがしはまの 319
ひがしみなみに 331
ひかずはすくなし 265
ひがへりに 65
ひがもゆるみゆ 105
ひかりあかるき 169
ひかりあかるく 334・361
ひかりあまねき 212
ひかりいみじき 228・287
ひかりかがやく 229
ひかりかげろふ 280
ひかりかな 301
ひかりかなしき 139
ひかりかなしも 152
ひかりきいろに 111
ひかりこぼるる 168
ひかりさはやかに 350
ひかりさびしも 170・182
ひかりしづけき 323
ひかりしづけく 288・304・317

ひかりすずしも 218
ひかりたたへる 130
ひかりただよふ 116
ひかりたもちて 289
ひかりつつ 138・217・302
ひかりつつみゆ 258・284・294
ひかりつめたき 305
ひかりつよき 272
ひかりていたし 183
ひかりておつる 308
ひかりてゆけり 141
ひかりとかげと 288
ひかりどよもし 322
ひかりなり 149
ひかりのなか 149・213・218・218・265・323
ひかりのなかに 94・121・265・335
ひかりのなかを 275
ひかりはゆれず 182
ひかりふくれて 147
ひかりまがなし 182・195
ひかりまどろむ 116
ひかりゆくかも 93
ひかりよどむ 172
ひかるぐみのは 220
ひかるしづけさ 314
ひかるしらほに 118
ひかるしらほを 119・119
ひかるなり 220
ひかるもの 118

ひがんすぎの 318
ひきいでて 316
ひきかかぶりぬ 341
ひきがへる 317
ひきしほどきの 171・175
ひきしめぬ 29
ひきたれて 31・339
ひきにゆく 201
ひくきがそらを 273
ひくきまくらに 327・355
ひくしひくし 250
ひぐらしの 251
ひぐらしのこゑ 328
ひげをそりたる 255
ひごとひごと 361
ひごひうく 124
ひさかたの 32・71・205・206・356
ひざかりの 156・169・194・224
ひざかりを 147
ひさしからめや 175
ひさしかりけり 277
ひさしきとなりを 309
ひさしきゆ 345
ひさしくなりぬ 302
ひざしただよふ 112
ひさしとも 214
ひさにあみゐる 246
ひさにいできて 239
ひさにてかへる 137
ひさにみえぬは 360

ひさにみずけり 242
ひさにゆかぬに 286
ひさびさに 130・160・213・313
ひしこうりの 357
ひしひしと 155
ひすべき 243
ひそかごと 192
ひそかなる 191
ひそかなるいのちに 215
ひそかにあふげり 232
ひそかにいれて 191
ひそかにおもふ 159
ひそかにくろし 235
ひそかにさして 232
ひそかになでて 141
ひそかには 107
ひそかにゆるる 173
ひそかにわたす 30・35
ひそかにわれは 122
ひそひそと 174・175
ひそひそとびて 98
ひそひそに 107
ひそみゐるらし 309
ひそめきそめつ 257
ひそやかにして 223
ひたあふむきに 298
ひたあゆみ 248
ひたおしに 62
ひたかがやけり 225
ひたごころ 298

ひだこはだらに 222
ひたすくぼちを 234
ひたすらに 65・263・330
ひたすわり 140
ひたつちにふす 142
ひたながるる 258
ひたながれゆく 258
ひたにあゆみて 239
ひたにしづけし 166
ひたにふみつつ 265
ひだのたかやま 100
ひだのむらやま 100
ひたはしり 137
ひたはしりけり 137
ひたはしりたり 137・150
ひたはしれども 137
ひたはせすぐる 189
ひたはだに 127
ひたひたに 145
ひたひにあてて 220
ひたぶるに 131・136
ひだまりに 211
ひたむかひ 145
ひたやまはだを 129
ひたりつつ 146
ひたりひたり 257
ひたりゐる 101
ひたれりいまは 259
ひつぎいだきて 137・138
ひつぎをひしと 139

ひつそりあかし 163
ひつそりと 174・174・174
ひつそりとして 263
ひつそりともり 153
ひつたりと 200
ひでりさざなみ 170
ひでりのそらの 170
ひでりのみづの 170
ひとあめの 326
ひとあゆむおと 171
ひといきにして 345
ひといできたり 182
ひといできたれり 302
ひといまだこず 201
ひといりくらし 135
ひとおもひにて 159
ひとかげひとり 27
ひとかぶの 318
ひとかへるみゆ 182
ひときたるみゆ 248
ひとくきに 189
ひとくちたべて 134
ひとけなき 212
ひとこひにけり 360
ひとこゑなかず 249
ひとごゑもののと 247
ひとしるべしや 149
ひとすくなく 156
ひとすくひ 177
ひとすぢに 287

ひとすぢの 214
ひとすぢのかは 32
ひとすぢのかはの 317
ひとすぢのみちを 349
ひとすでにあり 251
ひとだちしげき 135
ひとたびにして 351
ひとたびはねし 282
ひとたれならむ 332
ひとつあゆみゐる 219
ひとつおちたる 44
ひとつぎつぎに 293
ひとつきて 133
ひとつきなければ 357
ひとつきふたつき 351
ひとつごとに 96
ひとつこぼれて 33
ひとつとびたる 93
ひとつとべり 169
ひとつねてゐる 259
ひとつのたねを 69
ひとつのひばり 248
ひとつはしれり 175
ひとつはなさく 189
ひとつはひをり 251
ひとつはみたり 311
ひとつひとつ 119
ひとつひとつに 228・289
ひとつびとつの 130
ひとづまは 261

ひとつもちゐる 195
ひとつらをみる 53
ひとつゐるみゆ 228
ひとときに 43
ひとところ 109
ひととせすぎぬ 271
ひととせに 250
ひととはぬ 24
ひとならび 193
ひとにぐし 253
ひとにこひつつ 87
ひとにはあひぬ 267
ひとにはつげじ 238
ひとによるべき 29
ひとにわがぐし 255
ひとにわかれて 240
ひとにわかれむ 239
ひとねむるまちに 184
ひとのあしおと 165
ひとのあしはやし 239
ひとのいへの 261
ひとのうしろに 88
ひとのおもかも 112
ひとのおもほゆ 292
ひとのかげ 263
ひとのかなしき 326
ひとのくすしは 71
ひとのこののぞみ 43
ひとのこゑきこゆ 268
ひとのすがほの 267

ひとのたよりの 190
ひとのたよりを 122
ひとのともをして 253
ひとのどろての 174
ひとのゆくかも 349
ひとのゐるみゆ 174
ひとはあらなく 169
ひとはいへども 65
ひとはいまありや 59
ひとはきゆけど 96
ひとはくれ 164
ひとはさきくて 267
ひとはひとりと 122
ひとはみえなく 229
ひとはみな 26
ひとはゆきすぎぬ 165
ひとはわかれぬ 178
ひとはわらふぞ 42
ひとはゑみけり 136
ひとひあゆめり 235
ひとひくれたり 315
ひとひしやく 286
ひとびとすでに 273
ひとびとは 285
ひとひとりゆく 275
ひとひひとひ 120
ひとひらの 113・127
ひとひらは 126
ひとひるねせり 253
ひとふきの 146

ひとふたりゆく　37
ひとまゐるなり　323
ひとみえず　214
ひとみちゆけど　98
ひとみなは　70
ひとむらの　33
ひともあらなく　252
ひともいきなむ　238
ひともさぬまど　253
ひともさびしく　214
ひともせりみゆ　193
ひともせるまど　253
ひともとさびし　293
ひともとたてる　217
ひともとの　186・293・298
ひともとひこぬ　63
ひともひそかに　107
ひとゆふだちや　326
ひとよあけにけり　137
ひとよだに　263
ひとよねて　231・347
ひとよねにこし　227
ひとよねむりて　121
ひとよのねむり　160
ひとよをへませり　224
ひとらきたりて　230
ひとらたつみゆ　230
ひとらはけふは　268
ひとらみな　97・285
ひとらゐるみゆ　263

ひとりあゆめば　292
ひとりあゆめり　94
ひとりあることを　103
ひとりいきする　158
ひとりいきつつ　232
ひとりいでゆく　237
ひとりいゆくに　188
ひとりいりつつ　216
ひとりいりなむ　101
ひとりうしひき　202
ひとりうそぶく　36
ひとりおり　159
ひとりおりたち　106
ひとりおりゆく　111・166
ひとりかたりし　142
ひとりかなしき　220
ひとりかなしみ　238
ひとりかなしも　93・152
ひとりかへりゆく　247
ひとりかへるも　87・271
ひとりかみゐる　220
ひとりきたれる　219
ひとりきて　87・149・246・258
ひとりきにけり　192・235・297
ひとりごちつつ　165
ひとりこやるも　97
ひとりごの　27
ひとりごを　65
ひとりさびしき　201
ひとりさめゐて　152

ひとりさめをり　144
ひとりしきみを　136・139
ひとりしさびし　175
ひとりしたしく　300
ひとりしづかに　267
ひとりして　189・287
ひとりしにけり　163・163
ひとりしむべくも　343
ひとりしよくだうに　252
ひとりしをりて　136
ひとりしをれば　63
ひとりすわれり　326
ひとりすわれる　141・217
ひとりたきびして　300
ひとりたち　143・165・172・218
ひとりたちつつ　190・321
ひとりたちをり　272・306
ひとりたつ　164
ひとりたつわれは　236
ひとりつくづくと　140
ひとりながめをり　234・251
ひとりなでつつ　214
ひとりなりけり　267・285・297
ひとりにてあはれ　346
ひとりにてをるか　122
ひとりにはにゐて　180
ひとりぬるさへ　215
ひとりねにきつ　238
ひとりねむらむ　159
ひとりねをする　148

ひとりの　131
ひとりのにいづ　110
ひとりのへい　154
ひとりのぼりて　101
ひとりのをきつ　140
ひとりはほしき　33
ひとりひさしく　214
ひとりひそかに　159
ひとりひばちに　286
ひとりふかれて　292
ひとりふなつる　37・44
ひとりへやをいづ　268
ひとりまぶしく　195
ひとりみの　103
ひとりめざめて　298
ひとりもとほる　192・255
ひとりもひつつ　106
ひとりやどをでて　260
ひとりやめれば　97
ひとりゆかむに　191
ひとりゆき　198・203
ひとりゆく　219・235
ひとりよりゐる　234
ひとりゐて　200・285・300
ひとりゐる　297
ひとりをのこの　28
ひとりをり　105・286
ひとりをる　63・64・88
ひとりをるらし　107
ひとわすらえず　86

ひとをとはむは 189
ひなたにかこふ 187
ひなのうなゐら 42
ひなのみちかな 23
ひなまつるこの 33
ひにあつき 204
ひにうめりみゆ 168
ひにかがやけり 221・317
ひにしづれつつ 119
ひにてりわたる 265
ひにてれり 265
ひにてれりけり 234
ひにてれりみゆ 308
ひにてれる 214
ひにひかり 120
ひにひかりつつ 176
ひにひかるかな 120
ひにほさずひさし 256
ひにむきたてる 97
ひにむきてさく 296
ひにやけにけり 72・99
ひねもすなくや 55
ひねもすふれり 304
ひのあかき 141
ひのあかり 193
ひのあさし 255
ひのあたたかき 238
ひのあたらしく 69
ひのあたる 257
ひのあとの 235
ひのあるうちに 322
ひのいりて 57
ひのいろに 158
ひのいろの 157
ひのかげの 156
ひのかげろひに 114
ひのかげを 125
ひのくれがたの 201
ひのけあらざる 212
ひのさかり 169・225
ひのさしくれば 205
ひのさすきしに 52
ひのさすしやうじ 211
ひのさすなへに 46
ひのしづむみゆ 103
ひのすさまじき 125
ひのたけぬれば 53
ひのてらふ 221
ひのてりにけり 306
ひのてるこずゑ 241
ひのてるさかに 175
ひのてるそとに 310
ひのてるとを 301
ひのてるなかに 269
ひのてるなべに 205
ひのてるみちを 315
ひのてるみれば 179
ひのてれる 177
ひのながき 72
ひのなかに 300
ひのなかにして 292
ひのぬくき 180
ひのひかり 93・93・120・124・137・141・171・178・210・211・213・282・300・300・312・314
ひのひかりあび 210・211
ひのひかりかも 146・179・266
ひのひかりみつ 130
ひのふりそそぐ 140
ひのまはり 215
ひのまひる 248
ひのもとに 290
ひのやまの 254・254
ひのよきに 112
びはいつくしき 226
ひはいてりけり 156
ひはいらむとす 154
ひはおちむとす 242
ひはかたむきぬ 87
びはぐるま 227
ひはくれぐれと 198
ひはくれたるに 106
ひはくれて 285
ひはくれにけり 119・271
ひはくれむとす 177
ひはくれんとす 34
びはごやの 229
ひはしづかなり 215
ひばしをもちて 234
ひはたけなは 157
ひばちによりて 243
ひばちによる 237
ひばちのうへに 216
ひばちのひ 234
びはつむふねの 228
ひはてりながら 28
ひはてりにけり 310
ひはともりたり 115
びはのあをばを 228
びはのうまさを 226
びはのえだ 229
びはのえだを 227
ひばのおちばに 310
びはのみつむる 228
びはのやま 226・228
ひははやてれり 194
びはぶねに 227
ひはほりにてり 161
ひはまともてれり 275
ひはまひる 248
びはやまに 229
びはやまの 226・229・229
ひはややななめ 65
ひばらまつばら 35
ひばりあがりて 186
ひばりながなき 34
ひばりなきゐる 248
ひばりなく 46・47
ひばりのこゑの 248
びはをつみこむ 228

びはをつめをり　228・228
びはをつめをる　228
びはをてにもち　226
びはをはみつつ　229
びはをもぎゐる　226
ひびきうつしく　101
ひびきかすかに　292
ひびきくるかも　100
ひびきしづけく　35
ひびきたつべし　57
ひびきつつ　270
ひびきともしも　118
ひびきはやみて　213
ひびきれし　211
ひひなのきみの　44
ひびのさんぽに　301
ひびのしよくじの　328
ひまあれば　49
ひまごのためと　26
ひまねくもあは　119
ひまはりの　97・125・225
ひまはりのはな　225・225
ひまはりや　225
ひまもなくして　341
ひむがしに　327
ひむがしの　116・269・333
ひむがしのうみ　299
ひむべきことも　242
ひめぎみの　27
ひもくれたらば　106

ひもじからせじ　196
ひもじけど　224
ひもじさの　204
ひもすがら　201・212・247・328
ひもほがらかに　54
ひやうしぎのおと　184
びやうしつに　134
びやうゐんにおき　209
びやうゐんの　50・210
ひやくじつこうの　356
ひやくにちぜき　151・152
ひやくにちぜきの　151
びやくわうの　190・191
ひやひやと　325
ひやびやと　320
ひややかさ　133
ひややかに　69・294・346
ひやりひやり　140
ひよこあそべり　279
ひよどりいちは　246
ひよどりなけり　179
ひよどりの　178
ひよどりのこゑ　178・178
ひよりしづけく　309
ひよりとなれり　357
ひらかれて　261
ひらきあり　253
ひらきをり　195
ひらくおとすも　38
ひらけくるみゆ　132

ひらめけり　139
ひらやのやねの　256
ひるいひの　319
ひるがねの　180・180
ひるがねのおと　180
ひるがへり　94
ひるげしてをり　194
ひるげすらむか　229
ひるさがり　39・156
ひるしづかなり　26・64
ひるすぎて　185・326
ひるすぎにけり　305
ひるすぎにして　47
ひるすぎの　226・316
ひるたけて　213・359
ひるたけにけり　171・237・239
ひるちかきひの　318
ひるちかく　278
ひるちかみ　112・156・272
ひるにしあらし　213
ひるにしなるらし　181
ひるねしありけり　193
ひるねするかも　98
ひるねせりけり　247
ひるのあかるさ　255
ひるのあめほそし　27
ひるのいひはむ　246
ひるのうまやに　141・199
ひるのうまやの　93
ひるのおよげり　294

ひるのくるわに　116
ひるのさびしさ　144
ひるのさぶしさ　169
ひるのしづけさ　98
ひるのでんとう　153
ひるののに　111
ひるのひざしの　301
ひるのふしどに　301
ひるのまち　147
ひるのやすみに　206
ひるのゆあかし　211
ひるのゆにゆく　211・217
ひるのゆにをり　217
ひるのをどこに　290・301・319
ひるふかき　279
ひるふかく　224・298
ひるふかし　218・235・252
ひるふかみ　246・330
ひるふけにけり　200・219
ひるまゆきつつ　332
ひるもどよもす　50
ひるやすみ　206
ひろがりにけり　85
ひろきあきちを　261
ひろきえんがはを　315
ひろきえんに　284
ひろきかいだう　275
ひろきこうゑんに　256
ひろきたんぼに　240
ひろきふるいへを　120

ひろきまちの 256
ひろきまなかに 281
ひろきみち 288
ひろきやしきに 279
ひろくして 252
ひろくゆたけき 262
ひろのあれのは 32
ひろののやみに 339
ひろはうごかし 304
ひろはらゆくも 183
ひろひつつ 176
ひろびろし 219
ひろびろと 170・211・218・252・277
ひろひわけたる 243
ひろふゆゑ 244
ひろらてるのを 114
ひわいろの 145
ひをあかくおこし 234
ひをあかくして 250
ひをあびて 140
ひをいぢりをり 234
ひをおこしをり 165
ひをたかむとす 235
ひをたきあたる 270
ひをたきて 200
ひをたきにけり 300
ひをふくものを 212
ひをもちて 240
ひをもちてゐる 240
ひんがしの 276
ひんがしののを 119
びんのみづを 335

【ふ】

ふうきりの 304
ふうてんゐんの 134
ふえたいこ 283
ふえならしをり 252
ふかがはの 224
ふかきいのちを 297
ふかきおちばを 307
ふかきよの 133
ふかくあかるき 121
ふかくいりたり 229
ふかくいりゆく 184
ふかくうるみて 203
ふかくさしたる 308・332
ふかくつつめる 128
ふかくはれたる 221
ふかくもぐれり 333
ふかぶかと 101・260・307
ふかみゆくらし 298
ふきあげきたる 330
ふきいたどり 253
ふきいるものを 334
ふきくるかぜの 69
ふきくるかぜを 36
ふきしかぜ 102・343
ふきすぎにけり 140
ふきすぐるかぜの 113
ふきたちて 85
ふきちれる 231・291
ふきつつゆくも 194
ふきてあたたかし 319
ふきとほす 218
ふきのたう 140
ふきのはに 47
ふきのはの 126
ふきのひろはに 49
ふきのまろはに 276
ふきもこそいれ 150
ふきゆすぶりし 94
ふくかぜあらし 314
ふくかぜに 48・51・93・118・125・221
ふくとしもなく 175
ふくなべに 281
ふくままに 233
ふくむくうきを 312
ふくらみて 86
ふくらめり 214
ふくるよを 44
ふくろふなけり 155
ふくろふのこゑ 155・155・155
ふくろふのこゑは 155
ふくろふは 195・195
ふけがたきかも 132
ふけしよぞらに 166
ふけただれたり 133
ふけてかへれば 150
ふけにけるかも 151・153・184
ふけりけらしも 332
ふじうすがすむ 43
ふじがねの 129
ふじがねを 128
ふじさやにみゆ 43
ふじしろく 250
ふしどにいりて 301
ふしどにいるも 134
ふしながら 45
ふしながらみる 50
ふじのいただき 129
ふじのいただきを 127
ふじのたかねに 24
ふじのたかねは 127
ふじのたかねを 127
ふじのねを 126
ふじのひめがみ 339
ふじのやまより 23
ふじはおほきく 126
ふじみたかはら 100
ふじみねの 100
ふしをろがむと 72
ふしんする 272
ふたあさけ 310
ふたあしみあし 293
ふたうねまける 47
ふたかぶの 36
ふたすぢの 27

ふたたびあはば 107
ふたたびきつつ 250
ふたたびたたず 312
ふたたびたつや 62
ふたたびみえず 252
ふたつならびて 346
ふたつのいのち 255
ふたつのむらの 180
ふたつひろひぬ 24
ふたつみつ 31
ふたつもちゐる 331
ふたつやま 320・352
ふたつをりみゆ 117
ふたところ 184
ふたとれば 220
ふたなみやまの 31
ぶたのこどもに 359
ぶたのこの 333
ぶたのこひとつ 333・358
ふたもとすぎに 250
ふたもとたてり 48
ふたもとの 318
ふたもとのまつ 30
ふたよねむれる 181
ふだらくや 58
ふたりともなひ 213・217・344
ふたりながらに 232
ふたりなるかも 135
ふたりのべゆく 34
ふたりのみ 266
ふたりをりつつ 213
ぶちあざやかに 203
ふぢなみのはな 88
ふぢのはなぶさ 38
ふぢまめの 251
ふつかたちけり 210
ふつふつとして 175
ふでぶとに 43
ふとぐきもらひて 324
ふところに 191
ふとすつぱゆく 153
ふとぶととのびて 123
ふとみきの 287
ふとみつるかも 135
ふとむなさわぐ 136
ふとりけるかも 142
ふなですなけふ 34
ふなでするかも 275
ぶなのきにゐて 189
ふねあがりて 116
ふねあらふひと 312
ふねうけて 48
ふねおりて 95
ふねこぎあそぶ 127
ふねこぎいづれ 116
ふねださぬらし 323
ふねちかく 95
ふねつきにけり 95
ふねとめをれば 282
ふねともししぬ 58
ふねながら 167
ふねにして 95
ふねにとる 168
ふねのうへに 137
ふねのしらほと 118
ふねのにほひの 312
ふねのひはみえず 216
ふねのへむかふ 246
ふねのほの 119・343
ふねはしづかに 95・246
ふねはしれり 138
ふねはやりつつ 281
ふねまでとほし 270
ふぼやこふらむ 341
ふまざりけり 322
ふませけり 149
ふみあゆむ 281
ふみいりて 278・293
ふみそむる 95
ふみそめて 103
ふみたへられず 248
ふみつつかへる 346
ふみつつぞゆく 307
ふみつつひろふ 176
ふみつつもとな 95
ふみてみにけり 187
ふみてゆく 114・240
ふみてをりけり 140
ふみにじりたり 151
ふみのながきが 71
ふみのぼり 196
ふみのぼる 325
ふみもせず 347
ふみゆけば 51・189
ふむあしに 95
ふむべくもなし 321
ふもとのもりに 127
ふもとのやどに 57
ふもとべの 61
ふゆかはの 112
ふゆがれて 32
ふゆきあかるく 213・267
ふゆきしづかに 214
ふゆきたるらし 309
ふゆきながらに 214
ふゆきのほほに 215
ふゆきのほほの 213
ふゆきのほほのき 214
ふゆさりにけり 305・309
ふゆしづみ 112
ふゆぞらに 182
ふゆぞらの 182
ふゆたのふちに 270
ふゆながら 199
ふゆにじたちて 182
ふゆにじの 182
ふゆねむる 310
ふゆのしほざゐ 183
ふゆのにじたてり 182
ふゆのにつくわう 140

ふゆのひかり 142
ふゆのひさむく 313
ふゆのひの 177・179・211・212・314
ふゆのひのかげ 332
ふゆのまひるの 200
ふゆのよは 332・359
ふゆはれて 180
ふゆばれのまちを 142
ふゆびあかるし 308
ふゆびあたたかし 177
ふゆびあたたかに 139
ふゆひかげ 308・315
ふゆひさす 200
ふゆひしづかに 312
ふゆひてり 119・211
ふゆひてれり 309
ふゆびより 119・305
ふゆふかみ 241・309
ふゆふけにけり 310
ふゆやすみ 340
ふゆをかまへし 54
ふりいでし 320
ふりいでしあめの 329
ふりいでにけり 110・181・320
ふりいでんとや 37
ふりかけあめに 186
ふりかへりきて 202
ふりかへりみつ 100
ふりかへりみる 114
ふりきたるみゆ 270
ふりきたるらし 326
ふりきぬと 110
ふりくるおとの 299
ふりこめらるる 49
ふりしきらせり 290
ふりしきる 326・362・362
ふりじやのはな 361
ふりすぐる 273・273
ふりそそぎ 163
ふりそそぐ 140
ふりそそぐみゆ 290
ふりつつあそぶ 280
ふりづまのために 239
ふりつもるらし 216
ふりてしづけし 167
ふりてゐるらし 167
ふりながら 242
ふりにけるかも 215
ふりにたる 116
ふりのたもとに 27
ふりゐたりけり 127
ふるあめに 110・111
ふるあめの 181・335
ふるいてふ 162
ふるいへに 266
ふるいへぬち 139・179
ふるいへの 94・319
ふるきうまやに 333
ふるきかややね 274
ふるきこうたを 156
ふるきさんもんに 313
ふるきずりを 314
ふるきらんかん 321
ふるくらの 124
ふるさとおもほゆ 104
ふるさとちかき 239
ふるさとちかし 118・240
ふるさとに 30・60・88・137・139・181・183・228・231・242・248・262・286・321・352
ふるさとの 26・73・102・110・130・139・139・140・145・160・180・180・181・201・203・203・220・237・242・243・250・299・302・311・315・317・320・331・349
ふるさとのみちに 182
ふるさとは 216
ふるさとびとの 315
ふるさとへ 250・250・250
ふるさとみち 321
ふるさとや 82
ふるさとを 94・96・120・263
ふるすはしろく 141
ふるとしの 244
ふるなべに 152
ふるひおとす 267
ふるひたち 356
ふるゆきの 86
ふるらむを 321
ふるゐどに 236
ふるゐどを 287
ふるゐのうへの 286
ふるゐのそこを 287
ふれれども 206
ふろあみをれば 187
ふろおとすらし 53
ふろにいり 72・99
ふろにいりをり 134
ふろにいれり 240
ふろにはひれり 227
ふろによばれて 45・85
ふろのひの 227
ふろのふた 238
ふろはあみつつ 99
ふろをいでて 288

【へ】

へいえいの 192・192
へいたいの 154
へいたいのかほ 172
へいたいは 154
へいのへの 305
へうとうあかく 215
へうまじり 335
へさきにたちて 246
へそのべの 311
へだたりて 97
へだたれるかも 118
へなみおきなみ 119

べにつばき 140・236
へびやかへるの 310
へやかたづけて 326
へやにかへれり 259
へやにをれども 125
へやぬちに 120
へやぬちの 115
へやのしたしも 304
へやのしやうじ 334
へやのしやうじに 120
へらもちて 123
ぺんぺんぐさの 335

【ほ】

ほうけたる 223
ほうせんくわ 343
ほうせんくわあかく 133
ぼうたんさいて 27
ほうほうと 335
ほうほうといひて 176
ほうもつもみつ 58
ほえたついぬの 184
ほかげあかく 260
ほかげあかりて 85
ほかげあかるき 216
ほかげあかるし 155・315
ほかげうれしく 101
ほかげおどろに 215
ほかげおぼろに 85
ほかげしたしき 304
ほかげともしき 188
ほがらかに 56・71・102・278・325・332
ほがらかにして 302
ぼくすゐは 354
ぼくぢやうの 317
ぼくぢやうを 349
ぼけつばき 335
ほこすぎさして 61
ほこりあみつつ 184
ほこりこまやかに 284
ほこりひかれり 314
ほこりまみれし 147・203
ほこりまみれたり 153
ぼさのかげにて 333
ほしいままに 245
ほしかがやきて 129
ほしくさの 141・200
ほしくさをきる 141
ほしそらにみつ 101
ほしにけるかも 224・305
ほしのしたびに 154
ほしのしたびを 154
ほしひかりみゆ 260
ほそくおちつつ 308
ほそくたちたる 180
ほそくのびたつ 238
ほそくひかりて 308
ほそたにがはを 316
ほそながき 153
ほそのをとめに 29
ほそほそすひし 168
ほそほそとなく 156
ほだたきて 57
ほだちほうほうと 223
ほだびはにほふ 111
ほたるおひつつ 25・25
ほたるぐさのはな 228
ほたるひかれり 36
ぼたんかがやけり 291
ぼたんのはな 291
ぼたんのはなの 291
ぼちかげの 194・327
ぼちしたの 193・193
ぼちなかの 192
ぼちのこみちに 193
ぼちをとほりて 191
ぼちをとほれり 194
ほてるからだに 165
ほてるほにこそ 138
ほどきてもみる 123
ほどこすらしき 314
ほととぎす 38・50・50
ほととぎすさへ 293
ほとほとしにき 285
ほとほとに 189・216
ほどもなし 275
ほどろほどろに 242
ほなしかやはら 32
ほのかにあかく 131
ほのかにともし 148
ほのかにひえし 136
ほのきなる 148
ほのしろく 188
ほのにともれり 117
ほのぬくみ 144
ほのほこそみけれ 129
ほのほすみ 129
ほのほだち 132
ほのぼのと 23・148・191
ほのほはなびく 174
ほのほもえをり 129
ほのほゆらげば 148
ぽぷらのあをば 324
ほほけつばなの 87
ほほじろさへづる 339
ほほのおちばの 307
ほほのきの 190・190・194・214・214・304
ほほのきのはな 190・191・191・191
ほほのきのみの 304
ほほのはの 215
ほほのひろはの 231
ほほのふゆき 214
ほほのめの 214・215
ほまれある 38
ほむぎのなか 219
ほむぎのはた 219
ほめきにほひて 171

ほりかへしゐる 171
ほりくまに 223
ほりせむと 351
ほりとりし 306
ほりにおりたる 296
ほりにおりゆく 296
ほりにけるかも 194
ほりにみちたり 161
ほりにむれゐる 161
ほりのどて 173
ほりのどてに 168
ほりのへに 161
ほりのみづ 168
ほりのみづこそ 150
ほりのみづには 223
ほりのもと 27
ほりばたあるく 223
ほりばたさむく 209
ほりばたは 209
ほりまがり 157
ほりみれば 161
ほりむかう 173
ほりをいりくも 157
ほるすたいんの 316
ほれぼれと 298
ほろすけほう 155
ほろすけほうほう 155・155
ほろびけるかも 138
ほろびゆく 121
ほろほろと 133・179
ほろほろに 111・177
ほろほろになく 175
ほんよむきこゆ 193

【ま】

まあじやんに 360
まいつきあまりに 359
まうできて 327
まうへわづかに 133
まかがやく 147
まかがよふ 265・318
まかきのもとの 47
まがつみの 64
まがなしき 122・122・309・360
まがなしきかも 95・283
まがなしきちの 166
まかなしく 40
まがなしこうし 269
まがなしみ 87・111
まがなしむ 191
まかぬこのごろ 151
まきおひて 29
まきかへし 71
まきたちゆくも 189
まきたるはいの 63
まきてかなしも 136
まきてさぬらく 281
まきのおほきど 319
まきのしげみの 330
まきをわりをり 265
まぐさかりきて 204・264
まぐさかる 333
まぐさきるおと 181
まぐさにまずる 202
まぐさをけのなかに 93
まくらべとひくる 97
まくらべに 333
まくらべの 361
まごころを 348
まことかいなは 32
まことかさらば 32
まことけふ 268
まことしづかに 129
まことすこやかに 305
まことなまけぬ 149
まことにせよと 32
まことはなにも 149
まことわかれたるか 122
まごのため 26
まこものはをば 296
まこもはら 281
まさきくありこそ 287
まさきくて 238
まさきくもあれよ 272
まさしくも 263
まさなはあらじ 107
まさにいほつき 351
まさめにみれば 257
まさやかに 287
まさやけくみゆ 353
まじまじと 212
ましみづを 51
ましろきねこの 217
ましろきひかり 156
ましろきまひる 146
ましろけの 32
ますじると 70
ますますくらく 125
ますらをぞ 340
ますらをの 33・48
ますらをのやま 57・342
ますらをぶりを 46
まぜてをたくも 243
ませのうへゆ 104
ませをたたきて 259
まそこにふかく 115
またあへるをぢ 307
またあらたなり 42
またあらはれぬ 241
まだいとけなき 141
またえんにいづ 65
またかちゆかむ 178
またたくま 137
まただだに 197
またたれかみむ 320
またとにいづる 218
またなかずけり 155
またなきだすも 63
またのぼりたる 222

またひとつおちぬ 44
またひとり 27
まだひもさざず 106
またむらがりて 249
またるるごとく 100
またをさめ 136
まちいつぱいに 156
まちうらを 247
まちかげに 153
まちかげの 152・166・261・346
まちかどに 194・232・256
まちつつぞゐる 356
まちとほに 209
まちなかに 169・169
まちなかの 146・163・261
まちなみに 156
まちにいできて 312
まちにいでて 324
まちにいでてゆく 160
まちにぎはし 253
まちにこもりをり 303
まちにただよふ 121
まちにむかひ 260
まちのあたり 106
まちのおときこゆ 244
まちのかざりを 224
まちのかは 150・150
まちのくまぐま 184
まちのこいへの 193・193
まちのこひしきに 335

まちのさかぢの 218
まちのさかみち 172
まちのさびしさ 184
まちのしはうに 290
まちのつむじに 97
まちのともしは 162
まちのはづれに 176
まちのひくらし 285
まちのひの 131
まちのひひそみ 166
まちのへに 125・168
まちのへの 125・162
まちのへを 189・192
まちのほあかり 188
まちのまひるの 224
まちのもなかの 150
まちのやね 148
まちのやねちかし 252
まちのゆふひに 133
まちのゆふひの 133
まちのよぎりに 155
まちのよは 133
まちはあかるし 266
まちばかり 185
まちはくれいり 162
まちはくれつつ 162
まちはしづけく 169
まちはしづけし 156
まちはづれ 187
まちはなれ 126

まちゆきて 244
まちゆくひとは 162
まちゆけば 190
まちゐつつ 145
まちをあゆめる 255
まちをうりゆく 29
まちをおほへり 185
まちをかへれば 137
まちをきて 239
まちをふき 168
まちをゆきつつ 98
まちをわがゆく 169
まつかげに 49・158
まつかさがみゆ 300
まつかぜのこゑ 24・226
まつかなる 171
まつがねに 47・56
まつかのはなが 141
まづくみあげて 286
まつさきに 157
まづしかりとも 226
まづしくて 291
まづしくてやめば 336
まづしけど 331
まづしさに 216・232・273
まづしさの 217
まづしさは 209
まつすぐに 156・203
まつすぐにあがる 248
まつたくよるに 163

まつなみき 52
まつにほん 270
まつのいろこの 272
まつのかげ 168
まつのかれきの 48
まつのきの 46
まつのきのかげ 284
まつのこかげに 293
まつのこのまの 56
まつのはなちる 28・324・354
まつのはの 28
まつのひびきの 227
まつのみどりは 216
まつはいつぽん 164
まつばかきつめ 300
まつばやし 188
まつばらに 39
まつばらの 284
まつばらゆけば 28
まつはれる 128
まつままがなし 107
まつむしぐさの 56
まつむらに 34
まつりあとの 109・110
まつりすぎて 109・110
まつりにはかに 224
まつりのつかれに 110
まつりのびけり 224
まつりのびし 224
まどあかく 134

まどいでて 175・257
まどおせば 50・215・260
まどかけの 174
まどさきの 98
まどちかき 127
まどちかく 216
まどのうちに 48
まどのがらすに 50
まどのしやうじの 109
まどのとの 245
まとはりつくを 123
まどひとつあり 238
まどひらくみゆ 220
まどふかく 120
まとまりもなく 193
まともにたてる 203
まともにを 266
まともにをみゆ 269
まどゆさしきぬ 213
まどろみながき 214
まどをあくれば 174
まどをひらけば 262
まなかひくらき 236
まなかひに 237
まながひに 183
まなこあぐれば 137
まなこつぶらに 142
まなこにしみて 295
まなこにひかり 169
まなこひらきぬ 37
まなこみひらき 195
まなこをあげぬ 94
まなごをおき 64
まなこをみをり 104
まなぞこに 132
まなつのひ 62
まなつびの 145・170・171・171・195・203・326
まなつひは 329
まなつまひるの 146
まなつゆふなみ 172
まなづるみさき 246
まなびやに 43
まなびやゆ 50・341
まなぶたあつく 97
まはだかの 221
まはだかのまま 221
まはらぬふでに 23
まはりくれば 234
まはりつつ 201
まはりやまずも 156
まひあがる 161
まひてりつくる 224
まひてりわたる 213
まひてるにはを 287
まひてれる 313
まひにうみたる 125
まひにそむける 225
まひるあかるき 139・179・217
まひるあかるく 129
まひるどき 335
まひるなりけり 149
まひるの 106
まひるのうみに 146
まひるのえんに 217
まひるのかぜの 334
まひるのしほ 225
まひるのそら 225
まひるのながはし 225
まひるのの 149・278
まひるのはまに 222
まひるのひかり 160・180・203
まひるのまちを 146
まひるのみちを 203
まひるのやまの 160
まひるびあびつつ 330
まひるひに 169
まひるびに 157
まひるまの 95・195・248・290
まひるをひとり 246
まへのとほりの 334
まへのをがはを 272
まへるした 162
まへをながるる 350
まぼろしに 121
まむかひに 273・324・354
まむかひの 229
まむきにふねの 239
まめいるにほひ 242
まめのはとりて 196
まめのはに 116
まめばたけ 52
まめまきにけり 315
まめをまくよに 315
まもりいます 120
まもりけるかも 172
まもれるらしも 214
まやぬちに 202
まゆみなす 190
まよなかならむ 332・359
まよひいれかも 43
まよふこころを 313
まるくおほきなる 149
まろうより 57
まろきまなこを 195
まゐられにけり 159
まゐりたり 176
まをしわけなく 347
まんえふこぎを 224
まんじゆしやげあかし 173・173
まんじゆしやげのはな 39・110
・173・173・173・197
まんまんと 277
まんゐんの 161

【み】

みうちのみゐて 268
みえきたり 95
みえずけり 323

みえつもとな 122・154・188
みえなくなりて 252
みえにけるかも 85・128・183・197・198・199・241・276・309
みえにしが 302
みえにつつ 153
みえのさやけき 340
みかさまさりて 277
みかさましつつ 258
みかづきあはく 71
みかづきの 304
みかへれば 117
みかよかのあめに 44
みかんこのみはむ 163
みかんたべをり 180
みかんはすでに 320
みかんばたけの 333
みかんはみつつ 240
みかんやまに 179
みきうつくしく 356
みきだちぬれて 320
みきたてまつる 38
みぎにひだりに 30・35
みくじひき 58
みごもりぬらし 144
みさかよさかの 325
みさきくさやま 221
みさきのあし 221
みさきのうへ 220
みさきのうへに 219
みさきのかみの 219
みさきのした 221
みさきのしたの 221
みさきのはなに 221
みさきのみち 220
みさきをめぐる 113
みさくるや 186
みさびにこもり 318
みさへつかれて 151
みざりけるかも 149
みじかけれど 204
みじかづの 141
みじかをを 280
みしひとの 237
みしみしと 149
みすぐしかねつ 113
みすぐして 129
みせあひにけり 290
みせにつつ 157
みせのがらすど 231
みそさざいとび 177
みそさざいとべり 292
みそしるうまく 361
みそぢまり 163
みぞのべに 292
みそまめをにる 309
みそらのあをに 130
みそをまぜつつ 200
みたけまうでに 67
みださずあらむ 191
みだせあらたに 145
みたてとならむ 340
みたびのしよくを 245
みたまのふゆに 71
みたらしにも 62
みだりたかぶる 165
みたりはいねつ 227
みだるるがなかに 87
みだるるなして 32
みだれふるみゆ 215
みちあふれたれ 150
みちあふれみゆ 116
みちあふれゐる 259
みちあふれをる 102
みちあゆみつつ 268
みちいらむとす 177
みちいれる 186
みちうごきつつ 312
みちおのづから 313
みちおりゆかず 250
みちかがよへり 113
みちこごし 62
みちこころぐし 225
みちこぼれをり 101
みちさむし 177
みちしほに 157
みちしほのへを 157
みちしろじろし 187
みちすがら 290
みちすらも 313
みちたぎち 323・353・353
みちたぎちたり 353
みちたらふまを 264
みちたるかはの 277
みちてながるる 235・235
みちとほくして 270
みちながく 289
みちながら 159
みちながるるは 252
みちにあふるる 119
みちにいでたち 331
みちにけり 150
みちにけるかも 183
みちにたちをり 294
みちにたりつつ 249
みちにひとよを 262
みちのくに 251
みちのくの 159・253
みちのくを 252
みちのしづかさ 301
みちのともしさ 273
みちのへに 94・177・230・232・327
みちのべに 197
みちのべの 86
みちのへゆ 259
みちはいりつつ 177
みちはつきたり 267・346
みちはれる 346
みちびかれ 30
みちひややけし 268

みちほそし 267
みちほりかへし 147
みちまがりゆく 175
みちますぐなり 331
みちみちて 313
みちみちてひかる 312
みちみちの 226
みちみつる 225・225
みちみてる 196
みちゆくひとら 98
みちよくきくも 188
みちよりたかし 235
みちわたる 299
みちをふみゆく 147
みちをまはりて 243
みちをゆく 120
みちをゆくなり 306
みづあかの 287
みづあたらしく 116
みづあらずけり 329
みづあをき 23
みづあをくして 157
みづあをぞらの 190
みづうちて 48
みづうちにけり 326
みづうみのべに 328
みづうみのみづの 48
みづうみみえて 49
みづおとさやかに 38
みづおぼろかに 167
みづかけて 264
みづかげに 170
みづかさまされる 33
みづかへにけり 287
みづからが 243
みづからの 257
みづかれし 180・329
みづかれて 329・329
みづかれにけり 62
みつきはすぎぬ 98
みづきよき 33
みづくいほりを 193
みづくまちかげに 224
みづくむと 220
みづくめる 220
みづぐるま 126・306
みづくれなゐに 36
みづこふれども 62
みづさむざむと 285
みづすみわたり 73
みづそそぎけり 314
みづたぎつ 185
みづたつづきに 267
みづたのくろの 267
みづたまりふむ 256
みつつかなしも 177・186・349・353
みづづきし 224
みつつゆけば 357
みつつわかれむ 317
みつつをれば 280
みづてらす 215
みづとながるる 99
みづとりの 161
みづにあかるく 174
みづにあやなす 31
みづにたちゐる 316
みづにつかりて 203
みづになりにけり 287
みづにぬれたる 204
みづにひびきて 71
みづにほやかに 220
みづのあがたの 116
みつのいはほに 308
みづのおとする 177
みづのおもては 235
みづのおもてを 95
みづのおもを 283
みづのかそけさ 287
みづのごと 48
みづのこゑ 24
みづのながるる 165
みづのにごりに 108
みづのへに 112・161・215
みづのへの 116
みづのめり 274
みづのもに 161
みづのもにほふ 233
みづのよどみに 196
みづはとむると 108
みづはなをとめ 68
みづはわきいづ 287
みづひからびし 329
みづひかりつつ 189
みづひかる 87
みづふかくふみ 247
みづふみてゆく 325
みづふみゆくと 197
みづふめり 287
みづべにのこる 152
みづまきて 147
みつみつし 186
みづみづし 284
みづみづとして 132
みづみにきたり 264
みつめけるかも 93
みつめてをれば 238
みづもとめいる 62
みつるとも 237
みつるなか 248
みつるやま 252
みづわかば 292
みづわかはなを 118
みづをいつぱい 220
みづをけになひ 220
みづをはなれて 296
みづをはりたる 87
みてあるきけり 244
みてしより 339
みてらいでて 129
みてらにあれば 328

みてらのこのよ 63
みてらのにはは 302
みてらをろがみ 129
みてゐるうちに 234
みてゐるわれは 230
みてをよろこぶ 64
みてをりいまは 244
みてをりわれは 237・321
みとせへし 160
みとせへて 160
みとせをすぎぬ 64
みともして 259
みともみずとも 40
みどりかがやく 245
みどりくにはら 73
みどりこさめの 48
みどりしむてを 290
みどりにほふ 168
みどりのかみの 60
みどりのびたる 42
みどりはなべて 225
みどりふく 323
みとりゐる 210
みなあせばめり 333
みなうごくかな 48
みなおちばして 234
みなかみに 147
みながらしめて 261
みなぎらふ 242・335
みなぎりて 291
みなぎりにけり 319
みなぎれり 195
みなこのもむきて 276
みなしごの 60
みなすわりをり 284
みなぞこおほに 112
みなそこに 143
みなたにいでて 268
みなとのいへ 220
みなとのひとら 220
みなとのやどに 259
みなとのやどの 253
みなひにむかず 225
みなみかぜ 282
みなみなぞへの 288
みなみのかぜの 31・36
みなみのまどの 30
みなみふく 318
みなみゆふふき 33
みなわたまりて 283
みなわふきよする 282
みにあびにけり 350
みにきたり 198
みにしみにけり 312・324
みにしみぬらし 323
みにちかく 166
みにゆきにけり 288
みぬちさむけく 211
みぬちに 238
みぬちにいたし 125
みぬちのうゑを 198
みぬちのちから 195
みねぐもたかく 327
みねばこひしき 71
みねをかに 68
みねをかの 44・51・56・56
みねをかまきば 319
みねをかやまの 85
みねをかを 28・68
みのかぎり 322
みのかさつけて 125
みのかるがるし 206
みのこころぐし 256
みのさわやかに 303
みのしたし 255
みのつけて 251
みのながら 252
みのまづしさに 216
みのめぐり 292
みのもあかりて 282
みのらふやぶは 269
みはかいし 314
みはかにまゐる 326
みはかのもとに 297・355・355
みはかべに 297
みはかべにこし 355
みはかべの 72・297
みはかべのつちに 314
みはかへゆくと 313
みはやはらかに 146
みはらのけむり 34
みひざのもとに 41
みひつぎさやり 265
みふゆつき 300
みほとけのくにへ 159
みほのまつばら 23
みほりの 173
みほりのどてに 173・223
みほりのどての 223
みほりのはしを 305
みほりのみづに 223
みほりべに 209
みまくすべなみ 94
みまもりをれば 44
みみとめて 339
みみにいりくも 110
みみにしみつつ 325
みみにめにあり 341
みみのちかくに 156
みむものを 137
みもとにゆかず 261
みもとべに 261
みやくうつかもよ 142
みやけざか 160
みやこおほぢ 98
みやこかなしく 104
みやこともなし 72・99
みやこにありて 72
みやこにきみも 96
みやこのおとの 95

みやこのそらの 261
みやこのつちを 95・95・103
みやこべに 87・251
みやこべにして 72・98
みやこべの 95・223
みやこべを 239
みやまあぢさゐの 255
みやまつつじを 308
みやまのおくの 24
みやまもさやに 328
みやまより 306
みゆきましけむ 29
みゆらくに 263
みゆるなり 273
みよりべに 111
みらくかなしも 117
みらくともしも 299
みるかぎり 167
みるがさびしさ 185
みるがすがしさ 301
みるがともしさ 334
みるべかりけり 335
みれどあかぬかも 284
みれどもあかず 178・246
みればあかなく 285
みればいたしも 323
みればかなしも 111・225・255・353
みわたすやまは 228
みをそそりつつ 126
みをととのへて 95
みをなげしとふ 23
みをふせにけり 105
みをりしか 138
みんなみの 85・113・272
みんなみへ 113

【む】

むかうのぼりの 219
むかうまち 153
むかうむきたつ 203
むかうをゆくも 317
むかぎしに 216
むかぎしのへに 112
むかしかたりし 58
むかしながらに 287
むかしながらの 30
むかしなるらし 351
むかしみし 319
むかつくさやま 85
むかつたを 268
むかつへの 361・362
むかつやの 218
むかつやまはら 330
むかつやまやま 272
むかつゆきやま 241
むかつをに 46
むかつをの 102・343
むかひけるかも 315
むかひておつる 263
むかひのたみち 106
むかひのどてに 161
むかひのをかに 28
むかふこころの 254
むかふるかほを 242
むかへしみちの 322
むかへむともを 239
むぎつきをどり 283・284・285・285
むきてひらける 279
むぎのさくきり 55
むぎのめにふる 181
むぎのめぬらす 181
むぎばたけ 219・235
むぎばたけのみち 323
むぎはたなかに 219
むぎはたの 42
むぎはたを 179
むぎまきて 109
むぎまきをはり 108
むぎわらばうし 244
むぎをつくなす 283
むくろむくろら 343
むさしのを 235
むしあつき 72・99
むしおくる 51
むしぐもり 170
むしとるらしも 37
むしのねかそけく 63
むしのねすみて 64・88
むしのねの 63
むしのねは 64・89
むしはよりこず 254
むすぶひびきの 137
むすめたまたま 219
むすめならびて 317
むすめなるらし 235
むすめのあゆみ 151
むすめはせきを 158
むすめひとり 219
むすめふたりつれ 230
むすめらに 44
むすめをつれて 151
むなさわぎして 141
むなさわぎつつ 195
むなわきのみゆ 262
むねつづき 256
むねにわけつつ 258
むねのさびしみ 106
むねのとよめき 94
むねのひかりを 241
むねをおさへて 233
むらがらす 162・163
むらがりかへる 249
むらがりきたる 249
むらがりにけり 316
むらぎもの 87・158
むらくもの 61
むらさきかたく 214
むらさきにみゆ 214
むらさきの 56・129・255

むらさきふかく 100
むらすすき 341
むらすずめ 72
むらだちの 356
むらにかへりて 303
むらのあかるさ 247
むらのいりぐちに 258
むらのいりぐちの 271
むらのこと 188
むらのこみちに 263
むらのこみちの 264
むらのこみちを 247
むらのながみち 331
むらのひとらに 272
むらのみち 320・352
むらのやま 264・319
むらはあかるく 179
むらはあかるし 180
むらびとの 198
むらびとら 106・268・331
むらむらおこる 61
むらむらと 151
むらむらの 251
むらやまがうへを 101
むらやまがなかに 240
むらわくしらくも 120
むらをいでがてに 87
むれあへぐみゆ 170
むれうかぶうをの 170
むれかへりつつ 249・249
むれかへる 249
むれきつつ 178
むれさわぎ 153
むれさわぐ 153
むれつつさびし 224
むれてすくへる 153
むれてとべども 162
むれにまじりて 331
むれのなかに 254
むれゐつつ 179
むれゐるさぎか 153
むれゐるねずみ 171
むろのあかりを 129

【め】

めうしみな 316
めがねの 42
めがねふたつかけ 161
めぐまむとする 301
めぐらせる 316
めぐりたり 141
めぐりてゐるも 126
めぐりほえたつ 184
めぐれるほりに 279
めぐろがは 260
めさむれば 222・359
めざむれば 332
めざめけらしも 160
めざめけるかも 324
めさめつつ 120
めさめてをれば 38
めざめやすらかに 317
めざめゐるらし 329
めだちのひかり 190
めづらしき 55・299
めづらにきくも 236
めでつつをれば 68
めてにあれたる 167
めにあふぎみる 225
めにあらたなり 55
めにあをくみゆ 253
めにいりきたる 102
めにうかびくも 72
めにうかびつつ 299
めにたちにけり 120
めにたてる 109
めにつくものを 205
めにはみえつつ 185
めにひかりみゆ 157
めにひらく 315
めにみねど 340
めのうへにみゆ 129
めのきじの 277
めのこのすゑに 28
めのさえをれば 63
めのしたに 49
めのたまは 45
めのまへの 267
めのまへを 73・119・119・323
めのみやみつつ 255
めはさえにけり 266
めぶかむとする 322
めぶきあかるき 322
めぶきひかれる 289
めをあきあゆむ 225
めをあきてをり 266
めをあげて 237
めをあけば 140
めをかれぬ 188
めをさめて 172
めをつぶるなり 158
めをつぶるなる 146
めをねむりませり 159
めをばひらきつ 145
めをもてり 214
めんめんとふゆの 140

【も】

もうたぼうとの 172
もうもうとして 213
もえあがりたる 43
もえいでにけり 187
もえぎあかるく 110
もえたちて 295
もえたてりけり 129
もがみがは 275・275
もがみがはぐち 275
もがみくだりけむ 275

もぎきたり 359
もきちにもひさに 223
もぎてやるかも 179
もぎにけらしも 228
もくこうぢやうの 156
もぐさひつきて 329
もしもやいへに 97
もすそとほひく 100
もずたかくなく 52
もずなくきこゆ 52
もずのさへづり 52
もずのとほね 65
もそろもそろ 202
もたげゐる 123
もだしてたてり 144
もだしのりゐる 150
もだにいりがちに 104
もだにおしゆく 73・99
もちくれば 197
もちつくと 111
もちてかなしく 163
もちてきつる 335
もちてこし 320
もちのむしろを 240
もつがすべなさ 313
もつとはいはじ 192
もつともたかき 320
もづもづと 124
もてこんと 357
もてるひは 262
もどかしく 151
もとなこよひを 262
もとにさく 320・352
もとふかきみゆ 61
もとほるわれは 164・247
もとむるひまも 355
もとめけらしも 291
もとめこし 222
もとめてかへる 222
ものいへば 332
ものうくも 171
ものうめば 312
ものおぞく 153
ものおとおどろに 209
ものおとが 42
ものかげうつる 149
ものがたり 50
ものかなしきに 249
ものぐるひの 134
ものくるほしき 27
ものごころよく 114
ものこほしきに 227
ものさびし 240・357
ものたらなくに 359
ものとへど 187
ものなべて 121
ものなれや 292
ものにちりつつ 112
ものにはあらね 243
ものにほひ 168
もののあまたに 191
もののおとを 121
もののかかなし 150
もののかなしき 112
もののこひしも 86
もののちらばり 109
もののともしさ 298
もののにほひの 132・154
もののふの 50・341
もののらすかも 186
もののをさめに 110
ものはおもへど 193
ものみなは 211
ものもひの 113
ものもふわれを 106
ものもへば 152・233
ものゆゆし 224
ものゑがきつつ 323
もはらかなしも 153
もはらからだを 345
もはらなる 243
もはらにたちて 267
もはらぬれたり 271
もひのすやきに 323
もまれたる 134
もみずりうすの 234
もみするおとの 234
もみぢあかるく 348
もみぢして 52
もみのむしろを 235
ももさけりみゆ 167
ももさける 55
ももとせも 65
もものきのかげ 284・284
もものくれなゐ 143・167
もものはな 143・143・143・143・143・143・167・284
もものはなさく 168
もやあをさむく 162
もやこめむとす 274
もやながら 162・211・251
もやにほひ 161
もやははれつつ 128
もやはれて 121
もやもやし 103
もやをとほして 128
もゆるがごとき 57
もゆるたきびに 105
もゆるまつかさ 300
もらふひちかし 194
もりおうぐわいに 327
もりかげの 49・62
もりのいづみに 113
もりのうちに 104
もりのおくがを 113
もりのかげ 104
もりのくらきを 114
もりのこかげゆ 58
もりのとの 153
もりのへの 153

もりはあかるく　153
もりはつきぬに　188
もろこしの　256
もろごゑの　184
もろてあげ　145
もろともになく　43
もろなきに　166
もろのてのひら　200
もろはさかだち　45
もをとりしかば　168
もをとるこぶね　168
もんさきの　124・296

【や】

やうぎよちの　170・170・170
やうぎよちのなみ　170
やうすつき　111
やうやくかたく　142
やうやくさむく　357
やうやくに　51
やうやくにして　313
やがてかへらむ　50・341
やがてさびしく　158
やがてすぎむを　353
やがてせきいでて　332
やきうをの　246
やきてうりをり　256
やくるあかりに　85
やくるなりけり　147
やくるひの　85
やくるをまてり　256
やけあとの　285
やけざりしいへに　136
やけすなに　126・127
やけすなみちの　126
やけのこりたる　135
やけののつちの　123
やけののつちを　123
やげふをへ　233
やさしかりしか　303
やさしさを　146
やさしみうたに　42
やしきのもりに　361
やしほなみ　145
やしろのまちに　115
やしろのまつり　34
やしろのまはり　29
やすいせる　73
やすからなくに　96・209
やすきこころに　105
やすくあはなくに　143
やすくねむらな　139
やすけかるかな　132
やすしといはむ　209
やすまりに　100
やすみけり　226
やすみてあれば　206
やすみてゆかむ　278
やすみびの　65
やすらかならむ　210
やすらかなり　254
やすらかなる　225
やすらかに　41・118・209
やすらけき　245
やすらけく　104・259
やそかみの　55
やそぐにの　98
やそのたいまつ　51
やそをかぞへぬ　96
やちほこの　57・130・342
やちまたの　285
やつがねの　100
やつでのはなの　305
やつをやつかひ　272
やどとりて　242
やどのこどもと　227
やどのこを　344
やどりかも　60
やどりけむ　38
やどりけり　262
やどりしいへの　227
やどりたる　49
やどりつるかも　262
やどをとりにけり　318
やどをよみ　354
やなぎがかげは　282
やなぎのわたは　281
やねすべる　148
やねながめをり　274
やねにはゆきの　131
やねぬれて　98
やねのおくがゆ　169
やねのしやめんの　176
やねのへに　224
やねのをぐさの　98
やねひらみみゆ　227
やのうちにみつ　30
やのねいし　24
やはずがたけに　50・341
やはらかき　280
やはらかく　115
やはらかくてれり　300
やはらかくみゆ　267
やはらかに　105・130・140・216
やはらかにして　301
やぶかげに　234
やぶかげゆ　185
やぶれざりしも　332
やへのをぶすま　342
やへやまとよみ　241
やほかねぶらせ　69
やまあひに　177・177
やまあひの　55
やまあひのみちに　178
やまあふぎみる　229
やまいたどりの　354
やまいつくしく　269
やまうらかに　320
やまおろしのかぜ　29・52

やまかげに 104
やまかげの 205
やまかげのいけ 23・23
やまかじの 85
やまがつが 57
やまがはに 273
やまがはの 306
やまがはや 271
やまがひに 177
やまがひの 180・307
やまがひのみち 177・273
やまくだる 308
やまさかの 204
やまさかのぼる 342
やまざとは 38
やまさはの 339
やましらぎく 322・322
やましらぎくの 321
やましらぎくのはな 322・322・322
やますげせおひて 302
やますげのにほひ 302
やますそとほく 269
やますそに 35
やますそにして 32・42
やますその 33・34・47
やまぞひの 205
やまだのかみに 38
やまだのかみは 37
やまだのどてに 318
やまだもさやに 64・88

やまたをろち 43
やまぢおりきて 111
やまぢをくれば 32・35
やまぢをひとり 239
やまつつじあかし 265
やまでらに 63
やまでらの 70・327
やまとのこめの 243
やまなかに 329・329
やまなかの 49・253
やまなりをきく 57
やまにあそべる 316
やまにしいれば 188
やまにのぼれる 330
やまぬながれに 73・99
やまのあぶかも 253
やまのあをばに 260
やまのいただき 177
やまのいただきに 320
やまのいただきの 330
やまのいでゆ 259
やまのいでゆに 101・259
やまのいへ 251
やまのうみの 254・254
やまのおほいけ 329
やまのおほしも 228
やまのきに 325
やまのくさはら 302
やまのくははた 44
やまのささはら 329

やまのすそべを 64・89
やまのちざけに 242
やまのての 335
やまのはいでて 42・51・85
やまのはに 52
やまのひかげに 104
やまのひざかりの 328
やまのふもとべ 47
やまのべに 214
やまのへに 139・178・178・180・288・288・300・320・328・330
やまのへの 110・308・328・328
やまのへのかぜ 330
やまのへのはる 342
やまのへのまち 54
やまのへのみち 320
やまのまち 249
やまのみち 309
やまのみづうみ 37・44
やまのみてらに 63・308・327・329・355
やまのみてらの 308
やまのむらの 309
やまのむらを 317
やまのやけのに 123
やまのゆの 100
やまのよのゆに 101
やまはあかるし 250
やまはたに 37
やまはだに 127

やまはたの 52
やまはなれ 273
やまはらの 87
やまはるるらし 127
やまはれて 323
やまびこどよむ 166・166
やまびこの 166
やまびこは 166
やまびとが 178・241
やまびとも 178
やまひながかり 256
やまひふかく 323
やまひもわすれ 32
やまひやしなふ 198
やまひよき 222
やまひより 334
やまひをもちて 349
やまひをやみて 97
やまふかみ 254
やまぶきの 339
やまぶきのはな 36・47
やまべかはのべ 102
やまへゆく 264
やまほととぎす 50・50・341
やまみちに 239
やまみちゆくも 239
やまもとの 31・54
やまももの 139・264
やまやけの 85
やまやけのひの 85

やまやどの 250
やまやますでに 226
やまやまたかく 250
やまやまは 110
やまやまよ 274
やまゆくと 86・320
やまゆくは 320
やまをおほひて 260
やまをおほへり 249
やまをおりて 325
やまをくだりぬ 308
やみあとの 225
やみおぼほしき 115
やみおもる 322
やみこやす 24
やみつつも 330
やみてあれば 304
やみてしづけし 250
やみてゐて 214
やみながら 292
やみにけり 215
やみにただよふ 115
やみぬちに 154
やみのうみに 136
やみのなぎさを 198
やみのやまあひに 262
やみのよの 198
やみふかく 154
やみふかくうめく 142
やみふかみ 163
やみゐるひとを 267
やみをゆする 262
やむがかなしも 28
やむこありとを 152
やむこおもへば 210
やむこのねつの 222
やむともを 257
やむよくだちを 27
やめばつぎなく 253
やめるこの 138・144・222
やめるこは 210
やめるこを 209・209
やめるみなりと 330
やめるみを 297
やめるわれさへ 355
ややあかばめる 169
ややあつき 328
ややあをみけり 44
ややうめるをば 94
ややにきえゆく 234
ややによりそふ 280
ややねたましき 143
ややまどほく 131
ややややに 172・246・288
ややゆれそめぬ 171
やりどをくれば 69

【ゆ】

ゆあみしをれば 85
ゆかざらめやも 232
ゆかしきものを 148
ゆかしひとりね 148
ゆかたのままに 259
ゆかぬちに 63・216
ゆかはのせのおと 259
ゆかむとおもふ 158
ゆきあひし 165
ゆきあひに 165
ゆきあゆみつつ 146
ゆきあるきけり 315
ゆきあわただし 266
ゆきいやふかし 241
ゆきえざるらし 336
ゆきかがやけば 159
ゆきがたからむ 194
ゆききえしつちに 240
ゆきげいでみづ 62
ゆきげのみづに 339
ゆきさむき 242
ゆきしみじみと 164
ゆきしろき 240
ゆきちがひに 97
ゆきちらつきぬ 45・85
ゆきつめる 241
ゆきてけふみむ 302
ゆきてしづけし 327
ゆきどけの 360
ゆきとなるかの 57
ゆきなげきつる 267
ゆきにけり 304
ゆきにけるかも 232
ゆきのうへに 240
ゆきのなかの 241
ゆきののに 164
ゆきののを 164
ゆきのへに 163・164
ゆきのやまたかく 241
ゆきのやまぢに 240・240
ゆきのやまぢを 239
ゆきのやまとほく 242
ゆきのやまみち 241
ゆきのやまやま 240
ゆきのよの 132
ゆきばかまはけり 101
ゆきばかまみゆ 101
ゆきはつもらな 132
ゆきはれて 239
ゆきひかる 275
ゆきふかき 32・35・239・239・242
ゆきふりいでぬ 32・57
ゆきふりつもる 57
ゆきふりて 216
ゆきふりにけり 215
ゆきふるまちの 132
ゆきふれりみゆ 215
ゆきほのじろし 216
ゆきませり 181
ゆきやはらかし 240
ゆきやまの 241・241

ゆきゆきて 329・356
ゆきゆくと 177・186・228
ゆきゆくわれは 317
ゆきよしづかに 216
ゆきをみて 45
ゆくがうれしも 205
ゆくがかなしさ 172
ゆくがともしさ 172
ゆくこころかな 145・145
ゆくてあかるく 128
ゆくにゆかでや 40
ゆくはるの 217
ゆくふねの 167
ゆくふねのあり 171
ゆくべかりけり 300
ゆくべきものか 97
ゆくへしらずも 99・113
ゆくみえて 339
ゆくみちに 111・197・247・302
ゆくみちの 188・284・317
ゆくみちは 177
ゆくみづに 99
ゆくみづの 190・323
ゆくものは 327
ゆくりなく 122・155
ゆくわれの 271
ゆげいふく 125
ゆげたつそとに 47・86
ゆけといひけり 328
ゆけどゆけど 23
ゆげのぼるみゆ 213
ゆけりときくを 341
ゆずのすの 358
ゆすぶれば 124
ゆたにいつくし 203
ゆたにたらへり 199
ゆにいりて 155
ゆにいりにけり 155
ゆにいれり 295
ゆにつかり 134
ゆにつかりつつ 134
ゆにひたり 160
ゆにひたりをり 324・354
ゆにゆくわれは 191
ゆにゆくわれを 217
ゆにゐつつ 213
ゆにをりて 247
ゆのかにほふ 101
ゆのかはのおと 101
ゆのけむり 260・260
ゆのけむりしろし 260
ゆのまちあゆむ 260
ゆのまちの 260
ゆのむらの 247
ゆのやどの 55・100
ゆのやまごえの 58
ゆのやまの 49
ゆはしづかに 101
ゆはたぎちたり 212
ゆびにはさみ 234
ゆふあかり 108・108・134・162・294・295
ゆふあかりして 256
ゆふいひをはみ 261
ゆふおそく 328
ゆふおぼほしき 237
ゆふかけて 108・228
ゆふかげに 152・218
ゆふかげの 282
ゆふかげふかき 129
ゆふかげりきて 177
ゆふがすみ 114・115
ゆふかぜに 41・107
ゆふかぜの 68
ゆふがたの 316
ゆふかたまけて 98・192・213・298・355
ゆふかはづつみ 46・47
ゆふかはの 108
ゆふかはのべの 107
ゆふからす 249
ゆふがらす 162・249・249・249
ゆふがらすかも 249
ゆふぎりの 155
ゆふぐもる 36
ゆふくらき 227
ゆふぐるる 306
ゆふぐれおそく 355
ゆふぐれて 327
ゆふぐれにけり 312・323・327
ゆふぐれの 121・192・202
ゆふぐれはやみ 134
ゆふぐれや 343
ゆふげしをれば 151
ゆふげすみて 218
ゆふけすらしも 285
ゆふげたうべつ 187
ゆふけのけむり 249
ゆふげのしたくす 290
ゆふげのぜんに 315
ゆふげよろしき 291
ゆふげをへて 85・328
ゆふさざなみの 170
ゆふさむき 177
ゆふさむきかも 177
ゆふさむく 178
ゆふさむみ 200・200
ゆふさりきたり 238
ゆふさりさむく 212
ゆふさりにけり 135・154・154・192・283
ゆふされば 28・295
ゆふしほよせく 172
ゆふすぎこだち 236
ゆふすさまじく 25
ゆふぞらはれて 48
ゆふぞらひろし 294
ゆふたかき 114
ゆふだちきたる 272
ゆふだちぐもの 272

ゆふだちぐもは 273
ゆふだちに 327
ゆふだちの 51
ゆふだちの 273
ゆふだちのおとを 326
ゆふだちは 273
ゆふだちはれて 326
ゆふだちふりて 301
ゆふたなぐもの 107
ゆふたのすみに 293
ゆふちかみ 230・247・316
ゆふつかた 307・355
ゆふづきて 280
ゆふづきてりて 88
ゆふづきに 64
ゆふづきにけり 177・177・285
ゆふづくひ 304・346
ゆふづくよ 53
ゆふつゆおける 69
ゆふつゆしづむ 109
ゆふてりうすく 54
ゆふてるいけの 170
ゆふなぎさ 201
ゆふなぎさみち 227
ゆふなぎて 198
ゆふにはに 44・99・135・245
ゆふにはを 72
ゆふぬまのうへに 295
ゆふぬまのどてを 271
ゆぶねのいでゆ 246

ゆふのいろ 127
ゆふのうまやに 202・206・280
ゆふのさむきに 251
ゆふのさむさに 313
ゆふのながはし 187
ゆふのはかはら 193
ゆふのみなとに 246・253
ゆふのやつだを 206
ゆふばえあかき 247
ゆふはえて 254
ゆふばえにけり 317・356
ゆふばえひろし 294
ゆふはかはらに 192
ゆふはまの 105
ゆふはやく 109
ゆふはやくして 206
ゆふはゆる 241
ゆふひあかるき 47・86
ゆふひあかるく 201
ゆふひうしろに 119
ゆふひえはやし 249
ゆふひかがやけり 241
ゆふひかたさし 109
ゆふひくさはら 202
ゆふひさざなみ 170
ゆふひさしたり 134・223
ゆふひさす 87・97・157・198・240・258
ゆふひさすなり 31
ゆふひせにして 206

ゆふひてり 198・241
ゆふひてりたり 302
ゆふひてりつつ 200
ゆふひてる 201・201・219・290
ゆふひてらふ 206
ゆふひにてり 153
ゆふひにひかる 32
ゆふひにむかひ 226
ゆふひのいろの 127
ゆふひはいまだ 219
ゆふひはささず 236
ゆふひをあびて 24
ゆふふかき 295
ゆふふかし 240・294・295
ゆふふかみ 240
ゆふべあかるき 218
ゆふべくらく 135
ゆふべしぐれて 270
ゆふべしぐれに 271
ゆふべとつげる 332
ゆふべのあめも 252
ゆふべのかぜは 324
ゆふべのそらに 100
ゆふべのらつぱ 192
ゆふべはも 167
ゆふべふりし 258
ゆふまぐれ 25
ゆふまけて 230・237・249・283・294
ゆふまちの 97
ゆふまつざきの 39

ゆふみちしほの 147
ゆふやけぐもの 61
ゆふやまに 104
ゆふやまの 85・318
ゆふやみに 135
ゆふやみの 51・193
ゆふよどに 260
ゆみそのかをり 30
ゆめにいりて 36
ゆめにしみえけり 340
ゆめのことごと 71
ゆめのごとしも 59
ゆめのさびしさ 214
ゆめのみくにの 46
ゆめみごこちに 57
ゆめやすかりき 41
ゆやのひの 155
ゆゆしきひかり 125
ゆゆしきろかも 45
ゆゆしくいたく 335
ゆらぎたりみゆ 160
ゆらぐこころを 38
ゆらぐともしび 115
ゆらぐわかばを 292
ゆらぐをみれば 292
ゆらめきやまず 257
ゆらゆらと 214
ゆらゆらに 38・270
ゆりのはな 67
ゆりのはなさく 38

ゆるくのびたる 179
ゆるぐをみるも 145
ゆるりゆるりと 307
ゆるるがうへに 260
ゆるるのの 120
ゆれやまずけり 130
ゆれゆれたてる 27
ゆをいでし 55
ゆをいでて 136・259
ゆをわかさむと 265

【よ】

ようがんくらく 135
ようすゐにそひて 235
ようすゐの 235
ようすゐみち 235
ようをへて 258
よきうしを 248・331
よきうまを 333
よきかつどうしやしんも 304
よきくわしかへる 243
よきことの 64
よきこもほしも 115
よきつまえつと 32
よきともに 98
よきともは 297
よきにくかひて 226
よきひとくれし 245
よきひとに 88・272
よきひよりなり 303
よきよめなりと 331
よぎりになきて 155
よきをねたみ 64
よくあたる 284
よくあゆみつつ 205
よくあらひやらむ 211
よくいまとひて 134
よくうれけむや 307
よくしるものを 231
よくすみて 331
よくたのしみて 283
よくならむわれは 361
よくなれるだに 264
よくねむりけり 327・355
よくねむりたり 167・210
よくはたらく 331
よくみゆるなり 299
よくゆきましし 49
よくわうかがやき 162
よこたはりたる 277
よこむきに 298
よさむになりぬ 346・356
よしきりとびて 294
よしきりのこゑ 278
よしこあさをら 346
よしこがうへに 348
よしとおもふときも 359
よすがらやまず 184
よするなみ 282
よせきたるみゆ 132
よせくるなみを 145
よせつつあるらし 171
よせてをり 280
よせにはいりて 156
よせにゐて 156
よせのたたみの 156
よそのこどもと 193
よそのゆにゆく 247
よそほひの 331
よぞらしたしく 148
よぞらにひびく 166
よどみひかれる 260
よどむながれや 302
よどめるみづに 254
よにいきてくれよ 233
よにいくるなり 232
よにいりて 215
よにいりにけり 100・163
よにいれば 254
よにこもりたる 326
よにそむく 111
よになりにけり 104
よにむかふ 261
よねきちは 257
よねんなき 66
よのあけがたを 49
よのあめはれて 113
よのあめひたに 163
よのあめふれり 240
よのいろふかく 101
よのうみに 254
よのうみの 136
よのうみはしる 137
よのうみを 138
よのかはじり 175
よのさかみちに 166
よのしほいまし 174
よのそこりに 174
よのそらの 130
よのたたかひに 59
よのてらに 344
よのとこに 131
よのなかは 359
よのはらなかに 165
よのはらなかを 164
よのはらの 184
よのはらを 184
よのひかり 209
よのふねに 138
よのまちにゆき 222
よのみづみむと 215
よのもりいでて 154
よのやまの 259
よのやまを 101・101
よのゆきはらに 164
よはあけきつつ 274
よはあけて 52
よはあけにけり 35・111・126・251
よはくだちたり 63

よはのこほろぎ 107
よはのしたしさ 148
よばばこたへむ 61
よはふかし 136・156
よはふけにけり 50・174・174・209・222・233・254
よはふけにつつ 183・261
よはふけぬらし 101・257
よはふけはてぬ 209
よはふけむとす 212
よひくさを 109
よひくらき 105・193
よひくらみ 105
よひさむき 159・236
よひながら 198・331
よひのうちの 63
よひはやく 130
よひひやびやし 256
よひふかみ 127・164
よひふくる 115
よひふけし 125
よひふけて 85・253
よひふけにつつ 164・329・356
よひやみさびしく 63
よひやみさむき 200
よひやみすずし 227
よひやみの 328
よびゆきにけり 307
よひよひきよく 328
よひよひに 268・283・317・319
よひよひの 327・355
よふかきうみに 198
よふかきなみの 257
よふかきまちを 125
よふかきみづに 118
よふかすなゆめ 346
よふけたり 354
よふけてさむし 234
よふけのまちに 188
よぶねのあかり 138
よぶねまつわれを 253
よべみつる 71
よみがへり 42
よみがへりくる 139
よみがへる 62
よみちかけ 176
よみちゆかむに 187
よみつつもとな 68
よみにしひとは 70
よみのぞきこし 71
よみのはなのに 43
よむべかり 359
よめいりの 331
よめにしるく 154
よめをしみるらし 331
よもぎえりをり 290
よもぎつみて 290
よもぎのもちひ 321
よもぎはつみて 290
よもぎもちすも 55
よもぎもちひは 352
よもすがら 153・285・286
よものけしき 62
よやまやへやま 100
よよぎがはらの 158
よよぎがはらを 164
よよぎの 157
よよぎのはらの 155
よよぎはら 154・154
よよをつかれて 121
よりくるこらや 336
よりそひたてり 280
よりにけるかも 313
よるあたたかく 240
よるいたくおそし 346
よるいまだふかし 262
よるおそく 104・212・319
よるさへにあけず 262
よるさむく 243
よるしづかなり 216
よるなべに 282
よるのあまのに 164
よるのあめのおと 164
よるのあめふり 164
よるのうまやに 103
よるのかぜ 175
よるのくさきに 133
よるのしづけさ 256
よるのそこりの 175
よるのまに 98
よるのゆきはら 164
よるのらうかの 136
よるはながれて 99
よるふかし 286
よるふかみ 166・174・191
よるふけて 238・244
よるべなきみの 23
よるをむれなき 253
よろこびて 67・332
よろこびてをり 176
よろこびの 330
よろこぶわがこら 245
よろしかりけり 181・205
よろしきかもよ 282
よろしきものを 297
よろしなべ 282
よろしもよ 293
よろづみな 115
よわきおもひに 257
よをあかしけり 284
よをあそびをるか 233
よをふかければ 118
よをふかし 347

【ら】

らいうすぎて 335
らいうのひかり 192
らつぱまぢかく 250
らふのあかりは 148

らふのひの 148
らふのひを 148
らふのほだちを 238
らんぷのしたに 299

【り】

りうりうとみづは 135
りくけうの 154
りやうがはに 235
りやうがはのさくら 289
りやうごくばしを 158・231
りやうめんしだの 325
りよじゆんおつかなと 43
りんかのこ 151・151
りんかんに 188
りんかんをいづ 235
りんくわくくろく 128

【る】

るすゐすあはれ 65
るすゐたのしく 103
るりいろに 61

【れ】

れいべうまへの 230
れつをつくりて 209
れつをはなれて 154
れふらの 32
れんぺいぢやうの 172
れんぺいの 172
れんぺいをへて 154・172

【ろ】

ろくがうがはの 315
ろじやうにわれの 195
ろのとひびくも 116
ろのひをたきて 311・349

【わ】

わうしよくの 134
わがあおと 124
わがあけて 231
わがあしうらに 95
わがあしおとを 236
わがあしぐろく 153
わがあしさびし 203
わかあしそよぎ 281
わがあしに 124・127
わがあしの 173
わがあたま 211
わがあひしとき 138
わがあゆみ 301・306
わがあゆみくれば 335
わがあゆみけむ 335
わがあゆみけり 142
わがあゆみゆく 331
わがあゆみをり 179
わがあるく 322
わがあれば 202
わがいちぞくに 139
わがいでしひに 263
わがいぬるなり 317
わがいのち 129・330
わがいへに 245・261・268・271
わがいへの 179・231・263・274・286・299・299
わがいへのとの 212
わがいへのもり 139
わがいへのやね 263
わがいへは 88・106・135・137・269
わがいらむさと 103
わがうから 265
わがうしの 42・340
わがえつるかも 231
わがおきしかば 334
わがおこたりを 257
わがおとうとを 24
わがおとしたる 265
わがおとも 120
わがおもはめや 65・131
わがおもひかな 57
わがおもひでは 94
わがおもふなる 154
わがおやたちは 288
わがおよびにし 136
わがおよびもて 199
わがおりたちぬ 126
わがおりゆけば 204
わがかげありぬ 314
わがかげうつれり 291
わがかげちさし 147
わがかげの 124
わがかげを 314
わがかさにふる 164
わがかたへ 262
わがかたりなむ 212
わがかどに 135
わがかどの 178
わがかどべ 147
わがかどを 135
わがかへり 243
わがかへりおそし 242
わがかへりきて 130
わがかみがてに 140
わがからだ 101・145・183
わがからだかも 154
わがからむ 339
わかきいのちを 94
わかきこころの 148
わかきことひ 316・316
わかきことひなり 316
わかきじむちやうと 167
わかきすすきに 318
わがきつる 100
わがきみの 71・341

わかきをみなご 134
わかぐさの 37
わかくさのへに 289
わがくにの 129
わがくみにけり 313
わがくれば 119・197・328
わがけんかうは 297
わがこえくれば 28
わがこえゆけば 307
わがこがために 222
わがこぐふねの 116
わがこころ 99・110・112・112・264・313
わがこころかるし 254
わがこころさびしく 118
わがこころもとな 265
わがこしかたの 155
わがこしを 261
わがことあそぶ 211
わがことともなひ 237
わがことふたり 180・211
わがこども 193・218・290
わがこともなひ 179
わがこなりけり 151
わがこなりとも 340
わがこにかたる 237
わがこのあしの 210
わがこのあゆみ 230
わがこのいみびを 243
わがこのからだ 217
わがこのこゑの 179
わがこのすがた 237
わがこのねがほ 172
わがこのやまひ 210
わがこはのせし 178
わがこはほこる 243
わがこふらくは 62
わがこふらくも 281
わかごまの 296
わがこゆる 302
わがこよ 177・178
わがこらつれて 229
わがこらと 335
わがこらに 245
わがこらみなきつ 335
わがこゑさびし 71
わがこをおきて 262
わがこをつちに 141
わがこをつれて 211
わかざさに 123
わがさすかさの 255
わがさには 245
わがさりゆくも 94
わがさるくには 142
わがしのはかに 327
わがすあしこそ 172
わかすぎのほの 130
わがせがすがた 51
わがせこが 55
わがせこに 71
わがせしかもよ 138
わがせにつげて 65
わがそばに 336
わかたけやまに 50
わがたちきけば 94
わがたちみれば 320・334・361
わがたてば 175・217
わがたてりけり 221
わがたてるなり 145
わがたなそこに 308
わがたなそこを 237
わがたのむ 353
わがたびごころ 61・68
わがたびすがた 125
わがたもとほる 119・234
わがたをことし 272
わがたをりこし 67
わがちちの 232
わがちちはは 250
わがちちははも 106
わがちちも 109
わがつまが 189・354
わがつまこ 226
わがつまこらを 196
わがつまに 244
わがつまの 189
わがつまら 243
わがつみとりて 321・352
わがてをひたす 115
わがてをみるも 300
わがとごころは 107
わがとまり 88
わがともの 101
わがなりにけり 105
わがにくに 142
わがにはに 133・135
わがにはの 45・60・88・133・237
わがにはのきに 133
わがねむりなむ 222
わがのぞきつつ 204
わがのぞみ 41
わがのちに 360
わがのぼりをり 129
わかばあかるく 192
わかばあかるし 318
わかばがうへに 246・335・353
わかばがうれに 190・190・246
わかばかがよふ 279
わかばかげ 124
わかばくもり 37・44
わかばさやぐ 217
わかばせる 59・217
わかばせるみゆ 59・88
わかばそよげり 245
わかばつみつつ 24
わかばてる 291
わかばにそそぐ 292
わかばのかぜの 218
わかばのにほひ 191・291
わかばのみどり 128

わかばのもりに 290
わかばのもりの 38・292
わかばのやまを 48
わかばはあをく 245
わがははと 237
わがははの 265
わかばふく 217・217・284
わかばほがらかに 70
わかばみだるる 218
わがはみにけり 87・322・358
わがはみをれば 310
わかばやすらかに 191
わかばやまでら 49
わかばやまのへに 48
わかばゆりみだる 292
わかばをぐらき 291
わがひきがてに 269
わがひくなべに 202
わがひざに 138
わがひとり 113
わがひとりぬる 148
わがひとりねの 148
わがひとりねむ 85
わがひとりゆく 220
わがひのみはた 39
わがひろむねを 145
わがふねすすむ 167
わがふるいへの 265
わがふるさとぞ 139
わがふるさとに 259・263
わがふるさとの 351・352
わがふるさとを 216
わがへやに 332・359
わがへやの 98
わがほにあてて 165
わがほにふけり 105
わがまちし 194・304
わがまづしさの 209・233
わがまつと 65
わがまつや 96
わがまへに 150
わがまへを 112
わがままに 233
わがまみに 179
わがみしたしも 102
わがみたりけり 320
わがみちしろし 137
わがみつるかも 88・195・298
わかみづを 43・236・236
わかみづをくむ 236
わがみともしく 187
わがみならぬに 362
わがみにあしと 320
わがみはるかす 128
わがみみに 178
わがみむと 275
わがみれど 262
わがみわがこころ 62
わがみをひたす 259
わがむすめ 176・176・212
わがむすめらと 213
わがむねいたし 122・262
わがむねせまる 106
わがむらかたは 263
わがむらの 180・303
わがむらのひと 300
わがめには 132
わがめにはみゆ 102・245
わかめのびたる 216
わがめひの 332
わがめひを 331
わがもぎし 311
わがもきち 159
わがもたなくに 38・69
わがもとに 122
わがもとめかへる 230
わがもどる 209
わがもはなくに 209
わがもふきみが 40
わかやぎにほふ 165
わがやこひしき 111
わがやすみをれば 335
わがやどの 152
わがやにをりて 211
わがやねに 135
わかやはちちの 144
わがやまの 264・269
わがやまひ 289・303・353・353
わがやみてより 291
わがやりにけり 359
わがゆかむ 273
わがゆかむみち 289
わがゆくと 319
わがゆくみちよ 43
わがゆくやまの 35
わがゆめにみし 32
わがゆめの 32・32
わがよいきなむ 196
わがよくしれる 269
わがよはひ 333
わがよびおこす 259
わがよままくと 345
わがよれば 202
わがらんだを 231
わかれいなば 255
わかれかねしか 191
わかれきて 346
わかれけらずや 122
わかれけり 191
わかれこし 229
わかれたるらし 122
わかれては 159・190
わかれなむとぞ 121
わかれむとすも 178
わかれゆくなり 319
わかれゐて 96
わかれゐてだに 297
わかれをしひし 107
わがわかき 148
わかわかし 332

わかわかしもよ 261
わがわすれめや 168
わがわたりゆく 225
わがゐたりけり 139
わがをかの 178・179・236
わきあふるる 259
わきいづる 101
わきくるかなや 132
わきたついけの 170
わきつぼに 28
わきていでくる 287
わきてくるかも 287
わぎへのもりに 93
わきみなぎれり 139
わぎもこと 55
わぎもこの 39
わぎもこを 39
わくみゆは 259
わくらばに 211・264・274
わけいりて 295
わけぎのすみそ 361
わけぎのなます 319
わけしいのちは 138
わけるゆふぐも 127
わさびくきづけ 324
わしのかがなく 24
わすれえぬ 312
わすれかねつも 117
わすれけらしも 191
わすれしごとき 121

わたしのこやに 270・270
わたしぶねの 30・35
わたしよぶ 71
わだちみだれし 25
わたつけてさびし 280
わたりけるかも 187・305
わたりしが 158
わたりゆく 306
わたるかりがね 53
わらがきに 54
わらざうり 197
わらしぶに 333
わらたばぬると 64
わらたばね 64・89
わらぢしめれる 28
わらぢにはかに 236
わらぢのそこの 114
わらぢはきて 94
わらのひに 43
わらはむとすれば 332
わらびかくみて 221
わらびめぐむ 123
わらぶきみえて 41
わらぶきやねに 181
わらふなべ 332
わらぼこりおとす 239
わらもちて 296
わらもてゆへる 29
わらやのかどの 47
わらやのにはの 33

わらをたばねて 88
わらんぢはきて 51
わりなく 62
わりにけるかも 328
わりびきの 149・149・161
われあそばず 302
われあひあはむ 96
われあらず 261
われいでず 310
われいまだ 330
われうつりきて 155
われうとかりし 264
われおきてあらむ 334
われおもふ 97
われがごとくに 120
われかへらざりし 261
われかへり 194
われかへりたれば 263
われからと 107
われきにけらし 251・307
われくさをかる 109
われこのみちを 213・322
われこひにけり 356・360
われこゆるらし 303
われしたしまむ 73
われしたつべき 266
われしらに 146
われすこやかに 289
われたちにけり 87・262

われたてり 232
われたてりけり 258
われたへなくに 151
われつきにけり 188
われつつがなく 315
われつつしまむ 257・345
われつつちさく 123
われつまざらむ 352
われとおもへや 336
われとかなしく 133
われとこどもと 290
われとしもなく 343
われとわがこと 176・176
われならず 239
われならなくに 158・165・346
われならむ 181
われなりにけり 104
われなれや 269
われにあらなくに 326
われにあらぬに 195
われにかなへる 351
われにきたれる 135
われにしたしき 99
われにそはずも 112
われにたちそふ 108
われにつげねば 214
われになく 273
われにはつげず 292
われにはなれて 173
われにひとこと 214

われによりくも 254
われのあしおと 166
われのいのちを 145
われのからだの 101
われのこころの 143
われのこころは 297
われのこむ 301
われのすあしを 320
われのすはだに 323
われのどろかに 276
われのぼりゆく 318
われのまなこに 157
われのみて 286
われのみにけり 310
われのみぬひも 274
われのやむかに 266
われのらんだの 144
われはあそぶに 250・250
われはあそべり 278
われはあゆまむ 300
われはあゆむに 224
われはありけり 360
われはありしか 122
われはいそぐに 251
われはいま 138
われはうれしも 71
われはおもふも 331
われはおもへり 70
われはかたれり 331
われはかへらむ 261
わればかり 214
われはきたりぬ 305
われはきにけり 331
われはこもりゐ 360
われはしらぬに 189
われはするかも 96
われはせくなり 332
われはたうべつ 311
われはたしかに 289
われはたちみつ 266・313
われはたちゆく 321
われはたちをり 297
われはたびびと 228
われはたへぬに 191
われはたらきて 232
われはとまりて 87
われはねむらむ 238
われはひだるく 261
われはみざりし 264
われはみつ 331
われはみてをり 299
われはみなくに 304・310
われはみにけり 324・334
われはやめるに 301・336
われはよろこぶ 46
われはわがみを 297
われはわがやに 258
われひたすらに 285
われひとり 115・161・216・252・260・336
われひとりたつ 115・164
われひとりなり 267
われひとりぬる 26
われひとりゆかむ 262
われひとりゆく 186
われふまざらむ 240
われふるさとに 299
われふるさとを 93
われまづしくて 286
われもおとうとも 274
われもかう 347
われもすこやかに 350
われもととせを 256
われもねむたき 58
われもひろはむ 176
われもやすめり 123
われもわがこも 265
われもをどらむ 283・285
われやくや 30
われやことしは 236
われやせおはむ 290
われやみにけり 312
われゆまりをす 240
われゆゑに 122
われよそぢ 33
われよりにけり 267
われらあひをる 265
われらあゆみし 183
われらあらぬ 120
われらあらぬを 120
われらいま 264
われらいりにき 116
われらかづく 256
われらがともの 259
われらがともら 256
われらこし 358
われらすわりし 281
われらなまけぬ 160
われらにくしん 264
われらまゐりし 355
われらみな 265
われらをみけり 282
われらをゆるし 264
われゑひけらし 95
われゑひて 242
われをあはれみ 308
われをかなしみ 138
われをしおもふも 361
われをしたしく 142
われをしぬべば 119
われをつつめり 145・262
われをてらせり 42・51・85
われをむかふる 59
われをめぐりて 359

【ゐ】

ゐたりけるかも 140
ゐどのかさむし 288
ゐどのそこひに 287

ゐどのそこひの 287
ゐどのほとりより 296
ゐどのみづ 288
ゐどはさらすも 287
ゐどはらひ 286
ゐどはらひせむ 286
ゐなかにくらす 245
ゐにたたへゐる 220
ゐねむるをんな 150
ゐのみづくみて 328
ゐやもなく 59
ゐるこぶね 346
ゐるならし 196
ゐろりのひ 104

【ゑ】

ゑのまねごとに 67
ゑはうまゐりに 237
ゑひてかへらす 104
ゑひてねむれる 130
ゑまはしきかも 204
ゑまひみせけり 222
ゑまほしく 148
ゑらぎどよめる 124
ゑんじゆわかばの 87

【を】

をがさはとりて 293
をかしきものは 195
をかとをかとに 270
をかにのぼりし 119
をかにのぼれり 269
をがにをふたつ 196
をかのはやしに 270
をかのへに 270・322
をかのふもとと 244
をがはがなかに 180
をがはには 116
をがはのどての 87
をがはのふちの 180
をがはのふちを 180
をがはのみづは 140
をかびのみちを 179
をかをおりて 268
をきじはなけり 276
をぐさのつゆの 86
をぐさのはなも 66
をぐらきさきに 69
をけにのこる 283
をけのゆに 200
をけのゆをのむ 200
をさなあこ 181
をさなうた 245
をさなきあこが 332
をさなきあこは 290
をさなきあこも 218
をさなきひとに 67
をさなごの 177・289・332
をさなごは 288
をさなごま 280
をさなごよ 212
をさなごを 213・217
をさなながらも 67
をさなひおもほゆ 197
をさなわがかげ 118
をさなわかごま 280
をさめまつり 265
をしからぬかな 340
をしまざらめや 297
をしみつつのめり 292
をしみもちゆく 227
をせばよろしも 285
をそはりながら 245
をだいちめんに 271
をだおほし 252
をだすくうしを 111
をだすくと 205
をだのかはづの 318
をだのさざなみ 293
をだのみち 319
をちこちしろし 302
をちこちに 38・229
をぢひとり 248
をつくばの 188
をとこたちたり 252
をとこでに 27
をどこになびく 136
をとこのこ 232
をとこのこゑす 274
をところのあし 230
をとこゐて 194・229
をとこをみな 251
をとこをみなの 94
をとこをみなら 194
をとめがともと 94
をとめがともを 117
をとめごが 23
をとめごの 29
をとめとなりし 189
をとめなりしぞ 32
をとめのあゆむ 124
をとめのごとき 143
をとめらが 36・188
をどるよの 283
をのこはもつべし 343
をのこわが 107
をのこわれ 73
をのきて 146
をのへすぎむら 241
をのへにたちて 71
をのへのしゆくに 242
をのへのつちを 189
をのへゆく 60
をばながすゑに 28
をびつがは 301
をぶすまを 341
をみないでこし 231
をみなごころや 67

をみなごの　249
をみなたち　196・220・228・330
をみななりけり　143・160
をみなにこひて　220
をみなのかほ　228
をみなのきたる　235
をみなのみにて　269
をみなはせちに　171
をみなひとり　171
をみなふたり　174
をみなへしのはな　56
をみならが　53
をみならは　110
をやまだに　318
をやまだの　87・108・318
をりゐしが　141
をりをりとほく　280
をりをりゆきすぐる　112
をりをりゆきの　239
をりをりわらふ　196
をるるとも　46
をればすずしも　259
をれふせる　32
をろがみゆくも　230
ををふりて　276
をんがいの　209
をんなきちがひ　135
をんなこどもの　180
をんなしゆじんが　44
をんなに　138
をんなゐてつむ　251

定本　古泉千樫全歌集

発行日　二〇一八年四月七日
編　者　青垣会
発行人　真野　少
発　行　現代短歌社
〒一七一―〇〇三一
東京都豊島区目白二―八―二
電話　〇三―六九〇三―一四〇〇
発　売　三本木書院
〒六〇二―〇八六二
京都市上京区河原町通丸太町上る
出水町二八四
写　真　今田　潤
装　幀　かじたにデザイン
印　刷　日本ハイコム
製　本　新里製本所

ISBN978-4-86534-226-0 C0092 ¥7000E